W9-CHR-231

Grec
guide de conversation

Utilisation facile
- Repérage thématique par couleurs
- Une page d'expressions indispensables (ci-contre)
- Guide des pourboires (en 3ᵉᵐᵉ page de couverture)
- Choix de questions et réponses pratiques

Berlitz Publishing Company, Inc.

Princeton Mexico City London Eschborn Singapour

L'essentiel en un coup d'œil

● Nous vous conseillons de commencer par le **Guide de pro-nonciation** (pp. 6-8), puis de passer aux **Quelques expressions courantes** (pp. 9-15). Ceci vous donnera non seulement un vocab-ulaire de base mais vous aidera aussi à vous familiariser avec la prononciation. Tout au long du livre, la transcription phonétique vous permet de prononcer chaque mot correctement.

● Reportez-vous à la **Table des matières** (pp. 3-5) pour trouver la section de votre choix. Dans chaque chapitre, vous trouverez des renseignements touristiques et des conseils pratiques. Les locutions courantes sont suivies d'une liste de mots correspondant à chaque situation.

● Les chapitres **Restaurants** et **Guide des achats** comportent des tables des matières supplémentaires (menus, p. 39, magasins et services, p. 97).

● Pour trouver rapidement le mot dont vous avez besoin, reportez-vous au **Lexique** (pp. 164-189). En plus de la traduction, il vous donne la référence des pages où ce mot figure.

● Si vous voulez en savoir plus sur la construction des phrases, reportez-vous au **Résumé de grammaire** (pp. 156-160).

● Le système de **repérage par couleur** avec le titre des chapitres en grec et en français permet une consultation rapide. En cas de besoin, votre interlocuteur peut se reporter à l'index en grec à la fin du livre.

● Tout au long de ce manuel, ce symbole ☛ vous signalera des phrases toutes faites que pourrait utiliser votre interlocuteur. Si vous ne le comprenez pas, demandez-lui de vous montrer la phrase en grec, la traduction française se trouve à côté.

Nouvelle édition, entièrement révisée - 6ème impression - janvier 2001

Table des matières

Excursions 65

Visites touristiques 80

Distractions 86

Faire connaissance 92

Guide des achats 97

Remerciements
Nous tenons à remercier tout particulièrement Mme Irina
Christodoulou-Pipis, Nick Loucaidis et Mme Christine Arthur pour
leur collaboration dans la rédaction de ce livre, et Dr. T.J.A. Bennett,
qui a créé le système de transcription.

Guide de prononciation

L'alphabet

Voici les lettres qui composent l'alphabet grec. La colonne de gauche comprend les majuscules et minuscules imprimés, alors que les lettres écrites figurent dans la colonne centrale. Celle de droite vous indique le nom de ces lettres tel que le prononcent les Grecs.

A	α	𝒜	𝒶	**alf**a
B	β	ℬ	𝒷	**vi**ta
Γ	γ	𝒯	𝛾	**ga**ma
Δ	δ	𝒟	𝒹	**ðè**lta
E	ε	ℰ	ε	**èp**silonn
Z	ζ	𝒵	𝒿	**zi**ta
H	η	ℋ	𝓃	ita
Θ	θ	θ	𝒿	**θi**ta
I	ι	ℐ	ι	**io**ta
K	κ	𝒦	𝓊	**ka**pa
Λ	λ	𝛬	𝒥	**lamm**ða
M	μ	𝑀	𝜇	mi
N	ν	𝒩	𝓇	ni
Ξ	ξ	𝒵	𝒿	ksi
O	o	𝒪	𝑜	**o**mikronn
Π	π	𝛱	𝑜	pi
P	ρ	𝒫	ρ	ro
Σ	σ ς	𝛴	𝓈 𝓈	**sig**ma
T	τ	𝒯	𝓉	taf
Y	υ	𝒴	𝓋	**ip**silonn
Φ	φ	𝜑	𝜑	fi
X	χ	𝒳	𝒿	khi
Ψ	ψ	𝒴	𝓏	psi
Ω	ω	ℯ	𝓌	**o**mèga

Il est clair que ce tableau est insuffisant pour prononcer le grec. Nous vous y aidons en vous donnant tout au long de ce livre une prononciation figurée en regard du texte grec.

Ce chapitre et ceux qui le suivent sont destinés à vous familiariser avec notre système de transcription et à vous rendre plus aisée la prononciation du grec.

Le vocabulaire de base pour le voyage, comportant des mots et des expressions, a été réuni sous le titre «Quelques expressions courantes» (pages 10-15).

Les sons en grec

Il s'agit de lire la prononciation comme si c'était du français, à quelques exceptions près, qui figurent ci-dessous. Certes, les sons des deux langues ne correspondent jamais exactement; mais en suivant attentivement nos indications vous n'éprouverez aucune difficulté à lire nos transcriptions et à vous faire comprendre.

Les caractères gras indiquent les syllabes accentuées, qu'il s'agit donc de prononcer avec plus de force. Pour éviter de nasaliser certains sons comme **in**, **on**, etc., nous avons doublé les consonnes. Exemple: κοντά (konn**da**).

Voyelles

Lettre	Prononciation approximate	Symbole	Exemple	
α	comme **a** dans lame	a	άρομα	aroma
ε	comme **è** dans mère	è	μέρα	**mè**ra
η, ι, υ	comme **i** dans si	i	κύριος	**ki**rioss
o, ω	comme **o** dans bonne, mais avec la langue placée plus bas et plus à l'arrière de la bouche	o	παρακαλώ	parakalo

Consonnes

β	comme **v** dans **v**ie	v	βιβλίο	vivlio
γ	1) devant α, o, ω, ου et devant consonne, plus ou moins comme **r** dans **r**at	g	μεγάλος	mè**ga**loss
	2) devant ε, αι, η, ι, υ, ει, οι, comme **i** dans iode	y	γεμάτος	yè**ma**toss

PRONONCIATION

δ	comme le **th** de l'anglais **this** (z dit en zézayant)	ð	δεν	ðèn
θ	comme le **th** de l'anglais **thing** (s dit en zézayant)	θ	θα	θa
ζ	comme **z** dans **z**oo	z	ζεστός	zè**stoss**
κ	comme **k** dans **k**ilo	k	καλός	ka**loss**
λ	comme **l** dans **l**ong	l	λάθος	la**θoss**
μ	comme **m** dans **m**on	m	μέσα	**mèssa**
ν	comme **n** dans **n**os	n	νέος	**nèoss**
ξ	comme **x** dans ta**x**i	ks	έξω	**èkso**
π	comme **p** dans **p**ur	p	προς	**pross**
ϱ	comme **r** dans bour-guignon	r	πριν	**prinn**
σ, ς	1) devant β, γ, δ, ζ, μ, ν, ϱ, comme **z** dans **z**oo	z	κόσμος	**kozmoss**
	2) ailleurs, comme **s** dans **s**ec	s/ss	στο	sto
τ	comme **t** dans **t**on	t	τότε	**totè**
ϊ	comme **f** dans **f**our	f	φέρτε	**fèrtè**
χ	plus ou moins comme **r** dans croupe	kh	άσχημος	**askhimoss**
ψ	comme **ps** dans la**ps**	ps	διψώ	δi**pso**

Groupes de lettres

αι	comme **è** dans m**è**re	è	είναι	in**è**
ει, οι	comme **i** dans s**i**	i	ϱείτε	**pitè**
ου	comme **ou** dans m**ou**	ou	μου	mou
αυ	1) devant θ, κ, ξ, π, σ, τ, φ, χ, ψ (consonnes sourdes), comme le **a** de m**a**	af	αυτό	**afto**
	2) ailleurs, comme	av	αυγό	**av**gou-**stoss**

ευ	1) devant les consonnes sourdes, comme le **è** de mère, suivi du **f** de fier	èf	ευχή	è**f**kaliptoss
	2) ailleurs, comme **ève** dans l**ève**	èv	ευμενής	è**v**ropi
γγ	plus ou moins comme le **ngue** de lo**ngue**	nggh	Αγγλία	ann**gghlia**
γκ	1) au début du mot, comme **g** dans **g**are	gh	γκαμήλα	**gh**amila
	2) à l'intérieur du mot, comme γγ	nggh	άγκυρα	ann**gg**hira
γξ	plus ou moins comme le **nx** de a**nx**ieux	ngks	φάλαγξ	fala**nngks**
γχ	comme γγ mais se terminant avec **r** comme dans **cr**oupe et non pas par **g**	ngkh	μελαγ χολία	mèlann**g**-kholia
μπ	1) au début du mot, comme **b** dans **b**as	b	μπορείτε	**b**oritè
	2) à l'intérieur du mot, comme **m** suivi de **b**	mb	Όλυμπος	oli**mmb**oss
ντ	1) au début du mot, comme **d** dans **d**on	d	ντμάτα	**d**omata
	2) à l'intérieur du mot, comme **n** suivi de **d**	nd	κένσρο	kè**nd**ro
τζ	comme **d** suivi de **z**	dz	τζάκι	**dz**aki

Accents

Ils s'écrivent de différentes façons, p.ex. à, á ou ã, mais leur seule fonction est d'indiquer la syllabe accentuée d'un mot. Il n'est pas nécessaire de tenir compte des signes indiquant l'aspiration ou la non-aspiration d'une voyelle initiale (ά ou ἀ). Un tréma au-dessus d'une voyelle a la même fonction qu'en français: il indique que cette voyelle se prononce séparément de la voyelle voisine. Par exemple, καιρός se prononce kè**ross**, alors que Κάϊρο se prononce ka**ï**ro.

Quelques expressions courantes

Oui.	Ναι.	nè
Non.	Όχι.	okhi
S'il vous plaît.	Παρακαλώ.	parakalo
Merci.	Ευχαριστώ.	èfkharisto
Merci beaucoup.	Ευχαριστώ πολύ.	èfkharisto poli
Il n'y a pas de quoi/de rien.	Παρακαλώ.	parakalo

Salutations *Χαιρετισμοί*

Bonjour.	Καλημέρα.	kalimèra
Bonjour (après-midi).	Καλησπέρα.	kalispèra
Bonsoir.	Καλησπέρα.	kalispèra
Bonne nuit.	Καληνύχτα.	kalinikta
Au revoir.	Αντίο.	anndio
A plus tard.	Θα τα πούμε αργότερα.	θa ta poume argotera
Salut!	Χαίρετε!	khèrètè
Voici Monsieur/ Madame/ Mademoiselle...	Ο κύριος/Η κυρία/Η δεσποινίδα ...	o kirios/i kiria/i dèspiniδa
Enchanté(e).	Τι κάνετε;	ti kanètè
Comment allez-vous?	Πώς είστε;	poss istè
Très bien, merci. Et vous?	Πολύ καλά, ευχαριστώ. Εσείς;	poli kala èfkharisto. èssiss
Comment ça va?	Τι κάνετε;	ti kanètè
Très bien.	Καλά.	kala
(Je vous demande) pardon?	Συγνώμη;	ssignomi
Pardon/Excusez-moi!	Με συγχωρείτε. (Μπορώ να περάσω;)	mè sinnghoritè (boro na pèrasso)
Pardon/Désolé(e)!	Συγνώμη!	ssignomi

Questions *Ερωτήσεις*

Où?	Πού;	pou
Comment?	Πώς;	poss
Quand?	Πόε;	potè
Quoi?	Τί;	ti
Pourquoi?	Γιατί;	yiati
Qui?	Ποιός;	pioss
Quel(le)?	Ποιός/Ποιά/Ποιό;	pioss/pia/pio
Où est...?	Πού είναι ...;	pou inè
Où sont...?	Πού είναι ...;	pou inè
Où puis-je trouver/ obtenir...?	Πού μπορώ να βρω/ αγοράσω ...;	pou boro na vro/agorasso
C'est loin?	Πόσο μακρυά;	posso makria
Il faut combien de temps?	Πόση ώρα;	possi ora
Combien?	Πόσο/Πόσα;	posso/possa
Combien coûte ceci?	Πόσο κοστίζει αυτό;	posso kostizi afto
A quelle heure ouvre/ ferme...?	Πότε ανοίγει/ κλείνει ...;	potè anigi/klini
Comment appelle-t-on ça en grec?	Πώς το λένε αυτό/εκείνο στα Ελληνικά;	poss to lènè afto/èkino sta èllinika
Que veut dire ceci/ celà?	Τι σημαίνει αυτό/εκείνο;	ti simèni afto/èkino

Parlez-vous...? *Μιλάτε ...;*

Parlez-vous français?	Μιλάτε Γαλλικά;	milatè galika
Est-ce que quelqu'un ici parle français?	Μιλά κανένας Γαλλικά εδώ;	mila kanènas galika èdo
Est-ce que quelqu'un ici parle anglais?	Μιλά κανένας Αγγλικά εδώ;	mila kanènas anngghlika èdo
Je ne parle pas (bien) grec.	Δεν μιλώ (καλά) Ελληνικά.	dèn milo (kala) èllinika
Pourriez-vous parler plus lentement, s.v.p.?	Μπορείτε να μιλάτε πιο αργά παρακαλό;	borìtè na milatè pio arga parakalo
Pourriez-vous répéter ça?	Μπορείτε να το επαναλάβετε;	borìtè na to èpanalavètè
Pourriez-vous l'épeler?	Μπορείτε να προφέρετε τα γράμματά του ένα-ένα;	borìtè na profèrète ta gramata tou èna-èna

Comment prononce-t-on ça?	Πώς το προφέρετε;	poss to proférètè
Pourriez-vous l'écrire, s.v.p.?	Μπορείτε να το γράψετε, παρακαλώ;	boritè na to **grap**sètè parakalo
Pourriez-vous me traduire ça?	Μπορείτε να μου το μεταφράσετε;	boritè na mou to mèta**fra**sètè
Pourriez-vous nous traduire ça?	Μπορείτε να μας το μεταφράσετε;	boritè na mass to mèta**fra**sètè
Pourriez-vous me montrer... dans le livre, s.v.p.?	Μπορείτε να μου δείξετε ... στο βιβλίο, παρακαλώ;	boritè na mou ðiksètè... sto vi**vli**o parakalo
mot	τη λέξη	ti **lèk**si
expression	τη φράση	ti **fra**ssi
phrase	την πρόταση	tin **pro**tassi
Un instant.	Μια στιγμή.	mia stig**mi**
Je vais voir si je le trouve dans ce livre.	Θα προσαθήσω να το βρω σε αυτό το βιβλίο.	θa prospa**ði**sso na to vro sè **af**to to vi**vli**o
Je comprends.	Καταλαβαίνω.	katala**vè**no
Je ne comprends pas.	Δεν καταλαβαίνω.	ðèn katala**vè**no
Vous comprenez?	Καταλαβαίνετε;	katala**vè**nètè

Puis-je...? *Μπορώ ...;*

Puis-je avoir...?	Μπορώ να έχω ...;	boro na **è**kho
Pouvons-nous avoir...?	Μπορούμε να έχουμε ...;	bo**rou**mè na **è**khoumè
Pouvez-vous m'indiquer...?	Μπορείτε να μου δείξετε ...;	boritè na mou ðiksètè
Je ne peux pas.	Δεν μπορώ.	ðèn bo**ro**
Pouvez-vous me dire...?	Μπορείτε να μου πείτε ...;	boritè na mou **pi**tè
Pouvez-vous m'aider?	Μπορείτε να με βοηθήσετε;	boritè na mè voï**θis**sètè
Puis-je vous aider?	Μπορώ να σας βοηθήσω;	boro na sass voï**θis**so
Pouvez-vous m'indiquer le chemin de...?	Μπορείτε να μου δείξετε που είναι ...;	boritè na mou ðiksètè pou i**nè**

Voulez-vous...? *Θέλετε ...;*

Je voudrais...	Θα ήθελα ...	θa iθèla
Nous voudrions...	Θα θέλαμε ...	θa θèlamè
Qu'est-ce que vous voulez?	Τι θέλετε;	ti θèlètè
Pourriez-vous me donner...?	Μπορείτε να μου δώσετε ...;	borìtè na mou δossètè
Pourriez-vous m'apporter...?	Μπορείτε να μου φέρετε ...;	borìtè na mou fèrètè
Pourriez-vous m'indiquer..?	Μπορείτε να μου δείξετε ...;	borìtè na mou δiksètè
Je cherche...	Ψάχνω για ...	psakhno yia
Je suis à la recherche de...	Ψάχνω να βρω ...	psakhno na vro
J'ai faim.	Πεινώ.	pino
J'ai soif.	Διψώ.	δipso
Je suis fatigué(e).	Είμαι κουρασμένος/-η.	imè kourazmènoss/ kourazmèni
Je me suis égaré(e).	Χάθηκα.	khaθika
C'est important.	Είναι σημαντικό.	inè simanndiko
C'est urgent.	Είναι επείγον.	inè èpigonn

C'est/il y a... *Είναι/Υπάρχει ...*

C'est...	Είναι ...	inè
Est-ce...?	Είναι ...;	inè
Ce n'est pas...	Δεν είναι ...	δèn inè
Le/la/les voici.	Εδώ είναι.	èδo inè
Le/la/les voilà.	Εκεί είναι.	èki inè
Il y a...	Υπάρχει/ Υπάρχουν ...	iparkhi/iparkhoun
Y a-t-il...?	Υπάρχει/ Υπάρχουν ...;	iparkhi/iparkhoun
Il n'y a pas...	Δεν υπάρχει/ υπάρχουν ...	δèn iparkhi/iparkhoun
Il n'y en a pas.	Δεν υπάρχει/ υπάρχουν καθόλου.	δèn iparkhi/iparkhoun kaθolou

C'est... *Eívaι ...*

beau/laid	ωραίος/άσχημος	orèoss/askhimoss*
bon marché/cher	φθηνός/ακριβός	fθinoss/akrivoss
bon/mauvais	καλός/κακός	kaloss/kakoss
chaud/froid	ζεστός/κρύος	stoss/krioss
facile/difficile	εύκολος/δύσκολος	èfkoloss/ðiskoloss
grand/petit	μεγάλος/μικρός	mègaloss/mikross
ici/là-bas	εδώ/εκεί	èðo/èki
juste/faux	σωστό/λάθος	sosto/laθoss
le suivant/le dernier	επόμενος/τελευταίος	èpomènoss/tèlèftèoss
libre/occupé	ελεύθερος (άδειος)/ κατειλημμένος	èlèfθèross (aðioss)/ katilimmènoss
lourd/léger	βαρύς/ελαφρύς	variss/èlafriss
mieux/pire	καλύτερος/ χειρότερος	kalitèross/khirotèross
ouvert/fermé	ανοικτός/κλειστός	aniktoss/klistoss
plein/vide	γεμάτος/άδειος	yèmatoss/aðioss
près/loin	κοντά/μακριά	konnda/makria
rapide/lent	γρήγορος/αργός	grigoross/argoss
tôt/tard	νωρίς/αργά	noriss/arga
vieux/jeune	γέρος/νέος	yèross/nèoss
vieux/neuf	παλιός/καινούργιος	palioss/kènouryioss

Quantités *Ποσότητες*

un peu/beaucoup	λίγο/πολύ	ligo/poli
peu de/quelques	λίγα/μερικά	liga/mèrika
beaucoup (sing.)/ (plur.)	πολύ/πολλοί	poli/poli
plus/moins	περισσότερο/ λιγότερο	pèrissotèro/ligotèro
plus que/moins que	περισσότερο από/ λιγότερο από	pèrissotèro apo/ligotèro apo
assez/trop	αρκετά/πάρα πολύ	arkèta/para poli

---

* Les adjectifs s'accordent en genre et en nombre. Voir section grammaticale pour plus de détails.

Quelques autres mots utiles *Περισσότερες χρήσιμες λέξεις*

à	στο	sto
à côté de	δίπλα σε	ðipla sè
après	μετά	mèta
à travers	μέσω	mèsso
aucun(e)	κανένας	kanènas
au-dessous	κάτω από	kato apo
au-dessus	πάνω από	pano apo
aussi	επίσης	èpississ
avant	πριν	prin
avec	με	mè
bientôt	σύντομα	sinndoma
dans	μέσα	mèssa
de	από	apo
dedans	μέσα	mèssa
dehors	έξω από	èkso apo
depuis	έδω και	èðo kè
derrière	πίσω από	pisso apo
en bas	κάτω	kato
en haut	πάνω	pano
ensuite	μετά	mèta
entre	ανάμεσα	anamèssa
et	και	kè
jamais	ποτέ	potè
jusqu'à	μέχρι	mèkhri
maintenant	τώρα	tora
mais	αλλά	alla
ou	ή	i
pas	δεν	ðèn
pas encore	ακόμη	akomi
pendant	κατά τη διάρκεια	kata ti ðiarkia
peut-être	ίσως	issoss
pour	για	yia
près	κοντά	konnda
puis	μετά	mèta
rien	τίποτε	tipota
sans	χωρίς	khoriss
seulement	μόνο	mono
sous	κάτω από	kato apo
sur	πάνω	pano
très	πολύ	poli
vers/en direction de	προς	pross

Arrivée

Contrôle des passeports *Έλεγχος διαβατησιών*

Voici mon passeport.	Ορίστε το διαβατήριό μου.	oristè to ðiavatirio mou
Je resterai...	Θα μείνω ...	θa mino
quelques jours	λίγες μέρες	liyièss imèrèss
une semaine	μια εβδομάδα	mia èvðomaða
deux semaines	δύο εβδομάδες	ðio evðomaðèss
un mois	ένα μήνα	èna mina
Je ne sais pas encore.	Δεν ξέρω ακόμη.	ðèn ksèro akomi
Je suis ici en vacances.	Έχω έρθει για διακοπές.	èkho èrθi yia ðiakopèss
Je suis ici pour affaires.	Έχω έρθει για δουλειά.	èkho èrθi yia ðoulia
Je suis en transit.	Είμαι περαστικός/-ή.	imè pèrastikoss/pèrastiki

En cas de problèmes:

Excusez-moi. Je ne comprends pas.	Λυπάμαι, δεν καταλαβαίνω.	lipamè ðèn katalavèno
Y a-t-il quelqu'un qui parle français?	Μιλάει κανείς εδώ Γαλλικά;	milai kaniss èðo gallika

> **ΤΕΛΩΝΕΙΟ**
> **À LA DOUANE**

Après avoir récupéré vos bagages à l'aéroport (αεροδρόμιο —aèro**ðr**ommio), vous avez le choix. Sortez par la sortie verte si vous n'avez rien à déclarer, ou par la sortie rouge si vous avez des objets excédant la limite autorisée. Vérifiez sur le tableau ci-contre ce que vous pouvez importer en Grèce sans avoir de droits de douane à payer.

> **Marchandises à déclarer**
> είδη για δήλωση

> **Rien à déclarer**
> τίποτα για δήλωση

Le tableau ci-dessous vous montre ce que vous pouvez impor-
ter en franchise:

Vers la	Cigarettes	Cigares	Tabac	Alcool	Vin
Grèce ¹)	300 ou	75 ou	400g	1,5 l et	5 l
²)	200 ou	50 ou	250g	1 l ou	2 l
³)	400 ou	100 ou	500g	voir ¹) et ²)	

¹) Personnes en provenance d'un pays membre de la CEE;
   marchandises T.T.C. provenant de la CEE.
²) Personnes en provenance d'un pays membre de la CEE;
   marchandises H.T. ou provenant de pays hors CEE.
³) Personnes en provenance d'un autre pays.

Je n'ai rien à déclarer.	Δεν έχω τίποτα για δήλωση.	δèn èkho tipota yia δilossi.
J'ai...	Έχω ...	èkho
cartouche de cigarettes	ένα κουτί τσιγάρα	èna kouti tsigara
bouteille de whisky	ένα μπουκάλι ουίσκυ	èna boukali ouïski
C'est pour mon usage personnel.	Είναι για προσωπική μου χρήση.	inè yia prossopiki mou khrissi
C'est un cadeau.	Αυτό είναι για δώρο.	afto inè yia δoro

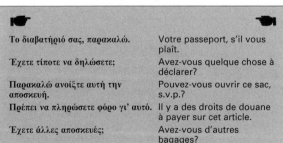

Το διαβατήριό σας, παρακαλώ.	Votre passeport, s'il vous plaît.
Έχετε τίποτε να δηλώσετε;	Avez-vous quelque chose à déclarer?
Παρακαλώ ανοίξτε αυτή την αποσκευή.	Pouvez-vous ouvrir ce sac, s.v.p.?
Πρέπει να πληρώσετε φόρο γι' αυτό.	Il y a des droits de douane à payer sur cet article.
Έχετε άλλες αποσκευές;	Avez-vous d'autres bagages?

Bagages—Porteur *Αποσκευές–Αχθοφόρος*

Porteur!	Αχθοφόρε!	akhθoforè
Prenez ce/cette..., s.v.p.	Σας παρακαλώ παίρνετε ...	sass parakalo pèrnètè
bagage	τις αποσκευές	tiss aposkèvèss
valise	τη βαλίτσα	ti valitsa
sac de voyage	το σακ βουαγιάζ	to sacvouayaz
C'est le mien/la mienne.	Αυτή είναι δική μου.	afti inè ðiki mou
Portez ces bagages à la/au...	Βάλετε τις αποσκευές ...	valètè tiss aposkèvèss
bus	στο λεωφορείο	sto lèoforio
consigne	στο τμήμα αποσκευών	sto tmima aposkèvonn
taxi	στο ταξί	sto taksi
Combien vous dois-je?	Πόσο σας χρωστώ	posso sas khrosto
Il en manque un/une.	Λείπει μια αποσκευή.	lipi mia aposkèvi
Où sont les chariots à bagages?	Πού είναι τα καρότσια αποσκευών;	pou inè ta karotsia aposkèvonn

Change *Συνάλλαγμα*

Où est le bureau de change le plus proche?	Πού είναι το κοντινότερο γραφείο συναλλάγματος;	pou inè to konndinotèro grafio sinalagmatoss
Pouvez-vous changer ces chèques de voyage?	Μπορώ ν' αλλάξω αυτά τα τράβελερς τσεκς;	boro nalakso afta ta travèlèrss tsèks
Je voudrais changer des...	Θέλω ν' αλλάξω μερικά ...	θèlo nalakso mèrika
Francs belges	Βελγικά φράγκα	vèlyika frannggha
Francs français	Γαλλικά φράγκα	galika frannggha
Francs suisses	Ελβετικά φράγκα	èlvètika frannggha
Pouvez-vous changer ceci contre des drachmes?	Μπορείτε ν' αλλάξετε αυτό σε δραχμές;	boritè nalaksètè afto sè ðrakhmèss
Quel est le taux de change?	Ποιά είναι η τιμή συναλλάγματος;	pia inè i timi sinalagmatoss

BANQUE – CHANGE, voir page 129

Où est...? *Πού είναι ...;*

Où est...?	Πού είναι το ...;	pou inè to
bureau des réservations	γραφείο κρατήσεων	grafio kratisèonn
kiosque à journaux	περίπτερο	pèriptèro
magasin hors-taxe	κατάστημα αφορολογήτων ειδών	katastima aforoloyitonn iδonn
restaurant	εστιατόριο	èstiatório
Comment puis-je aller à/au ...?	Πώς μπορώ να πάω στο ...;	poss boro na pao sto
Y a-t-il un bus pour aller en ville?	Υπάρχει λεωφορείο για την πόλη;	iparkhi lèoforio yia tinn poli
Où puis-je trouver un taxi?	Πού μπορώ να βρω ταξί;	pou boro na vro taksi
Où puis-je louer une voiture?	Πού μπορώ να νοικιάσω αυτοκίνητο;	pou boro na nikiasso aftokinito

Réservation d'hôtel *Κράτηση ξενοδοχείου*

Avez-vous un guide des hôtels?	Έχετε οδηγό ξενοδοχείων;	èkhètè oδigo ksènoδokhionn
Pourriez-vous me réserver une chambre?	Μπορείτε να μου κρατήσετε ένα δωμάτιο;	boritè na mou kratisètè èna δomatio
dans le centre-ville	στο κέντρο της πόλης	sto kènndro tiss poliss
près de la gare	κοντά στο σιδηροδρομικό σταθμό	konnda sto siδiroδromiko staθmo
une chambre à un lit	ένα μονό δωμάτιο	èna mono δomatio
une chambre pour deux personnes	ένα διπλό δωμάτιο	èna δiplo δomatio
pas trop chère	όχι πολύ ακριβό	okhi poli akrivo
Où se trouve l'hôtel/la pension?	Πού είναι το ξενοδοχείο/πανσιόν;	pou inè to ksènoδokhio/pannssionn
Avez-vous un plan de la ville?	Έχετε χάρτη της πόλης;	èkhètè kharti tiss poliss

HÔTEL – LOGEMENT, voir page 22

Location de voiture *Ενοικίαση αυτοκινήτων*

Les locations de voitures sont assez chères. En haute saison, il faut réserver tôt et prévenir la compagnie à l'avance si vous désirez des options spéciales (climatisation, boîte automatique). En principe, la plupart des compagnies réclament un permis de conduire international, mais acceptent en fait tous les permis de conduire nationaux valides depuis plus d'un an. Le prix comprend en général l'assurance au tiers.

Je voudrais louer une voiture.	Θα ήθελα να νοικιάσω ένα αυτοκίνητο.	θa i**θè**la na niki**a**sso **è**na afto**ki**nito
petite	μικρού	mi**kro**
moyenne	μεσαίου μεγέθους	mè**ssè**ou mè**yè**θouss
grande	μεγάλο	**mè**galo
automatique	αυτόματο	a**fto**mato
Je la voudrais pour un jour/une semaine.	Θα το ήθελα για μια μέρα/εβδομάδα.	θa to i**θè**la yia **mi**a **mè**ra/ evδo**ma**δa
Y a-t-il des forfaits pour le week-end?	Υπάρχουν διευκολύνσεις για το Σαββατοκύριακο;	i**par**khoun δiè**fko**linnssiss yia to ssavato**ki**riako
Avez-vous des tarifs spéciaux?	Έχετε ειδικές τιμές;	**è**khètè iδi**kèss** ti**mèss**
Quel est le tarif par jour/semaine?	Ποιά είναι η τιμή ανά ημέρα/εβδομάδα;	pia i**nè** i **ti**mi ana i**mè**ra/ evδo**ma**δa
Est-ce que le kilométrage est compris?	Συμπεριλαμβάνονται τα χιλιόμετρα;	ssimm**bè**rilam**va**nonndè ta khili**o**mètra
Quel est le tarif par kilomètre?	Ποιά είναι η τιμή ανά χιλιόμετρο;	pia i**nè** i **ti**mi ana khili**o**mètro
J'aimerais laisser la voiture à...	Θα ήθελα να το αφήσω στο ...	θa i**θè**la na to a**fi**sso sto
Je voudrais une assurance tous risques.	Θέλω μικτή ασφάλεια.	**θè**lo mik**ti** as**fa**lia
Quel est le montant de la caution?	Πόση είναι η εγγύηση;	**po**ssi i**nè** i è**ngghi**issi
J'ai une carte de crédit.	Έχω πιστωτική κάρτα.	**è**kho pisto**ti**ki **kar**ta
Voici mon permis de conduire.	Ορίστε το δίπλωμα οδήγησής μου.	ori**stè** to **δi**ploma oδi**yississ** mou

VOITURE, voir page 74

Taxi *Ταξί*

Les taxis ont un compteur dans les grandes villes et sont relativement bon marché, mais les coûts supplémentaires (pour courses de nuit, attente ou durant certains jours fériés) ne sont pas affichés. A la campagne, les taxis ne sont pas toujours munis de compteurs, mais il existe des tarifs fixes. Négociez le prix de la course avant de partir.

Où puis-je trouver un taxi?	Πού μπορώ να βρω ένα ταξί;	pou boro na vro èna taksi
Où est la station de taxis?	Πού είναι η πιάτσα των ταξί;	pou inè i piatsa tonn taksi
Pourriez-vous m'appeler un taxi?	Μπορείτε να μου βρείτε ένα ταξί;	boritè na mou vritè èna taksi
Quel est le tarif pour...?	Ποιά είναι η τιμή για ...;	pia inè i timi yia
A quelle distance se trouve...?	Πόσο μακριά είναι μέχρι ...;	posso makria inè mèkhri
Conduisez-moi à...	Πηγαίνω ...	piyèno
cette adresse	σε αυτή τη διεύθυνση	se afti ti dièfθinssi
l'aéroport	στο αεροδρόμιο	sto aèrodromio
au centre-ville	στο κέντρο της πόλης	sto kènndro tiss poliss
à l'hôtel...	στο ξενοδοχείο ...	sto ksènodokhio
à la gare	στο σιδηροδρομικό σταθμό	sto ssidirodromiko staθmo
Tournez à... au prochain coin de rue.	Στρίψτε ... στην επόμενη γωνία.	stripstè... stinn èpomèni gonia.
gauche/droite	αριστερά/δεξιά	aristèra/dèksia
Continuez tout droit.	Πηγαίνετε ευθεία.	piyènètè èfθia
Arrêtez-vous ici, s.v.p.	Παρακαλώ σταματήστε εδώ.	parakalo stamatistè èdo
Je suis pressé(e).	Είμαι βιαστικός/-ή.	imè viastikoss/viastiki
Pourriez-vous conduire plus lentement?	Μπορείτε να οδηγείτε πιο αργά παρακαλώ;	boritè na odiyitè pio arga parakalo
Pourriez-vous m'aider à porter mes bagages?	Μπορείτε να με βοηθήσετε να μεταφέρω τις αποσκευές μου;	boritè na mè voïθissètè na mètafèro tiss aposkèvèss mou
Pourriez-vous m'attendre?	Μπορείτε να με περιμένετε;	boritè na mè pèrimènètè
Je reviens dans dix minutes.	Θα επιστρέψω σε 10 λεπτά.	θa èpistrèpso sè dèka lèpta.

POURBOIRES, voir à 3ème page de couverture

Hôtel—Autres types de logement

Ξενοδοχείο (ksènoðokhio)	Hôtel. On trouve en Grèce une forte proportion d'hôtels de construction moderne, classés par le gouvernement en six catégories selon le confort proposé. A part la catégorie «de luxe», les classes s'échelonnent de A à E. Beaucoup d'hôtels peuvent exiger que vous preniez la demi-pension ou la pension complète.
Μοτέλ (motèl)	Motel. Quelques-uns ont été construits ces dernières années le long des routes les plus importantes.
Πανδοχείο (pannðokhio)	Auberge. On en rencontre dans les petites villes. Elles proposent un confort simple mais de qualité.
Πανσιόν (pansionn)	Pension. Elles sont situées dans les villes. On y trouve chambre et pension à des prix modérés.
Ξενώνας νεότητας (ksènonnass nèotitass)	Auberge de jeunesse. Elles sont propres et bon marché et vous serez en général logés en dortoirs. On peut vous demander de limiter votre séjour à cinq jours maximum. Vous aurez besoin d'une carte d'adhérent internationale.
Διαμερίσματα (ðiamèrizmata)	Appartement. Ils ne manquent pas, surtout sur les îles et dans les stations balnéaires. Vous devrez toutefois réserver longtemps à l'avance en haute saison.
Δωμάτια (ðommatia)	Chambres chez l'habitant. Vous verrez souvent les pancartes en anglais, surtout sur les îles. Elles sont propres et bon marché, et vous partagez généralement la salle de bains et la cuisine familiales.

Pouvez-vous me recommander un hôtel/une pension?	Μπορείτε να μου συστήσετε να ξενοδοχείο/πανσιόν;	borìte na mou sistissètè èna ksènoðokhio/pansionn
Y a-t-il des appartements libres?	Υπάρχουν κενά διαμερίσματα;	iparkhoun kèna ðiamèrizmata

A la réception Στην ρεσεψιόν

Je m'appelle...	Λέγομαι ...	lègomè
J'ai réservé.	Έχω κάνει κράτηση.	èkho kani kratissi

Nous avons réservé deux chambres/un appartement.	Έχουμε κλείσει δύο δωμάτια/ένα διαμέρισμα.	èkhoume **klissi** ðio ðomatia/èna ðiamèrizma
Voici la confirmation.	Ορίστε η επιβεβαίωση.	oristè i èpivèvèossi
Avez-vous encore des chambres libres?	Υπάρχουν άδεια δωμάτια;	iparkhoun aðia ðomatia
Je voudrais une ...	Θα ήθελα ένα ...	θa iθèla èna
chambre à un lit	μονό δωμάτιο	mono ðomatio
chambre pour deux personnes	διπλό δωμάτιο	ðiplo ðomatio
Nous voudrions une chambre avec...	Θα θέλαμε ένα δωμάτιο ...	θa θèlamè èna ðomatio
lits jumeaux	με δύο κρεββάτια	mè ðio krèvatia
grand lit	με διπλό κρεββάτι	mè ðiplo krèvati
salle de bains	με μπάνιο	mè banio
douche	με ντους	mè douss
balcon	με μπαλκόνι	mè balkoni
vue...	με θέα ...	mè θèa
sur la rue	στην πρόσοψη	stinn prossopsi
sur la cour	στο πίσω μέρος	sto pisso mèross
Elle doit être calme.	Να είναι ήσυχο.	na inè issikho
Y a-t-il...?	Υπάρχει ...;	iparkhi
blanchisserie	υπηρεσία πλυντηρίου	ipirèssia plinndiriou
des toilettes dans la chambre	ιδιωτική τουαλέτα	iðiotiki toualèta
eau chaude	ζεστό νερό	zèsto nèro
eau courante	τρεχούμενο νερό	trèkhoumèno nèro
la climatisation	κλιματισμός	klimatismoss
piscine	πισίνα	pissina
radio/télévision dans la chambre	ραδιόφωνο/ τηλεόραση στο δωμάτιο	raðiofono/tilèorassi sto ðomatio
salle de conférence	αίθουσα συνεδρίων	èθoussa sinèðrionn
service des chambres	σέρβις δωματίου	sèrviss ðomatiou
Pourriez-vous mettre un lit supplémentaire/un lit d'enfant dans la chambre?	Μπορείτε ένα βάλετε ένα πρόσθετο κρεββάτι/παιδικό κρεββάτι στο δωμάτιο;	boritè na valètè èna prosθèto krèvati/pèðiko krèvati sto ðomatio

DÉPART, voir page 31

Combien? *Πόσο κοστίζει;*

Combien coûte...?	Πόσο κοστίζει ...;	posso kostizi
par jour	την ημέρα	tinn imèra
par semaine	την εβδομάδα	tinn èvðomaða
pour la chambre et le petit déjeuner	το δωμάτιο με πρωινό	to ðomatio mè proïno
sans les repas	χωρίς τα γεύματα	khoriss ta yèvmata
la pension complète	με πλήρη διατροφή	mè pliri ðiatrofi
la demi-pension	με ημιδιατροφή	mè imiðiatrofi
Est-ce que cela comprend...?	Η τιμή περιλαμβάνει ...;	i timi pèrilamvani
petit déjeuner	πρωινό	proïno
service	το σέρβις	to sèrviss
T.V.A.	ΦΠΑ	fi pi a
Y a-t-il une réduction pour enfants?	Υπάρχει έκπτωση για τα παιδιά;	iparkhi èkptossi yia ta pèðia
Faut-il payer pour le bébé?	Το μωρό πληρώνει;	to moro plironi
C'est trop cher.	Είναι πολύ ακριβά.	inè poli akriva
Avez-vous quelque chose de moins cher?	Υπάρχει κάτι φθηνότερο;	iparkhi kati fθinotèro

Pour combien de temps? *Πόσο καιρό;*

Nous resterons...	Θα μείνουμε ...	θa minoumè
une nuit seulement	μόνο μια νύχτα	mono mia nikhta
quelques jours	λίγες μέρες	liyèss imèrèss
une semaine (au moins)	μια εβδομάδα (τουλάχιστον)	mia èvðomaða (toulakhistonn)
Je ne sais pas encore.	Δεν ξέρω ακόμη.	ðèn ksèro akomi

Décision *Απόφαση*

Puis-je voir la chambre?	Μπορώ ένα δω το δωμάτιο;	boro na ðo to ðomatio
C'est bien. Je la prends.	Είναι εντάξει. Θα το πάρω.	inè ènndaksi. θa to paro
Non. Elle ne me plaît pas.	Όχι. Δεν μου αρέσει.	okhi ðèn mou arèssi

NOMBRES, voir page 147

Elle est trop...	Είναι πολύ ...	inè poli
froide/chaude	κρύο/ζεστό	**krio**/**zèsti**
sombre/petite	σκοτεινό/μικρό	skoti**no**/**mikro**
Elle est trop bruyante.	Έχει πολύ θόρυβο.	èkhi poli **θ**orivo
J'ai demandé une chambre avec bain.	Ζήτησα δωμάτιο με μπάνιο.	zitissa **δ**omatio mè **b**anio
Avez-vous quelque chose de...?	Έχετε κάτι ...;	èkhètè **k**ati
mieux	καλύτερο	kali**t**èro
moins cher	φθηνότερο	f**θ**i**not**èro
plus calme	πιο ήσυχο	pi**o** issikho
plus grand	μεγαλύτερο	mègali**t**èro
Avez-vous une chambre avec une plus belle vue?	Έχετε δωμάτιο με καλύτερη θέα;	èkhètè **δ**o**m**atio mè kali**t**èri **θ**èa

Enregistrement *Εγγραφή*

A votre arrivée à l'hôtel, on vous demandera de remplir une fiche (έντυπο). La réceptionniste gardera peut-être votre passe-port pour la nuit.

Επώνυμο/Όνομα	Nom/Prénom
Πόλη/Οδός/Αριθμός	Lieu de résidence/rue/numéro
Εθνικότητα/Επάγγελμα	Nationalité/Profession
Ημερομηνία/Τόπος γέννησης	Date/Lieu de naissance
Έρχεστε από .../Προορισμός ...	Venant de.../à destination de...
Αριθμός διαβατηρίου	Numéro de passeport
Τόπος/Ημερομηνία	Lieu/Date
Υπογραφή	Signature

Qu'est-ce que cela veut dire?	Τι σημαίνει αυτό;	ti si**m**èni a**f**to
Quel est le numéro de ma chambre?	Ποιός είναι ο αριθμός του δωματίου μου;	pi**oss** inè o ari**θ**mo**ss** tou **δ**o**m**atiou mou

Μπορώ να δω το διαβατήριό σας παρακαλώ;	Puis-je voir votre passeport, s.v.p.?
Μπορείτε να συμπληρώσετε αυτό το έντυπο παρακαλώ;	Pourriez-vous remplir cette fiche?
Υπογράψτε εδώ, παρακαλώ.	Signez ici, s.v.p.
Πόσο θα μείνετε;	Combien de temps resterez-vous?

Pouvez-vous faire monter nos bagages?	Θα στείλετε τις αποσκευές μας επάνω;	θa **sti**lètè tiss aposkè**vèss** mass **è**pano
Où puis-je garer ma voiture?	Πού μπορώ να παρκάρω το αυτοκίνητό μου;	pou b**o**ro na park**a**ro to afto**ki**nito mou
L'hôtel a-t-il un garage?	Μήπως έχει το ξενοδοχείο γκαράζ;	**mi**poss èkhi to ksèno**do**khio gha**raz**
Je voudrais déposer ceci dans le coffre fort de l'hôtel, s.v.p.	Θα ήθελα να αφήσω αυτό στο χρηματο-κιβώτιό του ξενοδοχείου.	θa **i**θèla na a**fi**sso a**fto** sto khrimato**ki**votio tou ksèno**do**khiou

Personnel hôtelier *Οι υπάλληλοι του ξενοδοχείου*

concierge	ο πορτιέρης	o portiè**riss**
femme de chambre	η καμαριέρα	i kamariè**ra**
directeur	ο διευθυντής	o δièfθinn**diss**
portier	ο αχθοφόρος	o akhθo**foross**
réceptionniste	ο ρεσεψιονίστ	o rèssèpsio**niste**
standardiste	ο τηλεφωνητής	o tilèfo**niss**
serveur	ο σερβιτόρος	o sèrvi**toross**
serveuse	η σερβιτόρα	i sèrvi**tora**

Lorsque vous voulez demander l'assistance du personnel, le plus simple est de dire παρακαλώ (parakalo — s'il vous plaît).

Questions d'ordre général Γενικές ανάγκες

La clé de la chambre..., s.v.p.	Το κλειδί του δωματίου ..., παρακαλώ.	to kliði tou ðomatiou... parakalo
Pourriez-vous me réveiller à..., s.v.p.?	Μπορείτε να με ξυπνήσετε στις ... παρακαλώ;	boritè na mè ksipnissètè stiss... parakalo
A quelle heure servez-vous le petit déjeuner/déjeuner/dîner?	Τι ώρα σερβίρεται το πρωινό/μεσημεριανό/δείπνο;	ti ora sèrvirètè to proïno/mèssimèriano/ðipno
Y a-t-il une salle de bains à cet étage?	Υπάρχει μπάνιο στον όροφο αυτό;	iparkhi banio stonn orofo afto
Quel est le voltage?	Πόσα βολτ είναι το ρεύμα εδώ;	possa volt inè to rèvma èðo
Où est la prise pour rasoirs?	Πού είναι η πρίζα για την ξυριστική μηχανή;	pou inè i priza yia tinn ksiristiki mikhani
Pouvez-vous me procurer ...?	Μπορείτε να μου βρείτε ...;	boritè na mou vritè
garde d'enfants	μπέιμπυ σίτερ	bèïbi ssitèr
machine à écrire	γραφομηχανή	grafomikhani
secrétaire	γραμματέα	gramatèa
Puis-je avoir...?	Μπορώ να έχω ...;	boro nakho
aiguille et du fil	βελόνα και κλωστή	vèlona kè klosti
bouillotte	μια θερμοφόρα	mia thèrmofora
cendrier	ένα σταχτοδοχείο	èna stakhtoðokhio
cintres (supplémentaires)	(περισσότερες) κρεμάστρες	(pèrissotèrèss) krèmastrèss
couverture supplémentaire	μια ακόμη κουβέρτα	mia akomi kouvèrta
enveloppes	μερικούς φακέλους	mèrikouss fakèlouss
glaçons	μερικά παγάκια	mèrika pagakia
lampe de chevet	μια λάμπα για διάβασμα	mia lamba yia ðiavasma
oreiller (supplémentaire)	ένα (ακόμη) μαξιλάρι	èna (akomi) maksilari
papier à lettres	χαρτί αλληλογραφίας	kharti alilografiass
savon	σαπούνι	ssapouni
serviette de bain	μια πετσέτα μπάνιου	mia pètsèta baniou
Où est...?	Πού είναι ...;	pou inè
ascenseur	το ασανσέρ	to assanssère
coiffeur	το κομμωτήριο	to komotirio
salle à manger	η τραπεζαρία	i trapèzaria

salle de bains	το μπάνιο	to banio
sortie de secours	η έξοδος κινδύνου	i èksoðoss kinðínou
Où sont les toilettes?	Πού είναι οι τουαλέττες;	pou inè i toualètèss

Téléphone—Courrier Τηλέφωνο—Ταχυδρομείο

Pouvez-vous me passer le 123-45-67 à Athènes?	Μπορείτε να καλέσετε Αθήνα 123-45-67;	borìtè na kalèsètè athina 123-45-67
Avez-vous des timbres?	Έχετε γραμματόσημα;	èkhètè gramatossima
Pouvez-vous poster ceci pour moi, s.v.p.?	Μπορείτε να μου ταχυδρομήσετε αυτό, παρακαλώ;	borìtè na mou takhiðromissètè afto parakalo
Y a-t-il des lettres pour moi?	Υπάρχουν γράμματα για μένα;	iparkhoun gramata yia mèna
Y a-t-il des messages pour moi?	Υπάρχει κάποιο μήνυμα για μένα;	iparkhi kapio minima yia mèna
A combien s'élève ma note de téléphone?	Πόσο είναι ο λογαριασμός του τηλεφώνου μου;	posso inè o logariasmoss tou tilèfonou mou

Difficultés Δυσκολίες

... ne marche pas.	... δεν λειτουργεί.	ðèn litouryi
bidet	Ο μπιντές	o bindèss
chauffage	Η θέρμανση	i thèrmanssi
climatisation	Το σύστημα κλιματισμού	to sistima klimatismou
lumière	Το φως	to foss
radio	Το ραδιόφωνο	to raðiofono
télévision	Η τηλεόραση	i tilèorassi
ventilateur	Ο ανεμιστήρας	o anèmistirass
Le robinet fuit.	Η βρύση στάζει.	i vrissi stazi
Il n'y a pas d'eau chaude.	Δεν υπάρχει ζεστό νερό.	ðèn iparkhi zèsto nèro
Le lavabo est bouché.	Ο νιπτήρας είναι βουλωμένος.	o niptirass inè voulomènoss
La fenêtre est bloquée.	Το παράθυρο δεν ανοίγει.	to parathiro ðèn aniyi
Les rideaux sont coincés.	Οι κουρτίνες έχουν σκαλώσει.	i kourtinèss èkhoun skalossi
L'ampoule est grillée.	Η λάμπα κάηκε.	i lamba kaïkè
Mon lit n'a pas été fait.	Το κρεββάτι μου δεν στρώθηκε.	to krèvati mou ðèn strothikè

NOMBRES voir page 147

...est cassé(e).	... χάλασε.	**kha**lasse
interrupteur	Ο διακόπτης	o ðia**kop**tiss
lampe	Η λάμπα	i **lam**ba
prise	Η πρίζα	i **pri**za
store	Το ρολό	to ro**lo**
volet	Το παντζούρι	to pan**dzou**ri
Pouvez-vous le/la faire réparer?	Μπορείτε να το επισκευάσετε;	bo**ri**tè na to èpiskè**vas**sètè

Blanchisserie—Teinturerie *Πλυντήριο—Στεγνοκαθαριστήριο*

Je voudrais faire... ces vêtements.	Θα ήθελα να δώσω αυτά τα ρούχα για ...	θa **i**θèla na **ðos**so af**ta** ta **rou**kha yia
laver	πλύσιμο	**plis**simo
nettoyer	καθάρισμα	ka**θa**risma
repasser	σιδέρωμα	si**ðè**roma
Quand seront-ils prêts?	Πότε θα είναι έτοιμα;	**po**tè θa i**nè è**tima
Il me les faut pour...	Τα χρειάζομαι ...	ta khria**zo**mè
aujourd'hui	σήμερα	**si**mèra
ce soir	απόψε	a**pop**sè
demain	αύριο	**av**rio
avant vendredi	πριν την Παρασκευή	prinn tinn paras**kè**vi
Pouvez-vous...ceci?	Μπορείτε να ... αυτό;	bo**ri**tè na... af**to**
raccommoder	διορθώσετε	ðior**θos**sètè
recoudre	ράψετε	**rap**sètè
repriser	μπαλώσετε	ba**los**sètè
Pouvez-vous recoudre ce bouton?	Μπορείτε να ράψετε αυτό το κουμπί;	bo**ri**tè na **rap**sètè af**to** to kou**bi**
Pouvez-vous enlever cette tache?	Μπορείτε να καθαρίσετε αυτόν τον λεκέ;	bo**ri**tè na kaθa**ris**sètè af**tonn** tonn lè**kè**
Mon linge est-il prêt?	Είναι έτοιμα τα ρούχα μου;	i**nè è**tima ta **rou**kha mou
Ce n'est pas à moi.	Αυτό δεν είναι δικό μου.	af**to** ðèn i**nè** ði**ko** mou
Il manque quelque chose.	Κάτι λείπει.	**ka**ti **li**pi
Il y a un trou.	Υπάρχει μια τρύπα εδώ.	i**par**khi **mia tri**pa è**ðo**

Coiffeur—Institut de beauté *Κομμωτήριο—Κουρείο*

Français	Ελληνικά	Prononciation
Y a-t-il un coiffeur/institut de beauté à l'hôtel?	Υπάρχει κομμωτήριο/ινστιτούτο ομορφιάς στο ξενοδοχείο;	iparkhi komotirio/innstitouto omorfiass sto ksènodokhio
Puis-je prendre rendez-vous pour jeudi?	Μπορώ να κλείσω ραντεβού για την Πέμπτη;	boro na klisso ranndèvou yia tinn pèmbti
Je voudrais une coupe et un brushing.	Θα ήθελα κούρεμα και στέγνωμα.	θa ιθèla kourèma kè stègnoma
Je voudrais une coupe de cheveux, s.v.p.	Θέλω να με κουρέψετε, παρακαλώ.	θèlo na mè kourèpsètè parakalo
avec une frange	με αφέλειες	mè afèlies
brushing	στέγνωμα	stègnoma
couleur	ένα ρενσάζ	èna rènsaz
décoloration	άνοιγμα	anigma
fixatif	αφρο-λακ	afro-lak
gel	ζελέ για τα μαλλιά	zel yia ta mallia
manucure	μανικιούρ	manikiour
masque de beauté	μια μάσκα για το πρόσωπο	mia maska yia to prossopo
permanente	περμανάντ	pèrmanante
shampooing et mise en plis	σαμπουάν και μιζ-αν-πλι	ssampouann kè mizanpli
teinture	μια βαφή	mia vafi
Je voudrais un shampooing pour cheveux...	Θα ήθελα ένα σαμπουάν για ... μαλλιά.	θa ιθèla èna sampouann yia ta mallia
normaux/secs/gras	κανονικά/ξηρά/λιπαρά	kanonika/ksira/lipara
Avez-vous un nuancier?	Έχετε δειγματολόγιο χρωμάτων;	èkhètè δigmatoloyio khromaton
Ne les coupez pas trop courts.	Μην τα κόψετε πολύ κοντά.	minn ta kopsètè poli konnda
Coupez-en encore un peu plus sur...	Κόψτε τα λίγο ακόμη ...	kopste ta ligo akomi
derrière	πίσω	pisso
dessus	επάνω	èpano
la nuque	στο σβέρκο	sto svèrko
les côtés	στα πλάγια	sta playia
Je ne veux pas de laque.	Δεν θέλω λακ.	δèn θèlo lak

Pourriez-vous me raser.	Ξύρισμα, παρακαλώ.	ksirisma parakalo
Pourriez-vous m'égaliser…, s.v.p.?	Παρακαλώ, μου κόβετε λίγο …;	parakalo mou kovètè ligo
barbe	τα γένεια	ta yènia
moustache	το μουστάκι	to moustaki
favoris	τις φαβορίτες	tiss favoritèss

Départ *Αναχώρηση*

Puis-je avoir ma note, s.v.p.?	Μπορώ να έχω τον λογαριασμό, παρακαλώ;	boro nakho to logariasmo, parakalo
Je pars tôt demain matin.	Φεύγω αύριο νωρίς το πρωί.	fèvgo avrio noriss to proï
Pourriez-vous me préparer la note, s.v.p.?	Παρακαλώ, ετοιμάστε το λογαριασμό μου.	parakalo ètimastè to logariasmo mou
Nous partirons vers midi.	Θα φύγουμε κατά το μεσημέρι.	θa figoymè kata to mèssimèri
Je dois partir tout de suite.	Πρέπει να φύγω αμέσως.	prèpi na figo amèssoss
Tout est compris?	Συμπεριλαμβάνονται τα πάντα;	simbèrilamvanonndè ta pannda
Puis-je payer par carte de crédit?	Μπορώ να πληρώσω με πιστωτική κάρτα;	boro na plirosso mè pistotiki karta
Je crois que vous avez fait une erreur sur la note.	Νομίζω ότι έχει γίνει λάθος στο λογαριασμό.	nomizo oti èkhi yini laθoss sto logariasmo
Pouvez-vous nous appeler un taxi?	Μπορείτε να μας βρείτε ένα ταξί;	boritè na mass vritè èna taksi
Pourriez-vous faire descendre nos bagages?	Μπορείτε να στείλετε κάποιον να κατεβάσει τις αποσκευές μας;	boritè na stilètè kapionn na katèvassi tiss aposkèvèss mass
Voici ma future adresse.	Αυτή είναι η επόμενή μου διεύθυνση.	afti inè i èpomèni mou δièfθinssi
Vous avez mon adresse habituelle.	Έχετε την διεύθυνση κατοικίας μου.	èkhètè ti δièfθinssi katikiass mou
Notre séjour a été très agréable.	Η διαμονή μας ήταν πολύ ευχάριστη.	i δiamoni mass itan poli èfkharisti

JOURS DE LA SEMAINE, voir page 151

Camping Κατασκήνωση (Κάμπινγκ)

On trouve des terrains de camping partout en Grèce (sauf à Rhodes), et il est illégal de camper ailleurs. Ils sont en général propres, bien agencés et bien équipés.

Y a-t-il un camping près d'ici?	Υπάρχει μέρος για κάμπινγκ εδώ κοντά;	iparkhi **mè**ross yia **ka**mping èdo ko**nn**da
Pouvons-nous camper ici?	Μπορούμε να κατασκηνώσουμε εδώ;	bo**rou**mè na kataski**no**ssoumè èdo
Avez-vous de la place pour une tente/une caravane?	Έχετε μέρος για σκηνή/τροχόσπιτο;	è**khè**tè **mè**ross yia ski**ni**/ trokh**o**spito
Quel est le tarif...?	Πόσο κοστίζει ...;	**po**sso ko**sti**zi
par jour	την ημέρα	tinn i**mè**ra
par personne	το άτομο	to **a**tomo
pour une voiture	για ένα αυτοκίνητο	ya **è**na afto**ki**nito
pour une tente	για μια σκηνή	ya **mia** ski**ni**
pour une caravane	για ένα τροχόσπιτο	ya **è**na trokh**o**spito
La taxe de séjour est-elle comprise?	Συμπεριλαμβάνεται και ο τουριστικός φόρος;	simbèrilam**va**nètè kè o touristi**koss fo**ross
Y a-t-il...?	Υπάρχει/ Υπάρχουν ...;	iparkhi/**i**parkhoun
eau potable	πόσιμο νερό	**po**ssimo nè**ro**
électricité	ρεύμα	**rèv**ma
jeux pour enfants	προαύλιο παιγνιδιού	proavlio pègnidi**ou**
magasins	μαγαζιά	maga**zia**
piscine	πισίνα	pis**si**na
restaurant	εστιατόριο	èstia**to**rio
Où sont les douches/ toilettes?	Πού είναι τα ντους/οι τουαλέττες;	pou i**nè** ta douss/i toua**lè**tèss
Où puis-je trouver du gaz butane?	Πού μπορώ να βρω υγραέριο;	pou bo**ro** na vro igra**è**rio
Y a-t-il une auberge de jeunesse près d'ici?	Υπάρχει κανένας ξενώνας νεότητας εδώ κοντά;	iparkhi ka**nè**nass ksè**no**nass èdo ko**nn**da

---

ΑΠΑΓΟΡΕΥΕΤΑΙ ΤΟ ΚΑΜΠΙΝΓΚ
CAMPING INTERDIT
ΑΠΑΓΟΡΕΥΟΝΤΑΙ ΤΑ ΤΡΟΧΟΣΠΙΤΑ
PAS DE CARAVANES

MATÉRIEL DE CAMPING, voir page 109

Restaurants

Il existe en Grèce de nombreux endroits où vous pouvez manger et boire.

Γαλακτοπωλείο (galaktopolio)	On y vend du lait, du beurre, du yaourt; on peut aussi y acheter des pâtisseries et des glaces.
Εστιατόριο (èstiatorio)	C'est le terme le plus courant pour désigner les restaurants.
Ζαχαροπλαστείο (zakharoplastio)	Salon de thé où l'on vend aussi des sucreries.
Καφενείο (kafènio)	Café.
Ουζερί (ouzèri)	Bar. Son nom provient de l'*ouzo*, l'apéritif grec typique.
Σνακ-μπαρ (**snak**-bar)	Snack-bar, terme repris aussi par les Grecs.
Ταβέρνα (tavèrna)	Enseigne à repérer si vous désirez trouver au menu des plats authentiquement grecs.
Χασαποταβέρνα (khassapotavèrna)	Restaurant spécialisé dans les grillades et rattaché à une boucherie.
Ψαροταβέρνα (psarotavèrna)	*Taverna* avec spécialités de fruits de mer.
Ψησταριά (psistaria)	*Taverna* spécialisée dans les grillades sur feu de bois.

La cuisine grecque *Ελληνική κουζίνα*

Bien qu'on ne puisse comparer la cuisine grecque à la française, elle a cependant une vieille tradition très honorable, qui remonte à Platon et même avant. Elle n'a pas son égale pour les plats simples préparés à partir d'ingrédients extra-frais.

Nombreux sont les plats grecs avec des noms turcs qu'on trouve aussi en Turquie. Ces deux pays revendiquent la cuisine existante comme la leur propre, mais il semble plus vraisemblable qu'elle ait été élaborée par les Grecs et adoptée par les Turcs pendant les nombreuses années d'occupation de la Grèce. Les Grecs étaient de grands voyageurs et ont échangé leurs connaissances culinaires avec de nombreux pays qu'ils ont visités.

Les bases de la cuisine grecque sont des légumes tels que les artichauts, aubergines, tomates, olives, huile d'olive et des assaisonnements tels que le jus de citron, ail, basilic, origan et romarin.

Attention de ne pas manger trop de hors-d'œuvre et d'amuse-gueule à l'apéritif avant un repas. Ils sont très tentants, allant de la friture aux feuilles de vigne farcies et à de nombreux canapés et autres sauces.

Lorsque la chaleur de l'après-midi s'est atténuée, le meilleur moyen de se réveiller après une sieste est encore de prendre un café noir très fort et une pâtisserie très, très sucrée comme une *baclava*.

Heures des repas *Ώρες φαγητού*

Les Grecs aiment manger tard, il est courant de commencer à dîner à 22 heures. Dans la plupart des restaurants, on peut se faire servir cependant aux mêmes heures que chez soi.

Le petit déjeuner (το πρωινό – to proï**no**) est généralement servi entre 7 et 10 heures.

Le déjeuner (το μεσημεριανό – to mésiméria**no**) est généralement servi entre 12h30 et 15 heures.

Le dîner (το δείπνο - to **δi**pno) est généralement servi à partir de 19 heures environ jusqu'à minuit. Dans les boîtes de nuit, on peut même se faire servir plus tard.

Τι θα πάρετε;	Que désirez-vous?
Σας συστήνω αυτό.	Je vous recommande.
Τι θα πιείτε;	Que désirez-vous boire?
Δεν έχουμε ...	Nous n'avons pas de...
Θέλετε ...;	Désirez-vous...?

Avez-vous faim? *Είστε πεινασμένος/-η;*

J'ai faim/j'ai soif.	Πεινάω./Διψάω.	pinao/δipsao
Pouvez-vous me recommander un bon restaurant?	Μπορείτε να μου συστήσετε ένα καλό εστιατόριο;	boritè na mou sistissètè èna kalo èstiatorio
Y a-t-il de bons restaurants à prix modérés dans les environs?	Υπάρχουν φθηνά εστιατόρια εδώ κοντά;	iparkhoun fθina èstiatoria èδo konnda

Si vous avez l'intention de manger dans un restaurant renommé, mieux vaut réserver une table à l'avance.

Je voudrais réserver une table pour 4.	Θα ήθελα να κλείσω ένα τραπέζι για 4.	θa iθèla na klisso èna trapèzi yia 4
Nous viendrons à huit heures.	Θα έλθουμε στις 8.	θa èlθoumè stiss 8
Pourrions-nous avoir une table...?	Μπορούμε να έχουμε ένα τραπέζι ...;	boroumè na èkhoumè èna trapèzi
dans le coin	στη γωνία	sti gonia
près de la fenêtre	κοντά στο παράθυρο	konnda sto paraθiro
dehors	έξω	èkso
sur la terrasse	στην αυλή	stinn avli
dans le coin non-fumeur	στην περιοχή για μη καπνιστές	stinn pèriokhi yia mi kapnistèss

RESTAURANTS

Εστιατόριο – Φαγητά

Questions et commandes *Ερωτήσεις και Παραγγελίες*

Garçon/ Mademoiselle!	Σερβιτόρε/ Σερβιτόρα!	ssèrvitorè/ssèrvitora
Je voudrais quelque chose à manger/ à boire.	Θα ήθελα κάτι να φάω/πιω.	θa iθèla kati na **fa**o/**pi**o
Puis-je avoir la carte, s'il vous plaît?	Μπορώ να έχω τον κατάλογο, παρακαλώ;	boro na èkho tonn katalogo parakalo
Avez-vous un menu à prix fixe/ des spécialités régionales?	Έχετε έτοιμο μενού/ ντόπια φαγητά;	èkhètè ètimo mè**nou**/ **nndo**pia fagita
Que conseillez-vous?	Τι μας συστήνετε;	ti mass sis**ti**nètè
Avez-vous quelque chose qui soit prêt rapidement?	Έχετε κάτι που να γίνεται γρήγορα;	èkhètè kati pou na **yi**nètè **gri**gora
Je suis pressé(e).	Είμαι βιαστικός/-ή.	imè viasti**koss**/viasti**ki**
Je voudrais...	Θα ήθελα ...	θa iθèla
Pourriez-vous nous apporter..., s'il vous plaît?	Μπορούμε να έχουμε ..., παρακαλώ;	borou**mè** na èkhou**mè**... parakalo
assiette	ένα πιάτο	èna piato
cendrier	ένα σταχτοδοχείο	èna stakhtoðo**okhi**o
couteau	ένα μαχαίρι	èna ma**khè**ri
cuillère/cuiller	ένα κουτάλι	èna koutali
fourchette	ένα πηρούνι	èna pirouni
serviette	μια πετσέτα	mia pèt**sè**ta
tasse	ένα φλυτζάνι	èna flindzani
verre	ένα ποτήρι	èna potiri
Puis-je avoir du/de la/de l'/des...?	Μπορώ να έχω ...;	boro na èkho
assaisonnement	λίγα καρυκεύματα	liga karikèvmata
beurre	λίγο βούτυρο	ligo **vou**tiro
citron	λίγο λεμόνι	ligo lè**mo**ni
huile	λίγο λάδι	ligo laði
pain	λίγο ψωμί	ligo pso**mi**
poivre	λίγο πιπέρι	ligo pi**pè**ri
sel	λίγο αλάτι	ligo a**la**ti
sucre	λίγη ζάχαρη	ligi **za**khari
vinaigre	λίγο ξύδι	ligo **ksi**ði

NOMBRES, voir page 147

Quelques expressions utiles pour ceux qui suivent des régimes ou ont des souhaits particuliers:

Français	Grec	Prononciation
Je suis au régime.	Κάνω δίαιτα.	kano δièta
Je suis végétarien(ne).	Είμαι χορτοφάγος.	imè khortofagoss
Je ne bois pas d'alcool.	Δεν πίνω αλκοόλ.	δèn pino alkooll
Je ne mange pas de viande.	Δεν τρώω κρέας.	δèn troo krèass
Je ne dois pas manger de plats contenant...	Δεν πρέπει να τρώω φαγητά που περιέχουν ...	δèn prèpi na troo fagita pou pèrièkhoun
farine/graisse	αλεύρι/λίπος	alèvri/liposs
sel/sucre	αλάτι/ζάχαρη	alati/zakhari
Avez-vous du/de la/des... pour diabétiques?	Έχετε ... για διαβητικούς;	èkhètè... yia δiavitikouss
gâteaux	κέικ	kèïk
jus de fruits	χυμούς φρούτων	khimouss froutonn
un menu spécial	ειδικό μενού	iδiko mènou
Avez-vous des plats végétariens?	Έχετε πιάτα για χορτοφάγους;	èkhètè piata yia khorto fagouss
Puis-je avoir... à la place du dessert?	Μπορώ να έχω τυρί/φρούτα αντί για επιδόρπιο;	boro na èkho tiri/frouta anndi yia èpiδorpio
Puis-je avoir de l'édulcorant?	Μπορώ να έχω ζαχαρίνη;	boro na èkho zakharini

Et ...

Français	Grec	Prononciation
Je voudrais un peu plus de...	Θα ήθελα λίγο ακόμη ...	θa iθèla ligo akomi
Puis-je avoir un peu plus de..., s.v.p.?	Μπορώ να έχω περισσότερο/-α ..., παρακαλώ;	boro na èkho pèrissotèro/-a ... parakalo
Rien qu'une petite portion.	Μόνο μια μικρή μερίδα.	mono mia mikri mèriδa
Ça suffit, merci.	Τίποτε άλλο, ευχαριστώ.	tipotè alo èfkharisto
Où sont les toilettes?	Πού είναι οι τουαλέτες;	pou inè i toualètèss

Qu'y a-t-il au menu? *Τι υπάρχει στον κατάλογο;*

Lorsque vous passez votre commande, l'une des possibilités est d'aller à la cuisine voir ce qui cuit dans les différentes casseroles. Ceci est toléré et même encouragé dans certains restaurants.

Si vous ne voulez pas faire cela cependant, vous trouverez dans les rubriques ci-dessous des listes alphabétiques des aliments et des plats offerts dans un menu grec, avec leur équivalent en français. Il vous suffit de montrer le livre au serveur. Si vous désirez des fruits par exemple, demandez-lui de vous montrer sur la liste ce qui est au menu. Reportez-vous aux pages 36 et 37 pour passer une commande en général.

Pour lire la carte *Διαβάζοντας το μενού*

Επιπλέον	...supplément
Κατά παραγγελία	Sur commande
Κατά προτίμηση ...	Au choix
Κρύα πιάτα	Plats froids
Μενού της ημέρας	Menu
Ο μάγειρας σας προτείνει ...	Le chef vous propose
Πιάτο της ημέρας	Plat du jour
Σπεσιαλιτέ	Spécialités
Σπιτίσιο	Fait maison
Προτείνουμε ...	Nous recommandons
Η σπεσιαλιτέ του καταστήματος	Spécialité de la maison
Σπεσιαλιτέ της περιοχής	Spécialités locales

αναψυκτικό	anapsikhti**ko**	boisson non-alcoolisée
οστρακοειδή	ostrakoïδi	crustacés
επιδόρπια	èpiδorpia	desserts
θαλασσινά	θalassi**na**	fruits de mer
κοτόπουλο	koto**poulo**	poulet
κυνήγι	kiniyi	gibier
κρασί	kra**ssi**	vin
κρέας	**krè**ass	viande
κρέας στη σχάρα	**krè**ass sti s**khara**	grillades
λαχανικά	lakhani**ka**	légumes
μεζέδες	mèzè**δès**	entrées
ομελέττες	omè**lèt**èss	omelettes
πατάτες τηγανητές	pata**tès** tiganit**èss**	frites
παγωτό	pago**to**	glace
πρώτο πιάτο	**pro**to **pia**to	premier plat
μπύρα	**bi**ra	bière
ορεκτικά	orèk**tika**	entrées
ζυμαρικά	zimari**ka**	pâtes
ψάρι	**psa**ri	poisson
πουλερικά	poulè**rika**	volaille
ροφήματα	ro**fi**mata	boissons
ψάρι	**psa**ri	poisson
σαλάτες	sala**tèss**	salades
σνακς	**snak**ss	repas légers
σούπες	sou**pèss**	potages
τυρι	tiri	fromage
φρούτα	**frou**ta	fruits
χάμπουργκερ	**kham**bourghèr	hamburgers

Petit déjeuner *Πρωινό*

Pour les Grecs, le premier repas de la journée est le moins important. Il comporte généralement quelques tasses de café noir et fort et peut-être quelques petits pains sucrés ou des gâteaux. On sert cependant un petit déjeuner continental aux visiteurs.

Je voudrais prendre le petit déjeuner, s.v.p.	Θέλω να πάρω πρωινό, παρακαλώ.	thèlo na **paro** proï**no** parakalo
Je prendrai...	Θέλω ...	thèlo
céréales	δημητριακά	ðimitria**ka**
confiture	μαρμελάδα	marmè**la**ða
jambon et œufs	αυγά με ζαμπόν	av**ga** mè zam**bonn**
jus de fruit	ένα χυμό φρούτων	èna khimo frou**tonn**
pamplemousse	γκρέιπφρουτ	grèïp**froutt**
orange	πορτοκάλι	porto**kali**
marmelade	μαρμελάδα πορτοκάλι	marmè**la**ða porto**kali**
œuf à la coque	ένα βραστό αυγό	èna vrasto av**go**
œuf mollet/œuf dur	μελάτο/σφιχτό	mè**la**to/sfik**hto**
œufs	αυγά	av**ga**
sur le plat	τηγανητά αυγά	tiganita av**ga**
brouillés	χτυπητά αυγά	khtipita av**ga**
pochés	αυγά ποσέ	av**ga** pos**sè**
œufs au bacon	αυγά με μπέικον	av**ga** mè bè**ïkonn**
pain grillé	ένα τοστ	èna **toste**
yaourt	γιαούρτι	yiao**urti**
Puis-je avoir...?	Μπορώ να έχω ...;	boro na**kho**
beurre	λίγο βούτυρο	ligo **voutiro**
café	καφέ	ka**fè**
décaféiné	χωρίς καφεΐνη	khoriss kafèïni
noir/au lait	σκέτο/με γάλα	**skè**to/mè **gala**
chocolat (chaud)	(ζεστή) σοκολάτα	(zèsti) ssoko**lata**
eau (chaude)	λίγο (ζεστό) νερό	ligo (zèsto) **nèro**
lait	γάλα	**gala**
froid/chaud	κρύο/ζεστό	**krio**/zè**sto**
miel	μέλι	**mèli**
pain	λίγο ψωμί	ligo pso**mi**
petits pains	λίγα ψωμάκια	liga pso**makia**
poivre	λίγο πιπέρι	ligo pi**pèri**
sel	λίγο αλάτι	ligo a**lati**
thé	τσάι	**tsaï**
au lait	με γάλα	mè **gala**
au citron	με λεμόνι	mè **lèmoni**

Hors-d'œuvres *Ορεκτικά*

Je voudrais une entrée.	Θα ήθελα ένα ορεκτικό.	θa iθèla èna orèktiko
Que me/nous conseillez-vous?	Τι μου/μας συστήνετε;	ti mou/mass sistinètè

αβοκάντο	avokando	avocat
αγγινάρες	annghinarèss	artichauts
αντζούγιες	anndzouyièss	anchois
αυγά (με μαγιονέζα)	avga (mè mayionèza)	œufs (avec de la mayonnaise)
γαρίδες	gariðèss	cocktail de crevettes
γαρίδες κοκτέηλ	gariðèss koktëïl	scampi/crevettes
ελιές (γεμιστές)	èlièss (yèmistèss)	olives farcies
ζαμπόν (βραστό/ καπνιστό)	zambonn (vrasto/ kapnisto)	jambon (cuit/fumé)
καβούρι	kavouri	crabe
καραβίδα	karaviða	langoustine
κρύο κρέας	krio krèass	viande froide
μανιτάρια	manitaria	champignons
σκουμπρί	skoumbri	maquereau
πατέ	patè	pâté
πεπόνι	pèponi	melon
ποικιλία ορεκτικών	pikilia orèktikonn	crudités
ραπανάκια	rapanakia	radis
ρέγγα (καπνιστή)	rènngha (kapnisti)	hareng fumé
σαλάμι	salami	salami
σαλάτα	salata	salade
σαρδέλλες	sarðèlèss	sardines
σολωμός (καπνιστός)	solomoss (kapnistoss)	saumon fumé
σπαράγγια	sparannghia	asperges
στρείδια	striðia	huîtres
τόννος	tonoss	thon
χαβιάρι	khaviari	caviar
χέλι (καπνιστό)	khèli (kapnisto)	anguille fumée
χυμός φρούτου	khimoss (froutou)	jus de fruit

ντολμαδάκια (ndolmaðakia)	feuilles de vignes farcies avec du riz, des oignons, et parfumées aux herbes.
ταραμοσαλάτα (taramosalata)	pâté de laitance de poisson mélangé à du pain, de l'huile d'olive et des oignons.
κολοκύθια τηγανητά (kolokiθia tiganita)	courgettes en rondelles trempées dans de la pâte à frire, puis frites.

Salades Σαλάτες

Les salades sont abondantes et très variées. Beaucoup sont un repas en soi alors que d'autres sont plus des sauces que des salades, servies avec du pain plat ou des crudités.

Qu'avez-vous comme salades?	Τι σαλάτες έχετε;	ti salatèss èkhètè
σαλάτα	salata	salade
αγγινάρες	annghinarèss	artichaut
παντζάρια	pandzaria	betterave
ντομάτα και αγγούρι	ndomata kè annghouri	tomate et concombre
μαρούλι	marouli	salade «verte» (laitue etc.)
μελιτζάνες	mèlindzanèss	aubergine

γαριδοσαλάτα (gariðosalata)	crevettes dans une sauce à l'huile et au citron
τζατζίκι (dzadziki)	salade faite de yaourt, concombre, ail, huile d'olive et menthe
σκορδαλιά (skorðalia)	ail et pommes de terre hachées dans de l'huile d'olive
χόρτα σαλάτα (khorta salata)	salade «d'herbes»; herbes aromatiques bouillies dans de l'huile d'olive et du citron, spécialement utilisée comme garniture pour le poisson
χωριάτικη σαλάτα (khoriatiki salata)	salade typiquement grecque faite d'olives, tomates, concombre, oignons, persil, poivrons verts, et fèta (fromage de chèvre blanc)
χούμους (khoumouss)	pois chiches mélangés à du tahini (pâte de graines de sésame), de l'huile d'olive du citron et de l'ail

Plats d'œufs Πιάτα αυγών

Je voudrais une omelette.	Θα ήθελα μια ομελέττα.	ða iðèla mia omèlèta
αυγά	avga	œufs
μελάτα	mèlata	à la coque
σφικτά	sfikhta	durs
τηγανητά (μάτια)	tiganita (matia)	sur le plat
ποσέ	possè	pochés

ομελέττα με αγγινάρες	omèlèta mè anngghinarèss	omelette aux artichauts
ομελέττα με ζαμπόν	omèlèta mè zammbonn	omelette au jambon
ομελέττα με λουκάνικα	omèlèta mè loukanika	omelette à la saucisse
ομελέττα με ντομάτα	omèlèta mè domata	omelette à la tomate
ομελέττα με πατάτες	omèlèta mè patatèss	omelette aux pommes de terre
ομελέττα με συκωτάκια πουλιών	omèlèta me sikotakia poulionn	omelette aux foies de volaille
ομελέττα με τυρί	omèlèta mè tiri	omelette au fromage

Potages Σούπες

On trouve des soupes de poisson tout à fait savoureuses faites à la sauce tomate ou avec une sauce aux œufs et au citron.

κοτόσουπα	kotosoupa	bouillon de poulet
κρεατόσουπα	krèatosoupa	bouillon de viande
μαγειρίτσα	mayiritsa	soupe typique de Pâques à base de tripe d'agneau émincée
ρεβύθια	rèvιθia	soupe aux pois chiches
σούπα αυγολέμονο	soupa avgolèmono	soupe au riz, œufs et jus de citron
σούπα πατσάς	soupa patsass	soupe à la tripe
σούπα τραχανάς	soupa trakhanass	soupe à la semoule
σούπα φακές	soupa fakèss	soupe aux lentilles
σούπα χυλοπίττες	soupa khilopitèss	soupe aux nouilles
τοματόσουπα	domatosoupa	soupe à la tomate
ταχινόσουπα	takhinosoupa	soupe au *tahini* (graines de sésame)
φασολάδα	fassolaδa	soupe aux haricots de Soissons (haricots rouges) avec des tomates
χορτόσουπα	khortosoupa	soupe aux légumes

Sur la côte et sur les îles en particulier, la soupe de poisson et le ragoût sont les plats privilégiés. Goûtez un de ceux-ci:

κακαβιά	kakavia	ragoût de poisson épicé
ψαρόσουπα	psarosoupa	soupe de poisson

Poissons et fruits de mer Ψάρι και θαλασσινά

Les eaux de la mer Egée et Ionienne fournissent une grande variété de poissons et de crustacés aux villes côtières, alors que dans le pays, près des lacs, on trouve du poisson d'eau douce. Habituellement on sert le poisson grillé ou frit, badigeonné d'huile et servi avec du jus de citron.

Certains poissons peuvent atteindre des prix très élevés, aussi assurez-vous de ce que vous demandez:

Je voudrais du poisson.	**Θα ήθελα ψάρι.**	θa i**θε**la **psari**
Qu'avez-vous comme fruits de mer?	**Τι είδη θαλασσινών** έχετε;	ti i**δ**i θalass**inonn** **ε**kh**ε**t**ε**
αντζούγιες	annd**zou**yièss	anchois
αστακός	asta**koss**	homard
αχινός	akhi**noss**	oursin
γαλέος	ga**lè**oss	lamproie
γαρίδες	ga**ri**ðèss	crevettes
γλώσσα	**gl**ossa	sole
γόπα	**go**pa	grosse sardine
καβούρι	ka**vou**ri	crabe
καλαμάρι	kala**ma**ri	calmar
καραβίδα	kara**vi**ða	écrevisse
κέφαλος	**kè**faloss	mulet
λακέρδα	la**kèr**ða	thon salé
λιθρίνι	li**θri**ni	mulet
μπακαλιάρος	baka**liaross**	morue fraîche (cabillaud)
μπακαλιάρος παστός	baka**liaross** pas**toss**	morue salée
μπαρμπούνι	bar**bou**ni	rouget
μύδια	**mi**ðia	moules
πέρκα	**pèr**ka	perche
πέστροφα	**pès**trofa	truite
ρέγγα	**rèn**ggha	hareng
σαρδέλλα	sar**ðè**la	sardine
σκουμπρί	skou**mbri**	maquereau
σουπιά	sou**pia**	seiche
στρείδια	**stri**ðia	huîtres
συναγρίδα	sina**gri**ða	daurade
σφυρίδα	sfi**ri**ða	merlan
τόννος	**to**noss	thon
τσιπούρα	tsi**pou**ra	daurade
χελιδονόψαρο	khèli**ðonop**saro	poisson volant
χέλι	**khè**li	anguille
χταπόδι	khta**po**ði	poulpe

à la vapeur	του ατμού	tou at**mou**
au four	του φούρνου	tou **four**nou
frit	τηγανητά	tiga**ni**ta
fumé	καπνιστά	kap**nis**ta
grillé	της σχάρας	tiss **skha**rass
mariné	μαρινάτα	mari**na**ta
poché	ποσέ	pos**sè**
sauté	σωτέ	so**tè**

 αστακός
(asta**koss**)
écrevisses souvent servies avec une sauce à l'huile et au citron ou une mayonnaise à l'ail; plat cher

γαρίδες με φέτα
(ga**ri**δess mè **fè**ta)
oignons, tomates, et assaisonnement sautés puis cuits au four avec des crevettes et recouverts de *fèta*

μαρίδες
(ma**ri**δess)
éperlans frits

ξιφίας
(ksi**fi**ass)
espadon, parfois parfumé à l'origan, grillé en brochette

σουπιές με σπανάκι
(sou**piè**ss mè spa**na**khi)
seiche aux épinards

σουφλέ από θαλασσινά
(sou**flè** apo θa**la**ssi**na)
soufflé de fruits de mer

χσαπόδι κρασάτο
(khta**po**δi kra**ss**ato)
poulpe mijoté dans une sauce au vin

ψάρι μαγιονέζα
Αθηναϊκή
(**psa**ri mayo**nè**za
aθinaï**ki**)
poisson émietté en mayonnaise

ψάρι μαρινάτο
(**psa**ri mari**na**to)
mulet, sole ou maquereau, frits et servis avec une sauce relevée au vin, du jus de tomate, du vinaigre et des herbes

ψάρι στα κάρβουνα
(**psa**ri sta **kar**vouna)
poisson cuit sur la braise

Viande *Κρέας*

Même le restaurant le plus simple peut préparer de façon très honorable des côtes de veau, de mouton, ou de porc. La viande est délicieuse en brochettes grillées au charbon de bois.

Je voudrais…	Θα ήθελα …	θa iθèla
agneau/mouton	αρνί	arni
bœuf	βοδινό	voðino
porc	χοιρινό	khirino
veau	μοσχάρι	moskhari
αρνίσιο μπούτι	arnissio **bouti**	gigot d'agneau
αρνίσιο κρέας	arnissio **krèass**	mouton
βοδινό πολυτελείας	voðino **politeliass**	bœuf en gelée
γλυκάδια	glika**ðia**	ris de veau
γλώσσα	glossa	langue
γουρουνόπουλο	gourou**no**poulo	cochon de lait
εντρεκοτ	èntre**kot**	entrecôte
εσκαλόπ	èska**lopp**	escalope
ζαμπόν	zammbonn	jambon
καπνιστό χοιρομέρι	kapni**sto** khiromèri	lard fumé
καρρέ	karé	carré
κεφάλι	kèfali	tête
κεφάλι/ποδαράκια χοιρινού	kèfali/poðarakia khirinou	tête/pieds de cochon
κεφτεδάκια		boulettes de viande
κιμάς	kimass	viande hachée
κόντρα φιλέτο	konndra filèto	faux-filet
λουκάνικα	loukanika	saucisse
Λουκάνικα αίματος	loukanika èmatoss	boudin noir
μπριζόλα	brizola	côtelettes
μπέικον	bèïkonn	bacon (lard)
νεφραμιά	nèfrèmia	selle
νεφρά	nèfra	rognons
ουρά βοδινή	oura voðini	queue de bœuf
παϊδάκια	païðakia	côtelettes
πίσω κότσι	pisso kotsi	jarret
σβέρκο βοδινού	svèrko voðinou	paupiettes de bœuf
συκωταριά	sikotaria	andouilles
σωτέ	sotè	sauté
φιλέτο	filèto	filet
ψητό με χοιρινό λίπος	psito mè khirino liposs	rôti lardé
ψητό της κατσαρόλας	psito tiss katsarolass	rôti à l'étouffée

bouilli	βραστό	vrasto
braisé	μαγειρευμένο στη σάλτσα του	mayirèmèno sti saltsa tou
cuit au four	του φούρνου	tou fournou
en chemise	ψημένο σε λαδόκολλα	psimèno sti laðokolla
en ragoût	σιγοβρασμένο	sigovrazmèno
frit	τηγανητό	tiganito
grillé	της σχάρας	tiss skharass
rôti	ψητό	psito
bleu	λίγο ψημένο	ligo psimèno
saignant	σενιάλ	sènial
à point	μέτρια ψημένο	mètria psimèno
bien cuit	καλοψημένο	kalopsimèno

Plats de viandes *Κρεατα*

αρνάκι εξοχικό (arnaki èksokhiko)	agneau épicé enveloppé de papier et cuit sur la braise
γιουβέτσι (yiouvètsi)	viande cuite au four avec nouilles ou macaronis
κοκορέτσι (kokorètsi)	rognons, tripes et foies rôtis à la broche
μουσακάς (moussakass)	couches alternées d'aubergines et de viande hachée, gratinées au four avec du fromage et de la crème
ντολμάδες (dolmaðèss)	riz et viande hachée enroulés dans une feuille de vigne ou de chou nappée de sauce blanche
ντομάτες γεμιστές (domatèss yèmistèss)	tomates farcies au riz et au persil ou à la viande hachée
παπουτσάκια (papoutsakia)	grosse courgette farcie au riz et aux oignons ou à la viande, servie en sauce blanche
σουβλάκι (souvlaki)	morceaux de viande marinés dans de l'huile d'olive et du jus de citron, puis grillés en brochettes
σουτζουκάκια (soudzoukakia)	boulettes de viande hachée au cumin avec de la sauce tomate

Gibier et volaille *Κυνήγι και πουλερικά*

On trouve du poulet pendant toute l'année, préparé de façon très variée, alors que du gibier comme les cailles et les bécasses n'apparaissent régulièrement au menu qu'à partir de septembre.

Grec	Translittération	Français
αγριογούρουνο	agriogourouno	sanglier
αγριόπαπια	agriopapia	sarcelle
γαλοπούλα	galopoula	dinde
ελάφι	èlafi	venaison
κοτόπουλο	kotopoulo	poulet
στήθος/μπούτι/	stiθoss/mbouti/	blanc/cuisse/aile
φτερούγα	ftèrouga	
κοτόπουλο της	kotopoulo tiss	poulet à la broche
σχάρας	skharass	
καπόνι	kaponi	chapon
λαγός	lagoss	lièvre
μπεκάτσα	bèkatsa	bécasse
ορτύκι	ortiki	caille
παπάκι	papaki	caneton
πάπια	papia	canard
πέρδικα	pèrðika	perdrix
περιστέρι	pèristèri	pigeon
φασιανός	fassianoss	faisan
φραγκόκοτα	franngghokota	pintade
χήνα	khina	oie

κοτόπουλο της
κατσαρόλας poulet en cocotte à la sauce au citron
(kotopoulo tiss
katsarolass)

κοτόπουλο της σούβλας poulet à la broche
(kotopoulo tiss
souvlass)

λαγός στιφάδο lièvre cuit avec des oignons blancs, du vin et
(lagoss stifaðo) des tomates

μπεκάτσα bécasse cuite en cocotte dans une sauce faite
(mbèkatsa) d'oignons, de beurre, d'huile d'olive et de vin

ορτύκι caille cuite au four avec une sauce au vin, et
(ortiki) servi sur un lit de riz

πάπια γεμιστή canard farci
(papia yèmisti)

Légumes Λαχανικά

Les légumes occupent une place importante dans la cuisine grecque, et on les sert d'une multitude de façons différentes. On produit une grande variété de légumes, mais la saison est relativement courte. En été, cherchez artichauts, fèves et petits pois. Généralement, on mange les légumes froids (crus ou cuits à l'eau puis refroidis) ou tièdes. Les Grecs les aiment avec une vinaigrette au vinaigre ou au jus de citron. Il faut s'habituer à cette dernière mais cela vaut la peine de persévérer.

αβοκάντο	avokado	avocat
αγγούρι	annghouri	concombre
αγκινάρες (κοτσάνια/ καρδιές)	annghinarèss (kotsania/karδièss)	artichauts (fonds/ cœurs)
αντίδια	anndiδia	endive
γλυκοπατάτες	glikopatatèss	patates douces
γλυκό καλαμπόκι	gliko kalamboki	maïs (doux)
γογγύλια	gonngghilia	navets
καλαμπόκι	kalamboki	maïs
καρότα	karota	carottes
κάστανα	kastana	châtaignes
καυτή πιπεριά	kafti piperia	chili
κολοκύθια	kolokiθia	courge
κουνουπίδι	kounoupiδi	chou-fleur
κρεμμύδια	krèmiδia	oignon
λαχανάκια Βρυξελλών	lakhanakia vriksèlonn	choux de Bruxelles
λάχανο	lakhano	chou
μανιτάρια	manitaria	champignons
μάραθος	maraθoss	fenouil
μαρούλι	marouli	laitue
μελιτζάνες	mèlindzanèss	aubergine
μπάμιες	bamièss	okra
μπιζέλια	bizèlia	petits pois
μπρόκολα	brokola	brocoli
ντομάτες	domatèss	tomates
παντζάρια (βολβός)	pandzaria (volvoss)	betterave
πατάτες	patatèss	pommes de terre
πιπεριές πράσινες/κόκκινες	pipèrièss prasinèss/kokinèss	poivrons verts/rouges
πράσα	prassa	poireaux
ραδίκια	raδikia	radis
ρύζι	rizi	riz
σέλινο	ssèlino	céleri
σπανάκι	spanaki	épinards
σπαράγγια	sparanngghia	asperges (pointes)

| φακές | fakèss | lentilles |
| φασολάκια πράσινα | fasolakia **prasina** | haricots verts |

αγγινάρες με κουκιά
(ann**gghi**narèss mè
kou**kia**)
artichauts préparés, cuits verticalement dans une casserole, avec des fèves, et des oignons sautés et des herbes aromatiques

κολοκύθια κεφτέδες
(kolo**ki**θia **kè**ftèδèss)
rissoles faites avec des courgettes (zucchini), des pommes de terre, des oignons, du fromage et des herbes aromatiques

κολοκύθια τηγανητά
(kolo**ki**θia tigan**ita**)
bouquets de chou-fleur plongés dans une pâte à frire et frits

μουσακάς χωρίς κρέας
(moussa**kass** kho**riss** **krè**ass)
moussaka végétarienne avec des aubergines, tomates, oignons et fromage, avec une sauce béchamel

μπάμιες
(ba**mièss**)
okras (type de piment vert) cuits dans une sauce tomate avec des oignons

μπριάμ
(bri**amm**)
choix de légumes d'été en tranches, disposés dans une casserole, assaisonnés et cuits au four

ντομάτες γεμιστές με ρύζι
(do**matèss** yèmi**stèss** mè **ri**zi)
tomates farcies avec du riz, des raisins secs, des pignons de pin, des herbes aromatiques, puis cuites au four

πατάτες γεμιστές
(pata**tèss** yèmi**stèss**)
pommes de terre cuites à l'eau évidées et farcies avec du fromage, du jambon, recouvertes de béchamel, puis passées au four

σπανακόπιττα
(spana**ko**pita)
épinards et poireaux avec des oignons et du *feta* cuits au four dans de la pâte *phyllo*

σπανακόρυζο
(spana**ko**rizo)
épinards cuits avec du riz et de l'aneth

φασόλια γιαχνί
(fas**so**lia yia**khni**)
haricots secs à la sauce tomate

Epices et fines herbes Μπαχαρικά και βότανα

αλάτι	alati	sel
δυόσμος	ðiosmoss	menthe
εστραγκόν	èstragonn	estragon
κάππαρη	kapari	câpres
μαϊντανός	maïndanoss	persil
μουστάρδα	moustarða	moutarde
πάπρικα	paprika	paprika
πιπέρι	pipèri	poivre
ρίγανη	rigani	origan
σκόρδο	skorðo	ail
σχοινόπρασο	skhinoprasso	ciboulette
σαφράνη	safrani	safran

Sauces Σάλτσες

λαδόξυδο (laðoksiðo)	vinaigre et huile
μαγιονέζα (mayonèza)	mayonnaise
σάλτσα άσπρη (saltsa aspri)	bouillon de viande avec lait, beurre et farine
σάλτσα αυγολέμονο (saltsa avgolèmono)	bouillon de viande avec œufs, farine et jus de citron
σάλτσα κίτρινη (saltsa kitrini)	mayonnaise, œuf dur, jaunes d'œufs et vin blanc
σάλτσα λαδολέμονο (saltsa laðolèmono)	huile d'olive avec citron et sel additionnée de persil ou d'origan
σάλτσα ντομάτα (saltsa domata)	tomate avec huile d'olive, persil, oignon
σάλτσα πράσινη (saltsa prassini)	mayonnaise avec persil haché
σάλτσα ψητού (saltsa psitou)	bouillon de viande avec farine et beurre
τζατζίκι (dzadziki)	yaourt avec concombre, ail, huile et menthe
σκορδαλιά (skorðalia)	ail avec mie de pain ou pommes de terre, huile et persil

A suivre... *Στην συνέχεια ...*

Fromages *Τυρί*

La Grèce produit de nombreuses variétés de fromages, mais la plupart d'entre eux sont inconnus ailleurs.

Les Grecs aiment beaucoup le fromage et en mangent fréquemment avec les repas, suivant le type de fromage. Le plus connu est le *fèta*, un fromage blanc à base de lait de chèvre. On trouve différentes variétés de *fèta*: tendre, sec, très crémeux ou très salé.

Qu'avez-vous comme fromages?	**Τι είδη τυριών έχετε;** ti iði ti**rionn** è**khètè**
γραβιέρα (gravièra)	fromage de type suisse, sorte de gruyère; les meilleures variétés viennent de Corfou et de Crète
κασέρι (kasèri)	fromage jaune, léger, riche en crème, à pâte molle
κασκαβάλι (kaskavali)	fromage jaune, riche et très crémeux
κεφαλοτύρι (kèfalotiri)	fromage jaune, salé et très ferme, avec de minuscules trous
μανούρι (manouri)	sorte de fromage blanc; mélangé à du miel, constitue un excellent dessert
μυζήθρα (miziθra)	fromage blanc salé à pâte molle, à base de lait de brebis
τελεμές (tèlèmèss)	fromage blanc en conserve

Et vous trouverez probablement ces plats au fromage:

μπουρέκια από τυρί (bourèkia apo tiri)	rouleaux en pâte *phyllo* (pâte très fine) renfermant un mélange de Gruyère et de *fèta*, avec des œufs, du persil, et de la muscade.
τυράκια τηγανητά (tirakia tiganita)	petits carrés de pain recouverts d'un mélange au fromage et plongés dans la friture.
τυροπιττάκια (tiropitakia)	pâtisseries triangulaires cuites au four contenant de la *fèta* et un autre fromage sec.

Fruits *Φρούτα*

Les Grecs aiment terminer un repas par des fruits, dont il existe un grand choix, plutôt que de manger un dessert sucré.

Avez-vous des fruits frais?	Έχετε φρέσκα φρούτα;	**èkhètè frèska frouta**
Je voudrais une salade de fruits frais.	Θα ήθελα μια φρουτοσαλάτα (με φρέσκα φρούτα).	θa **iθèla mia froutosalata** (mè **frèska frouta**).

αμύγδαλα	ami**g**ðala	amandes
ανανάς	anana**ss**	ananas
αράπικα φυστίκια	arapika fi**st**ikia	cacahuètes
αχλάδι	akhlaði	poire
βερύκοκα	vèrikoka	abricots
δαμάσκηνα	ða**maskina**	prunes
γλυκολέμονο	gliko**lèmono**	citron vert
γκρέιπφρουτ	**ghrèïpfroutt**	pamplemousse
καρπούζι	**karpouzi**	pastèque
καρύδα	kariða	noix de coco
καρύδια	kariðia	noix
κάστανα	**ka**stana	châtaignes
κεράσια	kè**rassia**	cerises
κόκκινα βατόμουρα	**ko**kina vato**moura**	framboises
κυδώνι	kiðoni	coing
λεμόνι	**lèmoni**	citron
μανταρίνι	mann**darini**	mandarine
μαύρα φραγκοστάφυλλα	**mavra** frann**gghostafila**	cassis
μαύρα μύρτιλλα	mavra **mirtila**	airelles
μήλα	**mila**	pomme
μύρτιλλα	**mirtila**	myrtilles
μπανάνα	banana	banane
νεκταρίνι	nèk**tarini**	nectarine
ξερά δαμάσκηνα	ksèra ða**maskina**	pruneaux
πεπόνι	pè**poni**	melon
πορτοκάλι	porto**kali**	orange
ροδάκινο	roðakino	pêche
ρόδι	roði	grenade
σταφίδες	stafiðè**ss**	raisins secs
σταφύλια	stafilia	raisins
σουλτανίνες	soultaninè**ss**	raisins de Smyrne
σύκα	sika	figues
φουντούκια	foun**ndoukia**	noisettes
φραγκοστάφυλα	frann**gghostafila**	groseilles à maquereau
φράουλες	fraoulè**ss**	fraises
χουρμάδες	khourma**ðèss**	dattes

Desserts—Pâtisseries *Επιδόρπια—Γλυκά*

Traditionnellement, les Grecs ne mangent ni gâteaux ni entremets sucrés à la fin d'un repas; ils mangent soit des fruits, soit de la glace. Ils apprécient vraiment quelque chose de sucré cependant, habituellement avec le café, après la sieste, et, en fait, à presque tout autre moment de la journée.

Je voudrais un dessert, s.v.p.	Θα ήθελα ένα επιδόρπιο, παρακαλώ.	tha ithèla èna epidorpio parakalo
Que me recommandez-vous?	Τι μου συστήνετε;	ti mou sistinètè
Quelque chose de léger, s.v.p.	Κάτι ελαφρό, παρακαλώ.	kati èlafro parakalo
Juste une petite portion.	Μόνο μια μικρή μερίδα.	mono mia mikri mèriða
γρανίτα	granita	sorbet
καραμέλες	karamèlèss	bonbons
καρυδόπιτα	kariðopita	barre aux noix
κέικ	kèïk	gâteau
κρέμα καραμελέ	krèma karamèlè	crème caramel
μηλόπιτα	milopita	tourte aux pommes
μους	mousse	mousse
μπισκότα	biskota	biscuits
παγωτό	pagoto	glace
πάγωτό βανίλια	pagoto vanilia	glace à la vanille
πάγωτό κασάτα	pagoto kassata	cassate
πάγωτό σοκολάτα	pagoto ssokolata	glace au chocolat
πάγωτό φράουλα	pagoto fraoula	glace à la fraise
πάστα	pasta	tarte
πάστα αμυγδάλου	pasta amigðalou	aux amandes
πάστα με καρύδα	pasta mè kariðia	à la noix de coco
πάστα σοκολάτα	pasta ssokolata	au chocolat
πες μελμπά	pess melba	pêche melba
πουτίγκα	poutinngha	entremets
ρυζόγαλο	rizogalo	riz au lait
φρουί γκλασέ	froui glassè	fruits confits
φρουτοσαλάτα	froutosalata	salade de fruits

αμυγδαλωτό (amigðaloto)	pâte d'amandes et de sucre (massepain)
γαλακτομπούρεκο (galaktombourèko)	pâtisserie fourrée de crème jaune et nappée de sirop

καταΐφι (kataïfi)	pâtisserie faite de vermicelle sucré, fourrée aux noix et nappée de sirop
κουραμπιές (kourabièss)	biscuit
λουκουμάδες (loukoumaðèss)	petits gâteaux en pâte feuilletée légère saupoudrés de cannelle, et nappés de miel liquide
λουκούμι (loukoumi)	pâtisserie (sorte de gelée parfumée) recouverte de sucre glace
μελομακάρονο (mèlomakarono)	biscuit au miel et aux noix
μπακλαβάς (baklavass)	*baklava*; pâtisserie en pâte feuilletée au miel, amandes et noix
παστέλι (pastèli)	sucrerie à base de graines de sésame et de miel
ρεβανί (rèvani)	génoise
χαλβάς (khalvass)	entremets à base de fécule, amandes concassées, miel et sucre

Pour accompagner votre pâtisserie, on vous offrira différentes sortes de café, allant du café en poudre (dénommé Nescafé chaud - ζεστο Nescafé, zèsto Nescafé) aux cafés américains et français. Celui que boivent les Grecs est connu sous le nom de café grec.

On réduit les grains en poudre fine, bouillie avec de l'eau, puis versée, avec le marc, dans la tasse. Il faut laisser le marc se déposer et boire ensuite seulement la moitié de la tasse environ.

Νεσκαφέ	zèsto nèskafè	Nescafé
Ελληνικό καφέ	èliniko kafè	café grec

Et suivant la quantité de sucre que vous désirez, demandez:

σκέτο	skèto	sans sucre
μέτριο	mètrio	légèrement sucré
γλυκό	gliko	très sucré

Apéritifs Απεριτίφ

L'apéritif grec le plus courant est l'ούζο (**ou**zo). C'est une anisette qui contient plus de 50% d'alcool. En province on le consomme généralement pur dans un petit verre, mais en ville, on vous en sert plus, et la plupart des gens préfèrent y ajouter de l'eau, ce qui le rend trouble. Très souvent, lorsque vous commanderez un ouzo, le serveur vous apportera quelques olives, du fromage, des sardines, du poulpe séché, etc., comme accompagnement. Ces amuse-gueule portent généralement le nom de μεζέδες (mè**zé**ðès).

Vous aurez aussi l'occasion de goûter:

ούζο μαστίχα (**ou**zo ma**sti**kha)	apéritif doux parfumé au lentisque; vous trouverez le meilleur *mastic* sur l'île de Chios	
Je voudrais de l'ouzo.	θα ήθελα ένα ούζο.	θa **i**θela **è**na **ou**zo

> ΣΤΗΝ ΥΓΕΙΑ ΣΑΣ
> (stinn i**yia** sass)
> SANTÉ

Bière Μπύρα

En général, on peut boire en Grèce de l'excellente bière. Vous trouverez un large choix de marques locales et étrangères. Si vous voulez goûter une bière grecque, demandez une de celles-ci: Φιξ (fiks), Άλφα (**al**fa).

Je voudrais une bière, s.v.p.	Θα ήθελα μία μπύρα, παρακαλώ.	θa **i**θela **mi**a **bi**ra paraka**lo**
Avez-vous de la bière...?	Έχετε μπύρα ...;	**è**khètè **bi**ra
en bouteille	εμφιαλωμένη	èmfialo**mè**ni
pression	βαρελίσια	varè**li**ssia
étrangère	εισαγόμενη	isago**mè**ni
légère/brune	ξανθή/μαύρη	ksan**θi**/**mavri**

Vin *Κρασί*

Beaucoup de visiteurs sont étonnés par la grande variété des vins que l'on trouve en Grèce, même si certains d'entre eux sont bien connus à l'étranger.

Mais en fait les Grecs de l'antiquité étaient déjà de grands amateurs de vin, qu'ils considéraient comme un symbole de civilisation. A peine débarqués sur un sol étranger, les colons grecs y plantaient des ceps de vigne. Pourtant, à travers les siècles, la coutume de boire des produits fermentés s'est perdue chez les Grecs. Il nous faut néanmoins considérer la Grèce antique comme le pionnier de la production vinicole. Les Grecs furent les premiers à découvrir quels étaient les meilleurs emplacements pour la vigne et le meilleur terrain pour la culture du raisin.

On trouve aujourd'hui des vignobles sur tout le territoire. Ils produisent chaque année près de 5 millions d'hectolitres de vin. L'Attique, Corfou, la Crète, l'Epire, le Péloponnèse, la Thrace et les îles de la mer Egée possèdent de vastes vignobles qui, bien souvent, sont cultivés selon des méthodes archaïques.

La Grèce produit des vins rouges, blancs et de dessert, en plus du vin spécifiquement grec, le vin résiné (*retsina*). Ce dernier est un vin rouge ou blanc auquel on ajoute de la résine d'aiguilles de pin durant le processus de fermentation, pour le conserver dans le climat chaud de la Grèce. Etant donné son goût particulier, il est possible que vous éprouviez quelques difficultés à vous habituer au résiné. Comme ce vin n'acquiert son goût amer qu'après plus d'une année, commencez par goûter un résiné jeune.

Du reste, si vous ne pouvez pas vous y faire, vous pourrez demander, où que vous soyez, du vin non résiné. Une latitude défavorable et un climat chaud donnent souvent des vins corsés, trop alcoolisés et d'un goût un peu fort. Toutefois, la Grèce propose en général de très bons vins de dessert, dont le plus connu est sans conteste le *Muscat* de Samos, un vin blanc doux. On peut citer aussi le vin rouge *Mavrodaphni*, le vin blanc *Muscat Rion* de Patras ou encore le *Vino Santo* de Santorin.

Vous trouverez facilement à Athènes, sur les îles ou dans les petites villes des *tavernas* qui conservent leur vin une année ou plus dans de grands tonneaux.

Puis-je avoir la carte des vins, s.v.p.?	Μπορώ να έχω τον κατάλογο με τα κρασιά;	boro na èkho tonn katalogo mè ta krassia
Je voudrais... de vin rouge/blanc.	Θα ήθελα ... κόκκινο/άσπρο κρασί.	θa iθèla ... kokino/aspro krassi
bouteille	ένα μπουκάλι	èna boukali
carafe	μια καράφα	mia karafa
demi-bouteille	μισό μπουκάλι	misso boukali
pichet	μια μικρή καράφα	mia mikri karafa
verre	ένα ποτήρι	èna potiri
Quel est le prix d'une bouteille de...?	Πόσο κάνει ένα μπουκάλι ...;	posso kani èna boukali
Pouvez-vous m'apporter une autre bouteille/un autre verre de..., s.v.p.	Ακόμη ένα μπουκάλι/ ποτήρι ..., παρακαλώ.	akomi èna boukali/ potiri...parakalo
De quelle région vient ce vin?	Από ποιά περιοχή είναι αυτό το κρασί;	apo pyia pèriokhi inè afto to krassi
Quel est le nom de ce vin?	Πώς λέγεται αυτό το κρασί;	poss lèyètè afto to krassi
Quel âge a ce vin?	Πόσο παλιό είναι αυτό το κρασί;	posso palyio inè afto to krassi

rouge	κόκκινο	kokino
blanc	άσπρο	aspro
rosé	ροζέ	rozè
doux	γλυκό	gliko
sec	ξηρό	ksiro
mousseux/ pétillant	αφρώδες	afroδèss
léger	ελαφρύ	èlafri
corsé	δυνατό	δinato
frais	παγωμένο	pagomèno
à la température ambiante	σε θερμοκρασία δωματίου	sè θèrmokrassia δomatiou

| Combien vaut une bouteille de …? | Πόσο κάνει ένα μπουκάλι …; | posso kani èna boukali |
| Je ne veux pas quelque chose de trop sucré. | Δε θέλω κάτι πολύ γλυκό. | dèn thèlo kati poli gliko |

Autres boissons alcoolisées Άλλα οινοπνευματώδη ποτά

On trouve en Grèce la plupart des digestifs bien connus; ou pour changer, essayez un cognac grec. Certains sont un peu «raides» mais d'autres, comme le Metaxa, sont très bons, même s'ils n'ont pas le goût du cognac français.

Vous trouverez probablement un vaste choix de liqueurs assez atroces – elles sont faites à partir de sirops de fruits de synthèse et ne sont pas à la hauteur de vos espérances.

Je voudrais…	Θα ήθελα …	θa ίthèla
Y a-t-il des specialités locales?	Υπάρχουν σπεσιαλιτέ της περιοχής;	iparkhoun spèsialitè tiss pèriokhiss
Apportez-moi un verre de Metaxa, s.v.p.	Φέρτε μου ένα ποτήρι Μεταξά, παρακαλώ.	fèrtè mou èna potiri mètaksa parakalo

κίτρο (kitro)	assez sucré avec un parfum de citron; on le trouve dans l'île de Naxos.
Μεταξά (mètaksa)	cognac grec, très agréable.
κουμ-κουάτ (koumm-kouatt)	eau-de-vie de couleur jaune, de l'île de Corfou, faite à partir d'oranges minuscules (kumquats).

cognac	ένα κονιάκ	èna koniak
gin	ένα τζιν	èna dzin
liqueur	ένα λικέρ	èna likère
rhum	ένα ρούμι	èna roumi
vermouth	ένα βερμούτ	èna vermoutt
vodka	μια βότκα	mia vodka
whisky	ένα ουίσκι	èna ouïski
sec	σκέτο	skèto
avec des glaçons	με πάγο	mè pago
avec un peu d'eau	με λίγο νερό	mè ligo nèro

| Donnez-moi un grand gin-tonic, s.v.p. | Δώστε μου ένα μεγάλο τζιν με τόνικ, παρακαλώ. | δostè mou èna mègalo dzin mè tonic parakalo |
| Juste un peu d'eau gazeuse, s.v.p. | Με πολύ λίγη σόδα, παρακαλώ. | mè poli liġi soδa parakalo |

Boissons sans alcool *Μη οινοπνευματώδη ποτά*

En Grèce, l'eau courante est bonne et non calcaire, mais on peut aussi trouver de l'eau minérale.

Je voudrais un...	Θα ήθελα ...	θa iθèla
café*	έναν καφέ	ènann kafè
noir	σκέτο	skèto
crème	με κρέμα	mè krèma
au lait	με γάλα	mè gala
décaféiné	χωρίς καφεΐνη	khoriss kaffèïni
express	εσπρέσο	èsprèsso
chocolat (chaud)	μια (ζεστή) σοκολάτα	mia (zèsti) ssokolata
citron pressé	ένα χυμό λεμονιού	èna khimo lèmoniou
eau minérale	ένα μεταλλικό νερό	èna mètaliko nèro
gazeuse	αεριούχο	aèrioukho
plate	χωρίς ανθρακικό	khoriss anθrakiko
infusion/tisane	ένα τσάι από βότανα	èna tsaï apo votana
jus de fruit	ένα χυμό φρούτων	èna khimo froutonn
jus de pamplemousse	ένα χυμό γκρέιπφρουτ	èna khimo grèïpfrout
jus de pomme	ένα χυμό μήλου	èna khimo milou
jus de tomate	ένα χυμό ντομάτας	èna khimo domatass
jus d'orange	ένα χυμό πορτοκάλι	èna khimo portokali
lait	ένα γάλα	èna gala
limonade	μια λεμονάδα	mia lèmonaδa
milkshake	ένα μιλκσέικ	èna milksèïk
orangeade	μια πορτοκαλάδα	mia portokalaδa
"Schweppes"®	ένα τόνικ	èna tonik
thé	ένα τσάι	èna tsaï
tasse de thé	ένα φλυτζάνι τσάι	èna flindzani tsaï
au lait/citron	με γάλα/με λεμόνι	mè gala/mè lèmoni
glacé	ένα παγωμένο τσάι	èna pagomèno tsaï

---

*lire paragraphe sur le café page 55

Réclamations *Παράπονα*

Il manque une assiette/un verre.	Λείπει ένα πιάτο/ ποτήρι.	lipi èna **piato**/**potiri**
Je n'ai pas de couteau/fourchette/ cuillère.	Δεν έχω μαχαίρι/ πηρούνι/κουτάλι.	δèn **èkho makhèri**/**pirouni**/ koutali
Ce n'est pas ce que j'ai commandé.	Δεν είναι αυτό που παρήγγειλα.	δèn inè **afto** pou parinnghila
J'ai demandé...	Ζήτησα ...	zitissa
Il doit y avoir une erreur.	Πρέπει να έγινε κάποιο λάθος.	**prèpi** na**yinè** kapio la**θoss**
Pourriez-vous changer ceci?	Μπορώ να το αλλάξω αυτό;	boro na to alakso af**to**
J'ai demandé une petite portion (pour cet enfant).	Ζήτησα μια μικρή μερίδα (για το παιδί).	zitissa mia **mikri mèriδa** (yia to **pèδi**)
La viande est...	Το κρέας είναι ...	ti **krèass** inè
trop cuite	παραψημένο	parapsi**mèno**
pas assez cuite	άψητο	apsito
trop saignante	πολύ ωμό	poli omo
trop dure	πολύ σκληρό	poli skliro
C'est trop...	Αυτό είναι πολύ ...	af**to** inè poli
amer/salé/sucré	πικρό/αλμυρό/γλυκό	pikro/almiro/gliko
Je n'aime pas ça.	Δεν μου αρέσει αυτό.	δèn mou a**rèsi** af**to**
La nourriture est froide.	Το φαγητό είναι κρύο.	to fay**ito** inè **krio**
Ça n'est pas frais.	Δεν είναι φρέσκο.	δèn inè **frèsko**
Pourquoi y a-t-il autant d'attente?	Γιατί αργεί τόσο;	yiati aryi **tosso**
Avez-vous oublié nos boissons?	Έχετε ξεχάσει τα ποτά μας;	**èkhète ksèkha**ssi ta po**ta** mass
Le vin n'a pas bon goût.	Το κρασί δεν έχει καλή γεύση.	to krassi δèn **èkhi** kali **yèfsi**
Ce n'est pas propre.	Αυτό δεν είναι καθαρό.	af**to** δèn inè ka**θaro**
Pourriez-vous nous envoyer le maître d'hôtel?	Μπορείτε να πείτε στον αρχισερβιτόρο να έλθει εδώ;	borì**te** na **pi**tè stonn arkhisèr**vito**ro na **èl**θi è**δo**

L'addition *Ο λογαριασμός*

Légalement, toutes les taxes doivent être comprises dans l'addition, mais rien ne vous empêche de donner un pourboire si le service a été particulièrement stylé.

L'addition, s.v.p.	Τον λογαριασμό παρακαλώ.	ton logariazmo parakalo
Nous voudrions payer séparément.	Θα θέλαμε να πληρώσουμε χωριστά.	θa θèlamè na plirossoumè khoris**ta**
Je crois qu'il y a une erreur dans l'addition.	Νομίζω έχει γίνει λάθος στον λογαριασμό.	nomizo èkhi **yi**ni la**θ**oss sto logariaz**mo**
Que représente ce montant?	Γιατί είναι αυτό το ποσό;	yiati inè a**f**to to po**sso**
Le service est-il compris?	Συμπεριλαμβάνεται το φιλοδώρημα;	simbèrilam**va**nètè to filo**δ**orima
Le couvert est-il compris?	Συμπεριλαμβάνεται το κουβέρ;	simbèrilam**va**nètè to kou**vèrr**
Est-ce que tout est compris?	Συμπεριλαμβάνονται τα πάντα;	simbèrilam**va**nonndè ta **pa**nnda
Acceptez-vous les chèques de voyage?	Δέχεστε τράβελερς τσεκ;	δèk**hè**stè tra**vè**lèrss tsèk
Puis-je payer avec cette carte de crédit?	Μπορώ να πληρώσω με αυτή την πιστωτική κάρτα;	boro na pliros**so** mè a**f**ti tinn pistoti**ki kar**ta
Pourriez-vous l'arrondir à…	Ας το στρογγυλέψουμε στις …	ass to stronngghi**lè**psoumè stiss
Gardez la monnaie.	Κρατήστε τα ρέστα.	krati**stè** ta **rè**sta
C'était délicieux.	Ήταν πολύ νόστιμο.	itan poli **no**stimo
C'était très bon, merci.	Το απολαύσαμε, ευχαριστούμε.	to apo**la**fsamè èfkhari**stou**mè

ΤΟ ΦΙΛΟΔΩΡΗΜΑ ΣΥΜΠΕΡΙΛΑΜΒΑΝΕΤΑΙ
SERVICE COMPRIS

POURBOIRES, voir à l'intérieur de la dernière page

Repas légers—Pique-nique *Σνακς—Πικ–νικ*

Il existe une grande variété de coupe-faim en Grèce, et beaucoup sont faits de couches de pâte *phyllo* très mince. Généralement on les fait cuire au four ou frire, et les garnitures vont des épinards et du fromage jusqu'au poulet et autres sortes de viande.

Une autre collation typiquement grecque est le σουβλάκι (sou**vla**ki) qui consiste en tranches de viande grillées à la broche et servies avec des tomates, des oignons et du persil; le tout est enveloppé dans une variété de pain appelée πίτα (**pi**ta). C'est très bon marché et succulent; on le trouve presque partout en Grèce.

Donnez-moi deux de ceux-ci et un de ceux-là.	Δώστε μου δύο από αυτά και ένα από εκείνα.	dostè mou dio apo afta kè èna apo èkina
à gauche/droite	στα αριστερά/στα δεξιά	sta aristèra/sta dèksia
au-dessus/au-dessous	επάνω/κάτω	èpano/kato
C'est pour emporter.	Είναι για να το πάρω μαζί μου.	inè yia na to paro mazi mou
Je voudrais un morceau de gâteau.	Θα ήθελα ένα κομμάτι κέικ.	tha ithèla èna komati kèïk
omelette	μια ομελέτα	mia omelèta
pain beurré au …	ένα σάντουιτς	èna sanndouïtss
jambon	με ζαμπόν	mè zammbonn
fromage	με τυρί	mè tiri
salade de pommes de terre	μια πατατοσαλάτα	mia patatosalata
sandwich	ένα σάντουιτς	èna sanndouïts
saucisse grillée	ένα τηγανητό λουκάνικο	èna tiganito loukaniko
Je voudrais une/ une …	Θα ήθελα …	tha ithèla
chausson au fromage	μια τυρόπιττα	mia tiropita
chausson au poulet	μια κοτόπιττα	mia kotopita
chausson aux épinards	μια σπανακόπιττα	mia spanakopita
hamburger	ένα χάμπουργκερ	èna khammbourghèrr

hot dog	ένα χοτ-ντογκ	èna khot-dogh
pâtisserie/gâteau	μια πάστα	mia **pasta**
petit pain	ένα ψωμάκι	èna psomaki
petit pâté à la viande	μια κρεατόπιττα	mia krèa**topi**ta
salade	μια σαλάτα	mia salata
sandwich	ένα σάντουιτς	èna **sann**douïts
au fromage	με τυρί	mè **ti**ri
au jambon	με ζαμπόν	mè zamm**bonn**
tourte	μια πίττα	mia **pi**ta

Voici une liste simple d'aliments et de boissons qui pourra vous
servir lorsque vous ferez des courses pour un pique-nique.

Je voudrais…	Θα ήθελα …	θa iθèla
bananes	λίγες μπανάνες	liyièss ba**nà**nèss
barre au chocolat	μια σοκολάτα	mia sso**ko**lata
beurre	ένα βούτυρο	èna **vou**tiro
bière	μια μπύρα	mia **bi**ra
biscuits	μπισκότα	bis**ko**ta
boisson sans alcool	ένα αναψυκτικό	èna anapsikti**ko**
café	ένα καφέ	èna ka**fè**
charcuterie	αλλαντικά κομμένα σε φέτες	allann**di**ka ko**mè**na sè **fè**tèss
chips	πατατάκια	pata**ta**kia
cornichons	αγγούρια ξιδάτα (τουρσί)	ann**ghou**ria ksi**da**ta (tour**si**)
frites	τσιπς	**tsipss**
fromage	λίγο τυρί	liɣo **ti**ri
glace	ένα παγωτό	èna paɣo**to**
lait	ένα γάλα	èna **ɣa**la
moutarde	μια μουστάρδα	mia mous**tar**ða
oranges	λίγα πορτοκάλια	liɣa porto**ka**lia
œufs	αυγά	av**ɣa**
pain	λίγο ψωμί	liɣo pso**mi**
poivre	πιπέρι	pi**pè**ri
pommes	λίγα μήλα	liɣa **mi**la
raisin	λίγα σταφύλια	liɣa sta**fi**lia
(sachets de) thé	μερικά φακελάκια τσάι	mè**ri**ka fakè**la**kia **tsa**ï
saucisses	ένα λουκάνικο	èna lou**ka**niko
sel	αλάτι	a**la**ti
sucre	ζάχαρη	**za**khari
yaourt	ένα γιαούρτι	èna yia**our**ti

Excursions

En avion *Αεροπλάνο*

Y a-t-il un vol pour Athènes?	Υπάρχει πτήση για την Αθήνα;	iparkhi ptissi yia tinn aθina
Y a-t-il un vol direct?	Είναι κατευθείαν πτήση;	inè katefθian ptissi
A quelle heure part le prochain vol pour Rhodes?	Πότε είναι η επόμενη πτήση για Ρόδο;	potè inè i èpomèni ptissi yia roðo
Je voudrais un billet pour Corfou.	Θέλω να κλείσω θέση για την Κέρκυρα.	θèlo na klisso θèssi yia tinn kèrkira
aller simple	χωρίς επιστροφή	khoriss èpistrofi
aller-retour	με επιστροφή	mè èpistrofi
classe affaires	πρώτη θέση	proti θèssi
siège près de l'allée	στο διάδρομο	sto ðiaðromo
siège près de la fenêtre	στο παράθυρο	sto paraθiro
A quelle heure l'avion décolle-t-il?	Τι ώρα απογειώνεται το αεροπλάνο;	ti ora apoyionètè to aèroplano
A quelle heure dois-je me présenter pour l'enregistrement?	Τι ώρα πρέπει να είμαι στο αεροδρόμιο;	ti ora prèpi na imè sto aèroðromio
Y a-t-il un bus pour l'aéroport?	Υπάρχει λεωφορείο για το αεροδρόμιο;	iparkhi lèoforio yia to aèroðromio
Quel est le numéro de vol?	Ποιός είναι ο αριθμός της πτήσης;	pioss inè o ariθmoss tis ptisiss
A quelle heure arrivons-nous?	Τι ώρα φθάνουμε;	ti ora fθanoumè
Je voudrais... ma réservation.	Θα ήθελα να ... την κράτησή μου.	θa iθèla na... tinn kratisi mou
annuler	ακυρώσω	akirosso
changer	αλλάξω	alakso
confirmer	επιβεβαιώσω	èpivèvèosso

ΑΦΙΞΗ ARRIVÉE	ΑΝΑΧΩΡΗΣΗ DÉPART

BILLETS, voir page 68

En train *Τραίνο*

Le réseau ferroviaire grec n'est pas très étendu. Cependant il existe des lignes entre Athènes et le nord de la Grèce, et Athènes et le Péloponnèse. Il faut toujours réserver à l'avance car les trains sont très souvent bondés.

Pour aller à la gare *Στο σιδηροδρομικό σταθμό*

Où est la gare?	Πού είναι ο σιδηροδρομικός σταθμός;	pou inè o sidirodromi**koss** sta**θmoss**
Taxi!	Ταξί!	ta**ksi**
Conduisez-moi à la gare principale.	Πηγαίνετέ με στον (κεντρικό) σιδηροδρομικό σταθμό.	piyè**nètè** mè sto**nn** (kènndri**ko**) sidirodromi**ko** sta**θmo**
Quel est le tarif?	Πόσο κάνει το εισιτήριο;	**po**sso **ka**ni to isi**ti**rio

ΕΙΣΟΔΟΣ	ENTRÉE
ΕΞΟΔΟΣ	SORTIE
ΠΡΟΣ ΤΙΣ ΑΠΟΒΑΘΡΕΣ	ACCÈS AUX QUAIS
ΠΛΗΡΟΦΟΡΙΕΣ	RENSEIGNEMENTS

Où est/sont...? *Πού είναι ...;*

Où est/sont...?	Πού είναι...?	pou i**nè**
bar	το μπαρ	to barr
bureau de change	το γραφείο συναλλάγματος	to gra**fio** sinala**gma**toss
bureau des réservations	το γραφείο κρατήσεων	to gra**fio** krati**sèonn**
bureau des objets trouvés	το γραφείο απωλεσθέντων αντικειμένων	to gra**fio** apolès**θènn**donn anndiki**mè**nonn
consigne	το γραφείο αποσκευών	to gra**fio** aposkè**vonn**
consigne automatique	το τμήμα αποσκευών	to **tmi**ma aposkè**vonn**
guichet	το εκδοτήριο εισιτηρίων	to è**kdo**tirio issiti**ri**onn
kiosque à journaux	το περίπτερο	to pè**ri**ptèro

quai 7	η αποβάθρα 7	i apovàthra 7
restaurant	το εστιατόριο	to èstiatorio
salle d'attente	η αίθουσα αναμονής	i èthoussa anamoniss
snack-bar	το σνακ-μπαρ	to snak-barr
Où sont les toilettes?	Πού είναι οι τουαλέτες;	pou inè i toualètèss

Renseignements *Πληροφορίες*

A quelle heure part le ... train pour Patras?	Πότε είναι το ... τραίνο για την Πάτρα;	potè inè to ... trèno yia tinn patra
premier/dernier/ prochain	πρώτο/ τελευταίο/επόμενο	proto/tèlèftèo/èpomèno
A quelle heure part le train pour Thessalonique?	Τι ώρα φεύγει το τραίνο για Θεσσαλονίκη;	ti ora fèvyi to trèno yia thèssaloniki
Combien coûte un billet pour Volos?	Πόσο κάνει το εισιτήριο για Βόλο;	posso kani to issitirio yia volo
Est-ce un train direct?	Είναι κατευθείαν τραίνο;	inè katèfthiann trèno
Y a-t-il une correspondance pour...?	Υπάρχει σύνδεση για ...;	iparkhi sinдèsi yia
Est-ce que je dois changer de train?	Πρέπει να αλλάξω τραίνο;	prèpi na alakso trèno
Y a-t-il assez de temps pour changer?	Είναι αρκετός ο χρόνος για την αλλαγή τραίνου;	inè arkètoss o khronoss yia tinn alayi trènou
Le train est-il à l'heure?	Φεύγουν τα τραίνα στην ώρα τους;	fèvgounn ta trèna stinn ora touss
A quelle heure le train arrive-t-il à Patras?	Τι ώρα φθάνει το τραίνο στην Πάτρα;	ti ora fthani to trèno stinn patra
Y a-t-il un wagon-restaurant/wagon-lit dans le train?	Υπάρχει τραπεζαρία/ βαγκόν-λι στο τραίνο;	iparkhi trapèzaria/ vaghonn-li sto trèno
Le train s'arrête-t-il à Argos?	Σταματά το τραίνο αυτό στο Άργος;	stamata to trèno afto sto argoss
De quel quai part le train pour Patras?	Από ποιά αποβάθρα φεύγει το τραίνο για την Πάτρα;	apo pia apovàthra fèvyi to trèno yia tinn patra
Sur quel quai arrive le train de Paris?	Σε ποιά αποβάθρα φθάνει το τραίνο από το Παρίσι;	sè pia apovàthra fthani to trèno apo to parissi

| Je voudrais un horaire, s.v.p. | Θα ήθελα να αγοράσω το έντυπο με τα δρομολόγια. | θa iθèla na agorasso to ènndipo mè ta ðromologia |

Πρέπει να αλλάξετε στο ...	Vous devez changer à...
Να αλλάξετε στο ... και να πάρετε ένα τοπικό τραίνο.	Changez à... et prenez un omnibus.
Η αποβάθρα 7 είναι ...	Le quai numéro 7 est...
προς τα εκεί/επάνω	là-bas/en haut
αριστερά/δεξιά	à gauche/à droite
Υπάρχει τραίνο για ... στις ...	Il y a un train pour... à...
Το τραίνο σας φεύγει από την αποβάθρα 8.	Votre train partira du quai numéro 8.
Έχει καθυστέρηση ... λεπτών.	Il a... minutes de retard.
Η πρώτη θέση μπροστά/στο κέντρο/στο πίσω μέρος.	Première classe à l'avant/au milieu/à l'arrière.

Billets *Εισιτήρια*

Je voudrais un billet pour Patras.	Θα ήθελα ένα εισιτήριο για Πάτρα.	θa iθèla èna issitirio yia patra
aller simple	απλό (χωρίς επιστροφή)	aplo (khoriss èpistrofi)
aller-retour	με επιστροφή	mè èpistrofi
première classe/deuxième classe	πρώτη/δεύτερη θέση	proti/ðèftèri θèssi
demi-tarif	μισή τιμή	missi timi

Réservations *Κρατήσεις*

Je voudrais réserver...	Θα ήθελα να κρατήσω ...	θa iθèla na kratisso
siège (près de la fenêtre)	μια θέση (στο παράθυρο)	mia θèssi (sto paraθiro)
couchette	μια κουκέτα	mia koukèta
supérieure	στο πάνω μέρος	sto panos meross
au milieu	στη μέση	sti mèssi
inférieure	στο κάτω μέρος	sto kato mèross
couchette dans le wagon-lit	μια κουκέτα στο βαγκόν-λι	mia koukèta sto vaghonn-li

Dans le train *Επιβίβαση*

Est-ce bien le bon quai pour le train de Paris?	Είναι αυτή η σωστή αποβάθρα για το τραίνο για Παρίσι;	inè afti i sosti apovaθra yia to trèno yia parissi
Est-ce bien le bon train pour Tripoli?	Είναι αυτό το τραίνο για Τρίπολη;	inè afto to trèno yia tripoli
Pardon, puis-je passer?	Με συγχωρείτε. Μπορώ να περάσω;	mè sinnkhoritè boro na pèraso
Cette place est-elle occupée?	Είναι πιασμένη αυτή η θέση;	inè piasmèni afti i θèsi

ΚΑΠΝΙΖΟΝΤΕΣ FUMEURS	ΜΗ ΚΑΠΝΙΖΟΝΤΕΣ NON-FUMEURS

Je crois que c'est ma place.	Νομίζω ότι αυτή είναι η θέση μου.	nomizo oti afti inè i θèsi mou
Pourriez-vous m'avertir quand nous arriverons à Mycènes?	Μπορείτε να με ειδοποιήσετε πριν φθάσουμε στις Μυκήνες;	boritè na mè iδopiissètè prinn fθasoumè stiss mikinèss
C'est quelle gare?	Ποιός σταθμός είναι αυτός;	pioss staθmoss inè aftoss
Combien de temps le train s'arrête-t-il ici?	Για πόση ώρα σταματά το τραίνο εδώ;	yia possi ora stamata to trèno èðo
A quelle heure arrivons-nous à Athènes?	Πότε φθάνουμε στην Αθήνα;	potè fθanoumè stinn aθina

Wagon-lit *Στο βαγκόν-λι*

Y a-t-il des compartiments libres dans le wagon-lit?	Υπάρχουν ελεύθερες κουκέτες στο βαγκόν-λι;	iparkhounn èlèfθèrèss koukètèss sto vaghonn-li
Où est le wagon-lit?	Πού είναι το βαγκόν-λι;	pou inè to vaghonn-li
Où est ma couchette?	Πού είναι η κουκέτα μου;	pou inè i koukèta mou
Je voudrais la couchette du bas, s.v.p.	Θα ήθελα μια κουκέτα στο κάτω μέρος.	θa iθela mia koukèta sto kato mèross

| Pouvez-vous préparer nos couchettes, s.v.p.? | Θα μπορούσατε να μας στρώσετε τις κουκέτες; | θa borousatè na mass strosètè tiss koukètèss |
| Pourriez-vous me réveiller à 7 heures? | Μπορείτε να με ξυπνήσετε στις 7; | borítè na mè ksipnissètè stiss 7 |

Bagages—Porteurs *Αποσκευές—Αχθοφόροι*

Porteur!	Αχθοφόρε!	akhθoforè
Pouvez-vous porter mes bagages?	Μπορείτε να με βοηθήσετε με τις αποσκευές μου;	borítè na mè voïθissètè mè tiss aposkèvèss mou
Où sont les chariots à bagages?	Πού είναι τα καροτσάκια αποσκευών;	pou inè ta karotsakia aposkèvonn
Où est la consigne automatique?	Πού είναι οι θυρίδες κλειδώματος αποσκευών;	pou inè i θiriðèss kliðomatoss aposkèvonn
Où est la consigne?	Πού είναι το γραφείο φύλαξης αποσκευών;	pou inè to grafio filaksiss aposkèvonn
Je voudrais déposer mes bagages, s.v.p.	Θα ήθελα να αφήσω τις αποσκευές μου, παρακαλώ.	θa iθèla na afiso tiss aposkèvèss mou parakalo
Je voudrais faire enregistrer mes bagages.	Θα ήθελα να παραδώσω τις αποσκευές μου.	θa iθèla na paraðoso tiss aposkèvèss mou

---

ΚΑΤΑΓΡΑΦΗ (ΠΑΡΑΔΟΣΗ) ΑΠΟΣΚΕΥΩΝ
ENREGISTREMENT DES BAGAGES

En autocar *Υπεραστικό λεωφορείο*

Le car est le moyen idéal de visiter la Grèce, car le réseau ferroviaire est très limité. On peut se rendre même dans les villes les plus petites en autocar, bien qu'elles soient desservies moins souvent que les grandes villes. Les cars sont rapides, bon marché, confortables mais souvent bondés.

Pour obtenir les horaires, adressez-vous à l'une des gares routières principales.

BAGAGISTES, voir page 18

Renseignements *Πληροφορίες*

A quelle heure est le... car pour Halandri?	Πότε είναι το ... λεωφορείο για Χαλάνδρι;	potè inè to... lèoforio yia khalanðri
premier/dernier/ prochain	πρώτο/ τελευταίο/επόμενο	proto/tèlèftèo/èpomèno
A quelle heure part le prochain car pour Patras?	Πότε φεύγει το επόμενο λεωφορείο για Πάτρα;	potè fèvyi to èpomèno lèoforio yia patra
Combien coûte un ticket pour Argos?	Πόσο κάνει το εισιτήριο για Άργος;	posso kani to issitirio yia argoss
Est-ce que je dois changer de car?	Πρέπει να αλλάξω λεωφορείο;	prèpi na alakso lèoforio
A quelle heure le car arrive-t-il à ...?	Τι ώρα φθάνει το τραίνο στην ...;	ti ora fθani to trèno stinn
Ce car s'arrête-t-il à Volos?	Σταματά αυτό το λεωφορείο στο ...;	stamata afto to lèoforio sto
Combien de temps dure le trajet?	Πόση ώρα διαρκεί το ταξίδι;	possi ora ðiarki to taksiði

A noter: la plupart des expressions des pages précédentes peuvent être employées ou adaptées pour parler du transport local.

En bus *Λεωφορείο*

Les bus locaux sont bon marché et pittoresques. Si vous voulez être sûrs d'avoir un siège, mieux vaut arriver à l'arrêt d'autobus de bonne heure. Dans les grandes villes, on doit monter dans le bus par l'avant et déposer la somme convenable dans la boîte prévue à cet effet. Quand vous voulez descendre, appuyez sur le bouton afin que le signal lumineux s'allume. A Athènes, on voyage gratuitement avant 8 heures du matin.

Je voudrais un carnet de tickets.	Θα ήθελα μια δεσμίδα εισιτηρίων.	θa iθèla mia ðèsmiða issitirionn
Quel bus va au centre-ville?	Ποιό λεωφορείο πηγαίνει στο κέντρο της πόλης;	pio lèoforio piyèni sto kènndro tiss poliss
Où puis-je prendre un bus pour l'opéra?	Πού μπορώ να πάρω το λεωφορείο για την όπερα;	pou boro na paro to lèoforio yia tinn opèra

Quel bus dois-je prendre pour aller à Syntagma?	Ποιό λεωφορείο πρέπει να πάρω για το Σύνταγμα;	pio lèoforio prèpi na paro yia to sinndagma
Où est l'arrêt de bus?	Πού είναι η στάση του λεωφορείου;	pou inè i stassi tou lèoforiou
A quelle heure est le... car pour Halandri?	Πότε είναι το... λεωφορείο για Χαλάνδρι;	potè inè to... lèoforio yia khalanðri
premier/dernier/ prochain	πρώτο/ τελευταίο/επόμενο	proto/tèlèftèo/èpomèno
Combien coûte un ticket pour...?	Πόσο κάνει το εισιτήριο για ...;	posso kani to issitirio yia
Est-ce que je dois changer de bus?	Πρέπει να αλλάξω λεωφορείο;	prèpi na alakso lèoforio
Combien y a-t-il d'arrêts jusqu'à...?	Πόσες στάσεις είναι μέχρι ...;	posèss stasis inè mèkhri
Pourriez-vous me dire quand je dois descendre?	Θα μου πείτε πότε να κατέβω;	θa mou pitè potè na katèvo
Je voudrais descendre au Jardin National.	Θέλω να κατέβω στον Εθνικό Κήπο.	θèlo na katèvo stonn èθniko kipo

ΣΤΑΣΗ ΛΕΩΦΟΡΕΙΟΥ	ARRÊT DE BUS

En métro *Ηλεκτρικός σιδηρόδρομος (υπόγειος)*

Il existe à Athènes une longue ligne de métro appelée Ηλεκτρικός (ilèktrikoss). Elle est rapide et économique, mais il vaut mieux l'éviter pendant l'heure du repas de midi. Compostez votre ticket juste avant d'aller sur le quai, et conservez-le jusqu'à la fin de votre trajet car on vous le demandera à la sortie.

Où est la station de métro la plus proche?	Πού είναι ο κοντινότερος σταθμός του Ηλεκτρικού;	pou inè o konndinotèross staθmoss tou ilèktrikou
Est-ce que cette rame va à...?	Πηγαίνει το τραίνο αυτό στο ...;	piyèni to trèno afto sto
La prochaine station est-elle bien...?	Ο επόμενος σταθμός είναι ...;	o èpomènoss staθmoss inè

En bateau Υπηρεσία πλοίων

La plupart des gens aiment faire le tour de quelques îles grecques pendant leurs vacances, et cela ne coûte pas cher. Il existe quatre catégories de billets – les moins chers sont parfaits pour une visite d'une journée. Si vous voyagez de nuit, mieux vaut réserver une cabine de première ou de seconde classe. Si vous souhaitez vous déplacer plus rapidement, prenez un hydroglisseur au port de Zéa à Athènes – mais cela vous coûtera plus cher.

Pour ceux qui doivent surveiller leur budget, il est conseillé d'acheter boissons et sandwiches avant de monter à bord.

A quelle heure part le prochain bateau pour…?	Πότε φεύγει το επόμενο πλοίο για … ;	potè fèvyi to èpomèno plio yia
Où s'effectue l'embarquement?	Πού είναι το σημείο επιβίβασης;	pou inè to simio èpivivasiss
Combien de temps dure la traversée?	Πόση ώρα διαρκεί το ταξίδι;	possi ora diarki to taksiði
Quel(s) port(s) ce bateau dessert-il?	Σε ποιά λιμάνια σταματάμε;	sè pia limania stamatamè
Ce bateau s'arrête-t-il à…?	Σταματά αυτό το πλοίο στο …;	stamata afto to plio sto
Je voudrais un ticket…	Θα ήθελα ένα εισιτήριο …	θa iθèla èna issitirio
première/deuxième/ troisième/quatrième classe	πρώτης/δεύτερης/ τρίτης/τέταρτης θέσης	protiss/ðèftèriss/tritiss/ tètartiss θèsiss
Je voudrais faire une croisière/le tour du port.	Θα ήθελα να κάνω μια κρουαζιέρα/το γύρο του λιμανιού.	θa iθèla na kano mia krouazièra/to yiro tou limaniou
bateau	η βάρκα/το πλοίο	i varka/to plio
bateau à vapeur	το ατμόπλοιο	to atmoplio
cabine simple/double	η καμπίνα μονή/διπλή	i kammbina moni/ðipli
ferry	το φέρυ-μποτ	to fèri-bott
gilet/canot de sauvetage	το σωσίβιο/η ναυαγοσωστική λέμβος	to sossivio/i navagosostiki lèmvoss
hydrofoil	το ιπτάμενο δελφίνι	to iptamèno ðèlfini
pont	το κατάστρωμα	to katastroma
port	το λιμάνι	to limani

Louer une bicyclette *Ενοικίαση ποδηλάτων*

Les bicyclettes sont devenues très populaires ces dernières années, surtout sur les îles, mais il n'est pas toujours possible d'en louer une en pleine saison. Hors saison, vous pourrez peut-être obtenir une réduction.

Je voudrais louer une bicyclette.	**Θα ήθελα να νοικιάσω ένα ποδήλατο.**	θa iθèla na ènikiasso èna poδilato

Autres moyens de transport *Άλλα μέσα μεταφοράς*

hélicoptère	**ελικόπτερο**	èli**ko**ptèro
mobylette (vélomoteur)	**μοτοποδήλατο**	motopo**δi**lato
moto (motocyclette)/ scooter	**μοτοσυκλέτα/βέσπα**	motosi**klè**ta/**vè**spa
téléphérique	**τελεφερίκ**	tèlèfè**rik**

Ou peut-être préférez-vous:

faire de l'auto-stop	**κάνω ωτοστόπ**	**kano** oto**stop**
marcher	**περπατώ**	pèr**pato**

En voiture *Αυτοκίνητο*

L'état des routes varie en Grèce. Les autoroutes sont généralement bonnes et le coût varie selon la distance parcourue. Les routes nationales sur les grands axes touristiques sont assez bien entretenues, mais de nombreuses routes de campagne ressemblent plutôt à des chemins de terre qu'à des routes! Transportez dans votre voiture un triangle de signalisation, une trousse de premiers soins et un extincteur, et attachez votre ceinture de sécurité.

Où est la station-service la plus proche?	**Πού είναι το κοντινότερο πρατήριο βενζίνης;**	pou inè to konndi**no**tèro pra**ti**rio vènziniss
Le plein, s.v.p.	**Γεμίστε το, παρακαλώ.**	yè**mi**stè to paraka**lo**

Mettez-moi... litres d'essence, s.v.p.	Θα ήθελα ... λίτρα βενζίνη.	tha ithèla ... litra vènzini
super/ordinaire/sans plomb/diesel	σούπερ/απλή/ αμόλυβδη/πετρέλαιο	souperr/apli/amolivði/ pètrèlèo
Pouvez-vous vérifier...	Παρακαλώ ελέγξτε ...	parakalo èlèkstè
batterie	την μπαταρία	tinn bataria
huile/eau	τα λάδια/το νερό	ta laðia/to nèro
liquide de frein	τα λάδια τον φρένων	ta laðia tonn frènonn
Pourriez-vous vérifier la pression des pneus?	Μπορείτε να ελέγξετε την πίεση των τροχών;	borite na èlèksètè tinn pièssi tonn trokhonn
1,6 à l'avant, 1,8 à l'arrière.	1,6 μπροστά, 1,8 πίσω.	1,6 brosta 1,8 pisso
Pouvez-vous aussi vérifier la roue de secours?	Παρακαλώ ελέγξτε και την ρεζέρβα.	parakalo èlèkstè kè tinn rèzèrva
Pouvez-vous réparer cette crevaison?	Το λάστιχο έχει τρυπήσει. Μπορείτε να το φτιάξετε;	to lastikho èkhi tripissi. borite na to ftiaksètè
Pourriez-vous changer..., s.v.p.?	Μπορείτε να αλλάξετε ..., παρακαλώ;	borite na alaksètè... parakalo
ampoule	την λάμπα	tinn lamba
bougies	τα μπουζί	ta bouzi
courroie du ventilateur	το λουρί	to louri
essuie-glaces	τους υαλοκαθαριστήρες	touss ialokaθaristirèss
pneu	το λάστιχο	to lastikho
Pourriez-vous nettoyer le pare-brise, s.v.p.?	Μπορείτε να καθαρίσετε το παρ-μπρίζ;	borite na kaθarisètè to parr-briz

Demander son chemin *Ρωτώντας ποιό δρόμο να πάρετε*

Pour aller à/au..., s.v.p.?	Μπορείτε να μου δείξετε το δρόμο για ...;	borite na mou ðiksètè to ðromo yia
Dans quelle direction se trouve...?	Προς ποιά κατεύθυνση είναι ...;	pross pia katèfθinssi inè

LOCATION DE VOITURE, voir page 20

Comment puis-je aller à/au...?	Πώς μπορώ να πάω στο ...;	poss boro na pao sto
Nous sommes bien sur la bonne route pour aller à...?	Είμαστε στο σωστό δρόμο για ...;	imastè sto sosto òromo yia
A quelle distance se trouve le prochain village?	Πόσο μακρυά είναι το επόμενο χωριό;	posso makria inè to èpomèno khorio
A quelle distance sommes-nous de...?	Πόσο μακρυά είναι ο/η/το ... από εδώ;	posso makria inè o/i/to ... apo èdo
Y a-t-il une autoroute?	Υπάρχει αυτοκινητόδρομος;	iparkhi aftokinitoòromoss
Il faut combien de temps en voiture/à pied?	Πόση ώρα είναι με το αυτοκίνητο/με τα πόδια;	possi ora inè mè to aftokinito/mè ta poòia

Είστε στον λάθος δρόμο.	Vous êtes sur la mauvaise route.
Να πάτε ίσια.	Allez tout droit.
Είναι εκεί κάτω αριστερά/δεξιά.	C'est là-bas à gauche/droite.
δίπλα σε/μετά ...	à côté de/après...
απέναντι/πίσω από ...	en face/derrière...
βόρεια/νότια	au nord/au sud
ανατολικά/δυτικά	à l'est/à l'ouest
Πηγαίνετε στο πρώτο/δεύτερο σταυροδρόμι.	Allez jusqu'au premier/deuxième carrefour.
Στρίψτε αριστερά στα φανάρια.	Tournez à gauche aux feux.
Στρίψτε δεξιά στην επόμενη γωνία.	Tournez à droite au prochain coin de rue.
Πάρτε την οδό	Prenez la... rue.
Είναι μονόδρομος.	C'est une rue à sens unique.
Πρέπει να γυρίσετε πίσω στο ...	Il faut retourner à...
Ακολουθήστε τα σήματα για Αθήνα.	Suivez la direction d'Athènes.

Puis-je aller au centre-ville en voiture?	Μπορώ να οδηγήσω μέχρι το κέντρο της πόλης;	boro na oðiyisso mèkhri to kènndro tiss poliss
Est-il permis de circuler dans le centre-ville?	Επιτρέπεται κυκλοφορία στο κέντρο της πόλης;	èpitrèpetè i kikloforia sto kènndro tiss poliss
Pouvez-vous me dire où se trouve...?	Μπορείτε να μου πείτε πού είναι ... ;	borite na mou pitè pou inè
Comment puis-je trouver cet endroit/cette adresse?	Πώς μπορώ να βρω αυτό το μέρος/αυτήν την διεύθυνση;	poss boro na vro afto to mèross/afti ti ðièfθinssi
Où est-ce?	Πού είναι αυτό;	pou inè afto
Pouvez-vous m'indiquer sur la carte où je me trouve?	Μπορείτε να μου δείξετε στο χάρτη πού είμαι;	borite na mou ðiksètè sto kharti pou imè

Stationnement Στάθμευση

Vous risquez d'avoir des problèmes de stationnement dans la capitale, bien que certains hôtels aient leur propre parking privé. La police peut vous dresser une contravention pour stationnement non-autorisé et peut l'encaisser sur place.

Où puis-je me garer?	Πού μπορώ να παρκάρω;	pou boro na parkaro
Y a-t-il un parking près d'ici?	Υπάρχει εδώ κοντά πάρκινγκ;	iparkhi èðo konnda parking
Puis-je me garer ici?	Μπορώ να παρκάρω εδώ;	boro na parkaro èðo
Combien de temps puis-je stationner ici?	Πόση ώρα μπορώ να παρκάρω εδώ;	possi ora boro na parkaro èðo
Quel est le tarif pour une heure?	Πόσο κάνει την ώρα;	posso kani tinn ora
Avez-vous de la monnaie pour le parcmètre?	Μήπως έχετε ψιλά για το παρκόμετρο;	miposs èkhètè psila yia to parkomètro

Pannes—Assistance routière *Βλάβη–Οδική βοήθεια*

Où se trouve le garage le plus proche?	Πού είναι το κοντινότερο γκαράζ;	pou inè to konndinotèro garaz
Ma voiture est tombée en panne.	Το αυτοκίνητό μου έχει βλάβη.	to aftokinito mou èkhi vlavi
Puis-je me servir de votre téléphone?	Πού μπορώ να τηλεφωνήσω;	pou boro na tilèfonisso
Je suis tombé(e) en panne à...	Έπαθα βλάβη στο ...	èpatha vlavi sto
Pouvez-vous m'envoyer un mécanicien?	Μπορείτε να στείλετε έναν μηχανικό;	boritè na stilètè ènan mikhaniko
Je n'arrive pas à démarrer.	Το αυτοκίνητό μου δεν ξεκινά.	to aftokinito mou dèn ksèkina
La batterie est à plat.	Η μπαταρία άδειασε.	i bataria aðiasè
Je n'ai plus d'essence.	Μου τελείωσε η βενζίνη.	mou tèliossè i vènzini
J'ai un pneu à plat.	Έμεινα από λάστιχο.	èmina apo lastikho
Le moteur chauffe.	Η μηχανή ζεστάθηκε.	i mikhani zèstaθikè
J'ai un problème avec...	Κάτι συμβαίνει με ...	kati simvèni me...
carburateur	το καρμπυρατέρ	to karmbiratèrr
freins	τα φρένα	ta frèna
pot d'échappement	την εξάτμιση	tinn èksatmissi
radiateur	το ψυγείο	to psigio
roue	τον τροχό	tonn trokho
Pouvez-vous m'envoyer une dépanneuse?	Μπορείτε να στείλετε έναν ρυμουλκό;	boritè na stilètè ènan rimoulko
Combien de temps faut-il compter?	Πόση ώρα θα κάνετε;	possi ora θa kanètè
Pouvez-vous me faire un devis?	Μπορείτε να μου πείτε πόσο θα στοιχίσει;	boritè na mou pitè posso θa stikhissi

Accident—Police *Δυστύχημα*

Appelez la police, s.v.p.	Παρακαλώ, καλέστε την αστυνομία.	parakalo kalèstè tinn astinomia
Il y a eu un accident à environ 2 km de...	Έγινε να δυστύχημα. Περίπου 2 χιλιόμετρα από ...	èyinè èna ðistikhima. pèripou 2 khiliomètra apo

Où y a-t-il un téléphone?	Πού υπάρχει τηλέφωνο;	pou iparkhi tilèfono
Appelez d'urgence un médecin/une ambulance.	Καλέστε ένα γιατρό/ένα ασθενοφόρο γρήγορα.	kalèstè èna yiatro/èna asthènoforo grigora
Il y a des blessés.	Υπάρχουν τραυματίες.	iparkhounn travmatièss
Voici mon permis de conduire.	Ορίστε το δίπλωμα οδήγησής μου.	oristè to diploma odigisiss mou
Quels sont vos nom et adresse?	Ποιό είναι το όνομα και η διεύθυνσή σας;	pio inè to onoma kè i dièfthinssi sass
Quelle est le nom de votre compagnie d'assurance?	Ποιά είναι η ασφαλιστική εταιρεία σας;	pia inè i asfalistiki ètèria sass

Panneaux routiers Σήματα τροχαίας

ΑΛΛΑΓΗ ΠΟΡΕΙΑΣ	Déviation
ΑΝΑΨΤΕ ΤΑ ΦΩΤΑ	Allumer vos phares
ΑΠΑΓΟΡΕΥΕΤΑΙ Η ΣΤΑΘΜΕΥΣΗ	Interdiction de stationner
ΑΠΑΓΟΡΕΥΕΤΑΙ ΤΟ ΠΡΟΣΠΕΡΑΣΜΑ	Interdiction de doubler
ΑΠΟΤΟΜΗ ΑΝΩΦΕΡΕΙΑ/ ΚΑΤΩΦΕΡΕΙΑ	Pente raide
ΑΡΓΑ/ΚΟΨΤΕ ΤΑΧΥΤΗΤΑ	Ralentissez
ΒΑΡΕΙΑ ΟΧΗΜΑΤΑ	Poids lourds
ΔΙΑΣΤΑΥΡΩΣΗ ΜΕ ΣΙΔΗΡΟΔΡΟΜΙΚΗ ΓΡΑΜΜΗ	Passage à niveau
ΔΙΟΔΙΑ	Péage
ΔΥΣΚΟΛΗ ΔΙΑΒΑΣΗ/ΑΡΓΑ	Ralentissement
ΔΩΣΤΕ ΠΡΩΤΕΡΑΙΟΤΗΤ ΠΡΩΤΟΠΟΡΙΑ	Cédez le passage
ΕΠΙΤΡΕΠΕΤΑΙ Η ΣΤΑΘΜΕΥΣΗ	Stationnement autorisé
ΕΡΓΑ ΕΠΙ ΤΗΣ ΟΔΟΥ	Travaux
ΚΑΤΟΛΙΣΘΗΣΗ ΛΙΘΩΝ	Chute de pierres
ΚΙΝΔΥΝΟΣ	Danger
ΟΔΗΓΕΙΤΕ ΣΤΑ ΔΕΞΙΑ	Serrez à droite
ΛΑΚΚΟΥΒΕΣ	Chaussée déformée
ΜΟΝΟ ΓΙΑ ΠΕΖΟΥΣ	Réservé aux piétons
ΛΩΡΙΔΑ ΓΙΑ ΔΗΜΟΣΙΕΣ ΜΕΤΑΦΟΡΕΣ	Voie réservée au transport public
ΠΡΟΣΟΧΗ ΣΧΟΛΕΙΟ	Attention école
ΣΤΡΟΦΕΣ	Virages
ΤΕΛΟΣ ΑΠΑΓΟΡΕΥΜΕΝΗΣ ΖΩΝΗΣ	Fin de zone limitée
ΧΑΛΑΣΜΕΝΟΣ ΔΡΟΜΟΣ	Chaussée déformée

Visites touristiques

Où est l'office du tourisme?	Πού είναι το γραφείο τουρισμού;	pou inè to grafio tourismou
Quelles sont les curiosités principales?	Ποιά είναι τα πιο ενδιαφέροντα μέρη;	pia inè ta pio ènðiafèronnda mèri
Nous sommes ici pour...?	Είμαστε εδώ μόνο για ...	imastè èðo mono yia
quelques heures	λίγες ώρες	liyèss orèss
un jour	μια μέρα	mia mèra
une semaine	μια εβδομάδα	mia èvðomaða
Pouvez-vous nous conseiller une visite guidée/excursion?	Μπορείτε να προτείνετε μια περιήγηση στα αξιοθέατα/μια εκδρομή;	boritè na protinètè mia pèriiyissi sta aksioθèata/ mia èkðromi
D'où partons-nous?	Από πού θα φύγουμε;	apo pou θa figoumè
Le bus nous prendra-t-il à l'hôtel?	Θα μας πάρει το λεωφορείο από το ξενοδοχείο;	θa mass pari to lèoforio apo to ksènoðokhio
Quel est le coût de la visite/excursion?	Πόσο κοστίζει η περιήγηση;	posso kostizi i pèriiyissi
A quelle heure commence la visite?	Τι ώρα αρχίζει η περιήγηση;	ti ora arkhizi i pèriiyissi
Le déjeuner est-il compris?	Συμπεριλαμβάνεται το γεύμα;	simbèrilamvanètè to yèvma
A quelle heure serons-nous de retour?	Τι ώρα θα επιστρέψουμε;	ti ora θa èpistrèpsoumè
Aurons-nous un peu de temps libre à...?	Έχουμε ελεύθερη ώρα στο ...;	èkhoumè èlèfθèri ora sto
Y a-t-il un guide qui parle français?	Υπάρχει ξεναγός που να μιλάει Γαλλικά;	iparkhi ksènagoss pou na milai galika
Je voudrais louer les services d'un guide privé pour...	Θα ήθελα έναν ιδιωτικό ξεναγό για ...	θa iθèla ènan iðiotiko ksènago yia
une demi-journée	μισή μέρα	missi mèra
une journée	μια μέρα	mia mèra

Où est/Où sont …?	Πού είναι …;	pou inè
abbaye	το μοναστήρι	to monastiri
bâtiment	το κτίριο	to ktirio
bibliothèque	η βιβλιοθήκη	i vivlioθiki
bourse	το χρηματιστήριο	to khrimatistirio
catacombes	οι κατακόμβες	i katakomvèss
cathédrale	η μητρόπολη	i mitropoli
centre-ville	το κέντρο της πόλης	to kènndro tiss poliss
chapelle	το παρεκκλήσι	to parèklissi
château	το κάστρο	to kastro
cimetière	το νεκροταφείο	to nèkrotafio
couvent	το μοναστήρι	to monastiri
église	η εκκλησία	i èklissia
exposition	η έκθεση	i èkθèssi
foire	το πανηγύρι	to paniyiri
fontaine	η πηγή	i piyi
forteresse	το φρούριο	to frourio
galerie de peinture	η γκαλερί (τέχνης)	i galèri (tèkhniss)
grotte	το σπήλαιο	to spilèo
hôtel de ville	το δημαρχείο	to δimarkhio
jardins	οι κήποι	i kipi
jardins botaniques	ο βοτανικός κήπος	o votanikoss kiposs
lac	η λίμνη	i limni
marché	η αγορά	i agora
marché aux puces	η λαϊκή αγορά	i laïki agora
monastère	το μοναστήρι	to monastiri
monument	το μνημείο	to mnimio
musée	το μουσείο	to moussio
opéra	η όπερα	i opèra
palais	το παλάτι	to palati
palais de justice	το δικαστήριο	to δikastirio
palais royal	το (βασιλικό) παλάτι	to (vassiliko) palati
parc	το πάρκο	to parko
parlement	το κτίριο της Βουλής	to ktirio tiss vouliss
place	η πλατεία	i platia
planétarium	το αστεροσκοπείο	to astèroskopio
port	το λιμάνι	to limani
quai	ο μώλος	o moloss
quartier commerçant	η εμπορική περιοχή	i èmmboriki pèriokhi
quartier des affaires	το εμπορικό κέντρο	to èmmboriko kènndro
quartier des artistes	η συνοικία των καλλιτεχνών	i sinikia tonn kalitèkhnonn
ruines	τα ερείπια	ta èripia
salle de concerts	η αίθουσα συναυλιών	i èθoussa sinavlionn
stade	το στάδιο	to staδio
statue	το άγαλμα	to agalma
théâtre	το θέατρο	to θèatro

temple	ο ναός	o naoss
tombe	ο τάφος	o tafoss
tour	ο πύργος	o pirgoss
université	το πανεπιστήμιο	to panèpistimio
vieille ville	η παλιά πόλη	i palia poli
zoo	ο ζωολογικός κήπος	o zoologikoss kiposs

A l'entrée *Είσοδος*

Est-ce que... est ouvert le dimanche?	Είναι ... ανοικτά τις Κυριακές;	inè... anikta tiss kiriakèss
Quelles sont les heures d'ouverture?	Ποιές είναι οι ώρες λειτουργίας;	pièss inè i orèss litouryiass
A quelle heure ferme-t-il/elle?	Πότε κλείνει;	potè klini
Combien coûte l'entrée?	Πόσο κοστίζει η είσοδος;	posso kostizi i issoðoss
Y a-t-il des réductions pour les...?	Υπάρχει έκπτωση για ...;	iparkhi èkptossi yia...
enfants	παιδιά	pèðia
étudiants	φοιτητές	fititèss
groupes	γκρουπ	gghroupp
handicapés	ανάπηρους	anapirouss
retraités	συνταξιούχους	ssinndaksioukhouss
Avez-vous un guide (en français)?	Έχετε οδηγό (στα Γαλλικά;	èkhètè oðigo (sta galika)
Puis-je acheter un catalogue?	Μπορώ να αγοράσω έναν κατάλογο;	boro ma agorasso ènan katalogo
Est-il permis de prendre des photos?	Επιτρέπεται να πάρω φωτογραφίες;	èpitrèpètè na paro fotografièss

| ΕΙΣΟΔΟΣ ΕΛΕΥΘΕΡΗ | ENTRÉE GRATUITE |
| ΑΠΑΓΟΡΕΥΟΝΤΑΙ ΟΙ ΦΩΤΟΓΡΑΦΙΕΣ | APPAREILS-PHOTOS INTERDITS |

Qui—Quoi—Quand? *Ποιός-Τι-Πότε;*

Quel est ce bâtiment?	Τι είναι αυτό το κτίριο;	ti inè afto to ktirio
Qui était le/l'...?	Ποιός ήταν ο ...;	pioss itan o
architecte	αρχιτέκτονας	arkhitèktonass
artiste	καλλιτέχνης	kalitèkhniss
peintre	ζωγράφος	zografoss
sculpteur	γλύπτης	gliptiss
Qui l'a construit?	Ποιός το έχτισε;	pioss to èkhtissè
Qui a peint ce tableau?	Ποιός ζωγράφισε αυτόν τον πίνακα;	pioss zografissè aftonn tonn pinaka
A quelle époque vivait-il?	Πότε έζησε;	potè èzissè
A quand remonte la construction?	Πότε κτίστηκε;	potè ktistikè
Où est la maison où vivait...?	Πού είναι το σπίτι που έζησε ο/η ...;	pou inè to spiti opou èzissè o/i*
Nous nous intéressons à...	Ενδιαφερόμαστε για ...	èndiafèromastè yia
antiquités	αρχαία	arkhèa
archéologie	αρχαιολογία	arkhèoloyia
art	τέχνη	tèkhni
artisanat	χειροτεχνία	khirotèkhnia
beaux-arts	καλές τέχνες	kalèss tèkhnèss
botanique	βοτανική	votaniki
céramique	κεραμική	kèramiki
géologie	γεωλογία	yèoloyia
histoire	ιστορία	istoria
histoire naturelle	φυσική ιστορία	fissiki istoria
médecine	ιατρική	iatriki
mobilier	έπιπλα	èpipla
monnaies	νομίσματα	nomismata
musique	μουσική	moussiki
ornithologie	ορνιθολογία	orniθoloyia
peinture	ζωγραφική	zografiki
poterie	αγγειοπλαστική	anngghioplastiki
religion	θρησκεία	θriskia
sculpture	γλυπτική	gliptiki
zoologie	ζωολογία	zooloyia
Où est la section de...?	Πού είναι το τμήμα ... ;	pou inè to tmima

---

* Quand vous parlez d'un homme, dites o = (o), et pour une femme dites η = (i).

C'est...	Είναι ...	inè
affreux	απαίσιο	apèssio
beau	ωραίο	orèo
étrange	παράξενο	paraksèno
formidable	φοβερό	fovèro
impressionnant	εντυπωσιακό	ènndipossiako
intéressant	ενδιαφέρον	ènðiafèronn
joli	όμορφο	omorfo
laid	άσχημο	askhimo
magnifique	μεγαλοπρεπές	mègaloprèpèss
sinistre	σκοτεινό	skotino
stupéfiant	καταπληκτικό	katapliktiko
superbe	θαυμάσιο	θavmassio
terrifiant	τρομακτικό	tromaktiko

Eglises—Services religieux *Εκκλησίες–Θρησκευτικές λειτουργίες*

La religion nationale grecque est la religion orthodoxe grecque.
A Athènes et dans d'autres grandes villes, vous trouverez aussi
des églises catholiques et protestantes, et quelques synagogues.
Les églises sont ouvertes jusqu'au crépuscule et l'entrée y est
libre. Si vous désirez prendre des photos, demandez la permission.

Y a-t-il une... près d'ici?	Υπάρχει ... εδώ κοντά;	iparkhi... èðo konnda
église catholique	καθολική εκκλησία	kaθoliki èklissia
église orthodoxe	ορθόδοξη εκκλησία	orθoðoksi èklissia
église protestant	διαμαρτυρόμενη εκκλησία	ðiamartiromèni èklissia
mosquée	τζαμί	dzami
synagogue	συναγωγή	sinagoyi
A quelle heure est la messe?	Τι ώρα είναι η λειτουργία;	ti ora inè i litouryia
Où puis-je trouver un... qui parle français?	Πού μπορώ να βρω έναν ... που να μιλάει Γαλλικά;	pou boro na vro ènan... pou na milai galika
prêtre/pasteur/rabbin	παπά/προτεστάντη κληρικό/ραββίνο	papa/protèstanndi kliriko/ravino
Je voudrais visiter l'église.	Θα ήθελα να επισκεφτώ την εκκλησία.	θa iθèla na èpiskefto tinn èklissia

A la campagne *Στην ύπαιθρο*

Y a-t-il une route touristique pour...?	Υπάρχει γραφική διαδρομή για ...;	iparkhi grafiki ðiaðromi yia...
A quelle distance sommes-nous de...?	Πόσο μακρυά είναι μέχρι τον/την/το ...;	posso makria inè mèkhri tonn/tinn/to
Pouvons-nous y aller à pied?	Μπορούμε να πάμε με τα πόδια;	boroumè na pamè mè ta poðia
Quelle est l'altitude de cette montagne?	Πόσο ύψος έχει αυτό το βουνό;	posso ipsoss èkhi afto to vouno
C'est quel type de/ d'...?	Τι είδους ... είναι αυτό;	ti iðous... inè afto
animal/oiseau	ζώο/πουλί	zoo/pouli
arbre/fleur	δέντρο/λουλούδι	ðènndro/loulouði

Points de repère *Ορόσημα*

bois	δάσος	ðassoss
cascade	καταρράκτης	kataraktiss
champ	αγρός	agross
chemin	μονοπάτι	monopati
col	ορεινή διάβαση	orini ðiavassi
colline	λόφος	lofoss
étang	μικρή λίμνη	mikri limni
falaise	γκρεμός	ghrèmoss
ferme	αγρόκτημα	agroktima
forêt	δάσος	ðassoss
jardin	κήπος	kiposs
lac	λίμνη	limni
maison	σπίτι	spiti
mer	θάλασσα	θalassa
montagne	βουνό	vouno
mur	τοίχος	tikhoss
pic	κορυφή	korifi
pont	γέφυρα	yèfira
prairie	λιβάδι	livaði
rivière	ποταμός	potamoss
route	δρόμος	ðromoss
sentier	μονοπάτι	monopati
source	πηγή	piyi
vallée	κοιλάδα	kilaða
vigne	αμπέλι	ammbèli
village	χωριό	khorio

DEMANDER SON CHEMIN, voir page 76

Distractions

Cinéma—Théâtre Κινηματογράφος–Θέατρο

Peut-être aurez-vous la chance de trouver encore de très beaux cinémas en plein air à la campagne et dans les banlieues. Les films étrangers sont généralement projetés en version originale sous-titrée en grec. Normalement, il n'est pas possible de réserver des places. Comme les cinémas, les théâtres sont souvent en plein air pendant l'été, mais cette fois, il vaut mieux réserver à l'avance.

De juillet à septembre, divers orchestres symphoniques, troupes de théâtre et corps de ballet se produisent à Athènes. Le Théâtre National Grec joue les célèbres tragédies antiques au théâtre d'Herodius Atticus, près de l'Acropole. Les spectacles de danse grecque traditionnelle ont lieu sur la colline de Philopappos.

Qu'y a-t-il ce soir au cinéma?	Τι παίζει το σινεμά απόψε;	ti pèzi to ssinèma apopsè
Qu'est-ce qu'on joue au théâtre?	Τι παίζουν στο Θέατρο ...;	ti pèzounn sto θèatro
C'est quel genre de pièce?	Τι είδους έργο είναι;	ti iðouss èrgo inè
Qui en est l'auteur?	Ποιός είναι ο συγγραφέας;	pioss inè o sinngghrafèass
Pouvez-vous me conseiller...?	Μπορείτε να μου προτείνετε ...;	borìtè na mou protinètè
bon film	ένα καλό φιλμ	èna kalo film
comédie	μια κωμωδία	mia komoðia
comédie musicale	ένα μιούζικαλ	èna miouzikal
Où passe-t-on le nouveau film de...?	Πού παίζεται αυτό το νέο έργο του ... ;	pou pèzètè afto to nèo èrgo tou
Qui en sont les acteurs?	Ποιός παίζει;	pioss pèzi
Qui joue le rôle principal?	Ποιός είναι ο πρωταγωνιστής;	pioss inè o protagonistiss
Qui est le metteur en scène?	Ποιός είναι ο σκηνοθέτης;	pioss inè o skinoθètiss

Dans quel théâtre joue-t-on la nouvelle pièce de ...?	Σε ποιό θέατρο παίζεται αυτό το νέο έργο του ... ;	sè pio thèatro pèzetè afto to nèo èrgo tou
A quelle heure le spectacle commence-t-il?	Τι ώρα αρχίζει;	ti ora arkhizi
Y a-t-il encore des places pour ce soir?	Υπάρχουν θέσεις για απόψε;	iparkhoun thèssiss yia apopsè
Quel est le prix des places?	Πόσο κοστίζει η είσοδος;	posso kostizi i issodoss
Je voudrais réserver deux places pour le spectacle de vendredi soir.	Θέλω να κρατήσω 2 θέσεις για τη βραδυνή παράσταση της Παρασκευής.	thèlo na kratisso 2 thèssiss yia ti vradini parastassi tiss paraskèviss
Je voudrais un billet pour la matinée de mardi?	Μπορώ να έχω ένα εισιτήριο για την απογευματινή της Τρίτης;	boro na èkho èna issitirio yia tinn apoyèvmatini tiss tritiss
Je voudrais une place au parterre.	Θα ήθελα μια θέση στην πλατεία.	tha ithèla mia thèssi stinn platia
Pas trop loin.	Όχι πολύ πίσω.	okhi poli pisso
Vers le milieu.	Κάπου στο κέντρο.	kapou sto kènndro
Combien coûtent les places au balcon?	Πόσο κάνουν οι θέσεις στον εξώστη;	posso kanounn i thèssiss stonn èksosti
Puis-je avoir un programme, s.v.p.?	Μπορώ να έχω ένα πρόγραμμα, παρακαλώ;	boro na èkho èna programma parakalo
Où est le vestiaire?	Πού είναι η γκαρνταρόμπα;	pou inè i gghardaroba

---

Λυπάμαι, δεν υπάρχουν εισιτήρια.	Je suis désolé(e), c'est complet.
Έχουν μείνει μόνο λίγες θέσεις στον εξώστη.	Il ne reste que quelques places au balcon.
Μπορώ να δω το εισιτήριό σας;	Votre billet, s.v.p.?
Αυτή είναι η θέση σας.	Voilà votre place.

JOURS DE LA SEMAINE, voir page 151

Εκχούφωση

Opéra—Ballet—Concert Όπερα—Μπαλέτο—Συναυλία

Pouvez-vous me recommander...?	Μπορείτε να μου συστήσετε ...;	borìtè na mou sistissètè
ballet	ένα μπαλέτο	èna balèto
concert	μια συναυλία	mia sinavlia
opéra	μια όπερα	mia opèra
opérette	μια οπερέττα	mia opèrèta
Où est l'opéra/la salle de concerts?	Πού είναι η όπερα/η αίθουσα συναυλιών;	pou inè i opèra/i èθoussa sinavlionn
Qu'y a-t-il ce soir à l'opéra?	Τι παίζεται στην Όπερα απόψε;	ti pèzètè stinn opèra apopsè
Qui chante/danse?	Ποιός τραγουδά/χορεύει;	pioss tragouða/khorèvi
Quel est le nom de l'orchestre?	Ποιά ορχήστρα παίζει;	pia orkhistra pèzi
Que joue-t-on?	Τι παίζουν;	ti pèzoun
Qui est le chef d'orchestre/le soliste?	Ποιός είναι ο διευθυντής ορχήστρας/σολίστας;	pioss inè o ðièfθinndiss orkhistrass/solistass

Boîtes de nuit—Discothèques Νυχτερινά κέντρα–Ντισκοτέκ

Pouvez-vous me recommander une bonne boîte de nuit?	Μπορείτε να μου συστήσετε ένα καλό νυχτερινό κέντρο;	borìtè na mou sistissètè èna kalo nikhtèrino kènndro
Y a-t-il un spectacle de cabaret?	Έχει επιθεώρηση πίστας;	èkhi èpiθèorissi pistass
A quelle heure commence le spectacle?	Τι ώρα αρχίζει το πρόγραμμα;	ti ora arkhizi to programa
La tenue de soirée est-elle exigée?	Είναι υποχρεωτικό το βραδυνό ένδυμα;	inè ipokhrèotiko to vraðino ènðima
Où pouvons-nous aller danser?	Πού μπορούμε να πάμε για χορό;	pou boroumè na pamè yia khoro
Y a-t-il une discothèque en ville?	Υπάρχει ντισκοτέκ στην πόλη;	iparkhi diskotèk stinn poli
Voulez-vous danser?	Θα θέλατε να χορέψουμε;	θa θèlatè na khorèpsoumè

Sports *Αθλητισμός*

Les sports nautiques sont très populaires en Grèce. De la natation au ski nautique, on trouve pratiquement tous les sports nautiques possibles et imaginables, y compris le water-polo. Si vous souhaitez utiliser du matériel de plongée, renseignez-vous auprès des offices du tourisme régionaux, car il existe des réglementations très strictes sur son usage.

Navigation: il existe de nombreux ports de plaisance bien équipés où vous pouvez amarrer votre yacht, ou votre bateau à voile ou à moteur, ou en louer un.

Y a-t-il un match de football quelque part samedi?	Υπάρχει πουθενά ποδοσφαιρικός αγώνας αυτή την Κυριακή;	iparkhi pouthèna poðosfèrikoss agonass afti tinn kiriaki
Quelles sont les équipes?	Ποιές ομάδες παίζουν;	piess omaðess pèzoun
Pouvez-vous me procurer un ticket?	Μπορείτε να μου πάρετε ένα εισιτήριο;	boritè na mou parètè èna issitirio

alpinisme	ορειβασία	orivassia
basket-ball	μπάσκετ	baskètt
boxe	πυγμαχία/μποξ	pigmakhia/boks
course de chevaux	ιπποδρομία	ipoðromia
cyclisme	ποδηλασία	poðilassia
équitation	ιππασία	ipassia
football	ποδόσφαιρο	poðosfèro
natation	κολύμπι	kolimmbi
ski	σκι	ski
tennis	τένις	tèniss
voile	ιστιοπλοΐα	istiopolia
volley-ball	βόλεϋ	volèï

Je voudrais voir un match de boxe.	Θα ήθελα να δω έναν αγώνα πυγμαχίας.	θa iθèla na ðo ènan agona pigmakhiass
Quel est le prix de l'entrée?	Πόσο κοστίζει η είσοδος;	posso kostizi i issoðoss
Où est le terrain de golf le plus proche?	Πού είναι το κοντινότερο γήπεδο γκολφ;	pou inè to konndinotèro yipèðo gholf

Où sont les courts de tennis?	Πού είναι τα γήπεδα του τένις;	pou inè ta yipèða tou tèniss
Quel est le tarif par...?	Πόσο κοστίζει ...;	posso kostizi
jour/partie/heure	την ημέρα/το παιχνίδι/την ώρα	tinn imèra/to pèkhniði/tinn ora
Puis-je louer des raquettes?	Μπορώ να νοικιάσω ρακέτες;	boro na nikiasso rakètèss
Où est le champ de courses?	Πού είναι ο ιππόδρομος;	pou inè o ipoðromoss
Y a-t-il un bon endroit pour pêcher/chasser dans les environs?	Υπάρχει καλό ψάρεμα/κυνήγι εδώ κοντά;	iparkhi kalo psarèma/kiniyi èðo konnda
Est-ce que j'ai besoin d'un permis?	Χρειάζομαι άδεια;	khriazomè aðia
Où puis-je m'en procurer un?	Πού μπορώ να βγάλω άδεια;	pou boro na vgalo aðia
Peut-on se baigner dans le lac/la rivière?	Μπορεί κανείς να κολυμπήσει στη λίμνη/ποτάμι;	bori kaniss na kolimmbissi sti limni/sto potami
Y a-t-il une piscine ici?	Υπάρχει πισίνα εδώ;	iparkhi pissina èðo
Est-elle en plein air ou couverte?	Είναι ανοιχτή ή σκεπαστή;	inè anikhti i skèpasti
Est-elle chauffée?	Είναι θερμαινόμενη;	inè thèrmènomèni
Quelle est la température de l'eau?	Ποιά είναι η θερμοκρασία του νερού;	pia inè i thèmokrassia tou nèrou
Y a-t-il une plage de sable?	Υπάρχει παραλία με άμμο εδώ;	iparkhi paralia mè amo èðo

A la plage Στην παραλία

Comment est la plage – de sable/de galets/de rochers?	Πώς είναι η πλαζ - έχει άμμο/χαλίκια/βράχια;	poss inè i plaz - èkhi amo/khalikia/vrakhia
Peut-on se baigner sans danger?	Μπορούμε να κολυμπήσουμε χωρίς κίνδυνο;	boroumè na kolimmbissoumè khoriss kinnðino
La baignade est-elle surveillée?	Υπάρχει ναυαγοσώστης;	iparkhi navagossostiss
Est-ce sans danger pour les enfants?	Είναι ασφαλές για τα παιδιά;	inè asfalèss yia ta pèðia

La mer est très calme.	Η θάλασσα είναι πολύ ήρεμη.	i θalassa inè poli irèmi
Il y a de grosses vagues.	Υπάρχουν μεγάλα κύματα.	iparkhoun mègala kimata
Y a-t-il des courants dangereux?	Υπάρχουν επικίνδυνα ρεύματα;	iparkhoun èpikinnðina rèvmata
A quelle heure est la marée haute/basse?	Τι ώρα έχει παλίρροια/άμπωτη;	ti ora èkhi paliria/ammboti
Je voudrais louer...	Θα ήθελα να νοικιάσω ...	θa iθèla na nikiasso
barque	μια βάρκα με κουπιά	mia varka mè koupia
cabine de bain	μια καμπίνα	mia kabana
canot à moteur	μια βάρκα με μηχανή	mia varka mè mikhani
chaise longue	μια πολυθρόνα	mia poliθrona
matériel de plongée sous-marine	εξοπλισμό για υποβρύχιο ψάρεμα	èksoplismo yia ipovrikhio psarèma
parasol	μια ομπρέλα για τον ήλιο	mia ommbrèla yia tonn ilio
planche à voile	ένα γουίντσερφ	èna ouinndsèrff
planche de surf	μια σανίδα σερφ	mia ssaniða sèrff
skis nautiques	θαλάσσια σκι	θalassia ski
voilier	μια βάρκα με πανί	mia varka mè pani

| ΙΔΙΩΤΙΚΗ ΠΛΑΖ ΑΠΑΓΟΡΕΥΕΤΑΙ ΤΟ ΚΟΛΥΜΠΙ | PLAGE PRIVÉE BAIGNADE INTERDITE |

Sports d'hiver Χειμερινά σπορ

Y a-t-il une patinoire près d'ici?	Υπάρχει παγοδρόμιο εδώ κοντά;	iparkhi pagoθromio èðo konnda
Je voudrais faire du ski.	Θα ήθελα να κάνω σκι.	θa iθèla na kano ski
Puis-je prendre des leçons de ski?	Μπορώ να πάρω μαθήματα σκι;	boro na paro maθimata ski
Y a-t-il des remontées mécaniques (tire-fesses)?	Υπάρχουν αναβατήρες του σκι;	iparkhoun anavatirèss tou ski
Je voudrais louer des...	Θέλω να νοικιάσω ...	θèlo na nikiasso
patins/skis	παγοπέδιλα/σκι	pagopèðila/ski

Faire connaissance

Présentations *Συστάσεις*

Puis-je vous présenter...?	Να σας συστήσω ...;	na sass sistisso
Jacques, voici...	Τζακ, από εδώ ...	jakk apo èðo
Je m'appelle...	Λέγομαι ...	lègomè
Enchanté(e)!	Χαίρομαι που σας γνωρίζω!	khèromè pou sass ðnorizo
Comment vous appelez-vous?	Πώς λέγεστε;	poss lèyèstè
Comment allez-vous?	Πώς είστε;	poss istè
Très bien, merci, et vous?	Καλά, ευχαριστώ. Εσείς;	kala èfkharisto èssiss

Pour rompre la glace *Καλύτερη γνωριμία*

D'où venez-vous?	Από πού είστε;	apo pou istè
Je viens de...	Είμαι από τον/την/ το ...	imè apo tonn/tinn/to
De quelle nationalité êtes-vous?	Τι εθνικότητα έχετε;	ti èðnikotita èkhètè
Je suis...	Είμαι ...	imè
Belge	Βέλγος/-ίδα	vélgoss/vélgiða
Canadien(ne)	Καναδός/-έζα	kanaðoss/kanaðèza
Français(e)	Γάλλος/-ίδα	galloss/galliða
Suisse	Ελβετός/-ίδα	èlvètoss/èlvètiða
Depuis combien de temps êtes-vous ici?	Πόσο καιρό είστε εδώ;	posso kèro istè èðo
Nous sommes ici depuis une semaine.	Είμαστε εδώ μια εβδομάδα.	imastè èðo mia èvðomaða
Est-ce votre premier séjour ici?	Έρχεστε για πρώτη φορά;	èrkhèstè yia proti fora
Non, nous sommes déjà venus l'année dernière.	Όχι, ήρθαμε και πέρυσι.	okhi irðamè kè pèrssi
Est-ce que vous vous plaisez ici?	Είστε ευχαριστημένος/-η από τη διαμονή σας;	istè èfkharistimènoss/ èfkharistimèni* apo ti ðiamoni sass

---

* Lorsqu'il existe une terminaison différente pour le féminin, nous avons d'abord écrit le masculin, puis la terminaison féminine.

PAYS, voir page 146

Oui, je m'y plais beaucoup.	Ναι, μου αρέσει πολύ.	nè mou arèssi poli
Le paysage me plaît beaucoup.	Μου αρέσει πολύ το τοπίο.	mou arèssi poli to topio
Que pensez-vous du pays/des gens?	Τι γνώμη έχετε για την χώρα/τους ανθρώπους;	ti gnomi èkhètè yia ti khora/touss annθropouss
Où logez-vous?	Πού μένετε;	pou mènètè
Etes-vous seul(e) ici?	Είστε μόνος/-η σας;	istè monoss/moni sass
Je suis avec...	Είμαι με ...	imè me...
ma femme	την γυναίκα μου	ti yinèka mou
mon mari	τον άνδρα μου	tonn annδra mou
ma famille	την οικογένειά μου	tin ikoyènia mou
mes enfants	τα παιδιά μου	ta pèδia mou
mes parents	τους γονείς μου	touss goniss mou
mon ami(e)	τον φίλο/την φίλη μου	to filo/ti fili mou

père/mère	ο πατέρας/η μητέρα	o patèras/i mitèra
fils/fille	ο γιος/η κόρη	o yios/i kori
frère/sœur	ο αδελφός/η αδελφή	o aδèlfos/i aδèlfi
oncle/tante	ο θείος/η θεία	o θios/i θia
neveu/nièce	ο ανηψιός/η ανηψιά	o anipsios/i anipsia
cousin(e)	ο εξάδελφος/η εξαδέλφη	o èksaδèlfos/i èksaδèlfi

Etes-vous marié(e)?	Είστε παντρεμένος/-η;	istè panndrèmènoss/-i
Etes-vous célibataire?	Είστε ελεύθερος/-η;	istè èlèfθèross/-i
Avez-vous des enfants?	Έχετε παιδιά;	èkhètè pèδia
Que faites-vous (dans la vie)?	Με τι ασχολείσθε;	mè ti askholistè
Je suis étudiant(e).	Είμαι φοιτητής/ φοιτήτρια.	imè fititiss/fititria
Qu'étudiez-vous?	Τι σπουδάζετε;	ti spouδazètè
Je suis ici en voyage d'affaires/en vacances.	Είμαι εδώ για δουλειά/διακοπές.	imè èδo yia δoulia/δiakopèss
Voyagez-vous beaucoup?	Ταξιδεύετε συχνά;	taksiδèvètè sikhna

| Jouez-vous aux cartes/échecs? | Παίζετε χαρτιά/σκάκι; | pèzètè khartia/**skaki** |

Le temps *Ο καιρός*

Quelle belle journée!	Τι υπέροχη μέρα!	ti ipèrokhi **mèra**
Quel temps horrible!	Τι απαίσιος καιρός!	ti apèssioss kè**ross**
Qu'il fait froid!/Quelle chaleur!	Δεν κάνει κρύο/ζέστη σήμερα;	ðèn **kani krio**/**zèsti** si**mèra**
Fait-il toujours aussi chaud?	Είναι συνήθως ο καιρός τόσο ζεστός όπως τώρα;	inè ssiniθoss o kè**ross tosso zèstoss** oposs **tora**
Pensez-vous qu'il va... demain?	Τι λέτε; Θα ... αύριο;	ti **lètè** θa... avrio
faire beau pleuvoir	είναι ωραία μέρα βρέξει	inè orèa **mèra** **vrèksi**
Quelles sont les prévisions météo?	Ποιά είναι η πρόβλεψη του καιρού;	pia inè i pro**vlèpsi** tou kè**rou**

brouillard	η ομίχλη	i omikhli
ciel	ο ουρανός	o oura**noss**
éclair	η αστραπή	i astra**pi**
étoile	το αστέρι	to as**tèri**
gelée	ο παγετός	o payè**toss**
glace	ο πάγος	o pa**goss**
lune	το φεγγάρι	to fè**gghari**
neige	το χιόνι	to khioni
nuage	το σύννεφο	to si**nèfo**
orage	η θύελλα	i θièla
pluie	η βροχή	i vrokhi
soleil	ο ήλιος	o ilioss
tonnerre	η βροντή	i vronndi
vent	ο άνεμος	o anèmoss

Invitations *Προσκλήσεις*

| Voudriez-vous dîner avec nous...? | Θα θέλατε να δειπνήσετε μαζί μας την ...; | θa θèlatè na ðipnissètè mazi mass tinn |
| Puis-je vous inviter à déjeuner? | Μπορώ να σας καλέσω για γεύμα; | boro na sass kalèsso yia **yèvma** |

JOURS DE LA SEMAINE, voir page 151

Pouvez-vous venir prendre un verre chez moi ce soir?	Μπορείτε να έρθετε για ένα ποτό απόψε;	borìtè narθètè yia èna potò apopsè
Il y a une réception, viendrez-vous?	Γίνεται ένα πάρτυ. Έρχεστε;	yinètè èna parti. èrkhèstè
C'est très aimable.	Πολύ ευγενικό εκ μέρους σας.	poli èvyèniko èkmèrouss sass
Je viendrai avec plaisir.	Περίφημα! Θα ήθελα πολύ να έρθω.	pèrifima. θa iθèla poli na èrθo
A quelle heure faut-il venir?	Τι ώρα να έρθουμε;	ti ora na èrθoumè
Puis-je amener un ami/une amie?	Μπορώ να φέρω έναν φίλο/μια φίλη;	boro na fèro èna filo/mia fili
Je regrette, mais nous devons partir maintenant.	Νομίζω ότι πρέπει να φύγουμε τώρα.	nomizo oti prèpi na figoumè tora
La prochaine fois, il faudra que vous veniez nous voir.	Την επόμενη φορά πρέπει να μας επισκεφτείτε.	tinn èpomèni fora prèpi na mass èpiskèftitè
Merci pour cette agréable soirée; c'était formidable.	Ευχαριστώ για τη βραδιά. Ήταν υπέροχη.	èfkharisto yia ti vradìa. itann ipèrokhi

Rendez-vous *Ραντεβού*

Est-ce que ça vous dérange si je fume?	Σας ενοχλεί να καπνίσω;	sass ènokhli na kapnisso
Voulez-vous une cigarette?	Θα θέλατε ένα τσιγάρο;	θa θèlatè èna tsigaro
Avez-vous du feu, s.v.p.?	Έχετε φωτιά, παρακαλώ;	èkhètè fotia parakalo
Pourquoi riez-vous?	Γιατί γελάτε;	yiati yèlatè
Est-ce que mon grec est si mauvais que ça?	Είναι τα Ελληνικά μου τόσο άσχημα;	inè ta èlinika mou tosso askhima
Puis-je m'asseoir ici?	Σας ενοχλεί να καθήσω εδώ;	sass ènokhli na kaθisso èδo
Puis-je vous offrir un verre?	Να σας φέρω ένα ποτό;	na sass fèro èna potò
Attendez-vous quelqu'un?	Περιμένετε παρέα;	pèrimènètè parèa
Etes-vous libre ce soir?	Είστε ελεύθερος/-η απόψε;	istè èlèfθèross/-i apopsè

Voulez-vous sortir avec moi ce soir?	Θα θέλατε να βγούμε έξω μαζί απόψε;	θa thèlatè na vgoumè èkso mazi apopsè
Voulez-vous aller danser?	Θα θέλατε να πάμε να χορέψουμε;	θa thèlatè na pamè na khorèpsoumè
Je connais une bonne discothèque.	Ξέρω μια καλή ντισκοτέκ.	ksèro mia kali diskotèk
Si nous allions au cinéma?	Πάμε σινεμά;	pamè sinèma
Voulez-vous faire un tour en voiture?	Πάμε μια βόλτα με το αυτοκίνητο;	pamè mia volta mè to aftokinito
Où nous retrouvons-nous?	Πού θα συναντηθούμε;	pou θa sinanndiθoumè
Je passerai vous prendre à votre hôtel.	Θα σας πάρω από το ξενοδοχείο σας.	θa sass paro apo to ksènoδokhio sass
Je viendrai vous chercher à huit heures.	Θα περάσω να σας πάρω στις 8.	θa pèrasso na sass paro stiss 8
Puis-je vous raccompagner?	Να σας πάω στο σπίτι σας;	na sass pao sto spiti sass
Puis-je vous revoir demain?	Θα σας ξαναδώ αύριο;	θa sass ksanaδo avrio
J'espère que nous nous reverrons.	Ελπίζω να ξανασυναντηθούμε.	èlpizo na ksanasinanndiθoumè

... peut-être aurez-vous envie de répondre:

Avec plaisir, merci.	Θα ήθελα πολύ, ευχαριστώ.	θa iθèla poli èfkharisto
Merci mais je suis pris(e).	Ευχαριστώ, αλλά είμαι απασχολημένος/-η.	èfkharisto ala imè apaskholimènos/-i
Non, ça ne m'intéresse pas, merci.	Όχι, δεν θέλω, ευχαριστώ.	okhi dèn θèlo èfkharisto
Laissez-moi tranquille, s.v.p.!	Αφήστε με ήσυχο/-η, παρακαλώ!	afistè mè issikho/-i parakalo
Merci, j'ai passé une soirée merveilleuse.	Ευχαριστώ, ήταν μια υπέροχη βραδιά.	èfkharisto itann mia ipèrokhi vradia
Je me suis bien amusé(e).	Πέρασα πολύ καλά.	pèrassa poli kala

Guide des achats

Ce guide devrait vous aider à trouver rapidement et aisément ce que vous désirez. Il comprend:

1. Une liste des principaux magasins et services (p.98).

2. Des expressions générales qui vous permettront de formuler vos désirs avec précision lorsque vous ferez des achats (p.100).

3. Des détails complets sur les magasins et services qui présentent le plus d'intérêt pour vous. Vous trouverez conseils et listes alphabétiques des articles sous les titres suivants.

TEINTURERIE, voir page 29, COIFFEUR, voir page 30

Magasins et services Μαγαζιά και εξυπηρέτηση

Les heures d'ouverture varient selon les régions et sont très fantaisistes sur les îles. Beaucoup de magasins ouvrent de 7 heures ou de 8 heures du matin jusqu'à 14h30 les lundis et mercredis, et jusqu'à 13h30 le samedi. Les autres jours, ils ferment pour une longue sieste jusqu'à 17 heures et rouvrent ensuite jusqu'à 20h ou 20h30.

Où est le/la… le/la plus proche?	Πού είναι ο κοντινότερος/η κοντινότερη/το κοντινότερο …;	pou inè o konndinotèross/i konndinotèri/to konndinotèro
agence de voyages	το ταξιδιωτικό γραφείο*	to taksidiotiko grafio
antiquaire	το κατάστημα με αντίκες	to katastima mè anndikèss
banque	η τράπεζα	i trapèza
bibliothèque	η βιβλιοθήκη	i vivliothiki
bijouterie	το κοσμηματοπωλείο	to kosmimatopolio
blanchisserie	το πλυντήριο	to plinndirio
boucher	το κρεοπωλείο	to krèopolio
boulangerie	το αρτοποιείο (ο φούρνος)	to artopiio (o fournoss)
bureau de poste	το ταχυδρομείο	to takhidromio
bureau de tabac	το καπνοπωλείο	to kapnopolio
bureau du télégraphe	το τηλεγραφείο	to tilègrafio
centre commercial	το εμπορικό κέντρο	to èmmboriko kènndro
charcutier	το μπακάλικο	to bakaliko
coiffeur (pour femmes)	το κομμωτήριο	to komotirio
coiffeur (pour hommes)	το κουρείο	to kourio
commissariat de police	το αστυνομικό τμήμα	to astinomiko tmima
confiserie	το κατάστημα ζαχαρωτών	to katastima zakharotonn
cordonnier	ο τσαγκάρης	o tsannghariss
crèmerie	το γαλακτοπωλείο	to galaktopolio
dentiste	ο οδοντίατρος	o odonndiatross
épicerie	το παντοπωλείο	to panndopolio
fleuriste	το ανθοπωλείο	to anthopolio

---

* L'article devant chaque nom est là pour vous aider à reconnaître le genre du nom, mais ne doit pas être prononcé; ex: Où se trouve la banque la plus proche? Πού είναι η κοντινότερη τράπεζα;- pou inè i konndinotèri trapèza

galerie d'art	η γκαλερί τέχνης	i ghalèri tèkhniss
grand magasin	το πολυκατάστημα	to polikatastima
hôpital	το νοσοκομείο	to nossokomio
horloger	το ωρολογοποιείο	to orologopiio
institut de beauté	το ινστιτούτο ομορφιάς	to innstitouto omorfiass
kiosque à journaux	το περίπτερο	to pèriptèro
laverie automatique	το αυτόματο πλυντήριο	to aftomato plinndirio
librairie	το βιβλιοπωλείο	to vivliopolio
magasin d'appareils électroménagers	το κατάστημα ηλεκτρικών ειδών	to katastima ilèktrikonn idonn
magasin d'articles de sport	το κατάστημα αθλητικών ειδών	to katastima aθlitikonn idonn
magasin de chaussures	το κατάστημα παπουτσιών	to katastima papoutsionn
magasin de diététique	το κατάστημα υγιεινής διατροφής	to katastima iyiiniss δiatrofiss
magasin de jouets	το κατάστημα παιχνιδιών	to katastima pèkhniδionn
magasin de photos	το φωτογραφείο	to fotografio
magasin de souvenirs	το κατάστημα σουβενίρ	to katastima souvenir
marchand de journaux	το πρακτορείο τύπου	to paraktorio tipou
marchand de légumes	το μανάβικο/το οπωροπωλείο	to manaviko/to oporopolio
marchand de vin	το οινοπωλείο	to inopolio
marché	η αγορά	i agora
opticien	ο οπτικός	o optikoss
papeterie	το χαρτοπωλείο	to khartopolio
pâtisserie	το ζαχαροπλαστείο	to zakharoplastio
pharmacie	το φαρμακείο	to farmakio
photographe	ο φωτογράφος	o fotografoss
poissonerie	το ιχθυοπωλείο	to ikhθiopolio
quincaillerie	το χρωματοπωλείο	to khromatopolio
supermarché	σουπερμάρκετ	soupermarkètt
tailleur	το ραφείο	to rafio
teinturerie	το καθαριστήριο	to kaθaristirio
traiteur	το μπακάλικο	to bakaliko
vétérinaire	ο κτηνίατρος	o ktiniatross

ΕΙΣΟΔΟΣ / ΕΞΟΔΟΣ	ENTRÉE/SORTIE
ΕΞΟΔΟΣ ΚΙΝΔΥΝΟΥ	SORTIE DE SECOURS

Οδηγός για ψώνια

Expressions générales *Γενικές εκφράσεις*

Où? *Πού;*

Où y a-t-il un(e) bon(ne)...?	Πού υπάρχει ένα καλό ...;	pou iparkhi èna kalo
Où puis-je trouver...?	Πού μπορώ να βρω ένα ...;	pou boro na vro èna
Où se trouve le quartier commerçant?	Πού είναι το εμπορικό κέντρο;	pou inè to èmmboriko kènndro
Est-ce loin d'ici?	Είναι μακρυά από εδώ;	inè makria apo èðo
Comment puis-je m'y rendre?	Πώς μπορώ να πάω εκεί;	poss boro na pao èki

---

ΕΚΠΤΩΣΕΙΣ   SOLDES

Service *Εξυπηρέτηση*

Pouvez-vous m'aider?	Μπορείτε να με βοηθήσετε;	boritè na mè voïθissètè
Je ne fais que regarder.	Απλώς κοιτάζω.	aploss kitazo
Avez-vous/vendez-vous...?	Έχετε ...;	èkhètè
Je voudrais acheter...	Θέλω να αγοράσω ...	θèlo na agorasso
Je voudrais...	Θέλω ...	θèlo
Pouvez-vous me montrer des...?	Μπορείτε να μου δείξετε μερικά ...;	boritè na mou ðiksètè mèrika
Avez-vous des...?	Έχετε μερικά ...;	èkhètè mèrika
Où est le rayon des...?	Πού είναι το ... τμήμα;	pou inè to ... tmima
Où est l'ascenseur/ l'escalier roulant?	Πού είναι το ασανσέρ/οι κυλιόμενες σκάλες;	pou inè to assanssèrr/i kiliomènèss skalèss

Celui-là/celle-là *Εκείνο*

Pouvez-vous me montrer...?	Μπορείτε να μου δείξετε ...;	boritè na mou ðiksètè
ceci/cela	αυτό/εκείνο	afto/èkino
celui/celle en vitrine/à l'étalage	αυτό εκεί στη βιτρίνα/στο ράφι	afto èki sti vitrina/sto rafi

Description de l'article *Περιγραφή ειδών*

J'en voudrais...	Θα ήθελα ένα/μια ...	θa iθèla èna/mia
bon	καλό/-ή	kalo/-i
bon marché	φθηνό/-ή	fθino/-i
carré	τετράγωνο/-η	tètragono/-i
clair	ανοιχτό/-ή	anikhto/-i
foncé	σκούρο/-α	skouro/-a
grand	μεγάλο/-η	mègalo/-i
léger	ελαφρύ/-ιά	èlafri/-ia
lourd	βαρύ/-ιά	vari/-ia
oval	οβάλ	oval
petit	μικρό/-ή	mikro/-i
rectangulaire	μακρόστενο/-η	makrostèno/-i
rond	στρογγυλό/-ή	stronngghilo/-i
solide	ανθεκτικό/-ή	anθèktiko/-i
Je ne veux pas quelque chose de trop cher.	Δεν θέλω κάτι πολύ ακριβό.	ðèn θèlo kati poli akrivo

Préférences *Προτίμηση*

Pouvez-vous m'en montrer d'autres?	Μπορείτε να μου δείξετε κι' άλλα;	boritè na mou ðiksètè kiala
N'avez-vous rien de...?	Δεν έχετε τίποτε ...;	ðèn èkhètè tipotè
moins cher/mieux	φθηνότερο/καλύτερο	fθinotèro/kalitèro
plus grand/plus petit	μεγαλύτερο/μικρότερο	mègalitèro/mikrotèro
C'est combien?	Πόσο κάνει αυτό;	posso kani afto
Combien coûtent-ils?	Πόσο κάνουν αυτά;	posso kanoun afta
Je ne comprends pas.	Δεν καταλαβαίνω.	ðèn katalavèno
Pouvez-vous l'écrire, s.v.p.	Γράψτε το, παρακαλώ.	grapstè to parakalo
Je ne veux pas dépenser plus de...drachmes.	Δεν θέλω να ξοδέψω περισσότερα από ... δραχμές.	ðèn θèlo na ksoðèpso pèrissotèra apo... drakhmèss

COULEURS, voir page 112

Décision Απόφαση

Ce n'est pas vraiment ce que je veux.	Δεν είναι ακριβώς αυτό που θέλω.	ðèn inè akrivoss afto pou thèlo
Non, ça ne me plaît pas.	Όχι, δεν μου αρέσει.	okhi ðèn marèssi
Je le/la prends.	Θα το πάρω.	θa to paro

Commande Παραγγελία

Pouvez-vous me le commander?	Μπορείτε να μου το παραγγείλετε;	boritè na mou to parannghilètè
Combien de temps faudra-t-il?	Πόσο καιρό θα κάνει;	posso kèro θa kani

Livraison Παράδοση

Je l'emporte.	Θα το πάρω μαζί μου.	θa to paro mazi mou
Faites-le livrer à l'hôtel..., s.v.p.	Παραδώστε το στο ξενοδοχείο ...	paraðostèto sto ksènoðokhio
Envoyez-le à cette adresse, s.v.p.	Παρακαλώ, στείλτε το σ' αυτή τη διεύθυνση.	parakalo stiltèto safti ti ðièfθinnssi
Est-ce que je risque d'avoir des problèmes à la douane?	Θα έχω πρόβλημα στο τελωνείο;	θakho provlima sto tèlonio

Paiement Πληρωμή

Ça coûte combien?	Πόσο κάνει;	posso kani
Puis-je payer avec un chèque de voyage?	Μπορώ να πληρώσω με τράβελερς τσεκ;	boro na plirosso mè travèlèrss tsèk
Acceptez-vous la monnaie étrangère?	Δέχεστε ξένο συνάλλαγμα;	ðèkhèstè ksèno sinalagma
Acceptez-vous les cartes de crédit?	Δέχεστε πιστωτικές κάρτες;	ðèkhèstè pistotikèss kartèss
Dois-je payer la T.V.A.?	Πρέπει να πληρώσω φόρο (ΦΠΑ);	prèpi na plirosso foro (fi-pi-a)
Je pense qu'il y a une erreur sur la note.	Νομίζω κάνατε λάθος στο λογαριασμό.	nomizo kanatè laθoss sto logariasmo

Désirez-vous autre chose? *Τίποτα άλλο;*

Non merci, c'est tout.	Όχι, ευχαριστώ.	okhi èfkharisto
Oui, je voudrais…	Ναι, θα ήθελα …	nè θa iθèla …
Pouvez-vous me montrer…?	Μπορείτε να μου δείξετε …;	borìtè na mou δiksètè
Puis-je avoir un sac, s.v.p.?	Μπορώ να έχω μια τσάντα, παρακαλώ;	boro nakho mia tsannda parakalo
Pourriez-vous me l'emballer, s.v.p.?	Μου το τυλίγετε, παρακαλώ;	mou to tiliyètè parakalo
Puis-je avoir le ticket de caisse/un reçu, s.v.p.?	Μπορώ να έχω/την απόδειξη;	boro nakho/tinn apoδiksi

Mécontent? *Δυσαρεστημένος/-η;*

Pourriez-vous échanger ceci, s.v.p.?	Μπορείτε να το αλλάξετε, παρακαλώ;	borìtè na to alaksètè parakalo
Je voudrais vous rendre ceci.	Θέλω να επιστρέψω αυτό.	θèlo na èpistrèpso afto
Je voudrais être remboursé(e). Voici le ticket de caisse.	Θα ήθελα να μου επιστρέψετε τα χρήματα. Ορίστε η απόδειξη.	θa iθèla na mou èpistrèpsètè ta khrimata. oristè i apoδiksi

---

Μπορώ να σας βοηθήσω;	Puis-je vous aider?
Τι θα θέλατε;	Que désirez-vous?
Τι … θα θέλατε;	Quel/quelle…désirez-vous?
χρώμα/σχήμα/ποιότητα	couleur/forme/qualité
Λυπάμαι, δεν έχουμε.	Je regrette, nous n'en avons pas.
Έχει/Έχουν εξαντληθεί.	Notre stock est épuisé.
Να σας το παραγγείλουμε;	Voulez-vous que nous vous le commandions?
Θα το πάρετε μαζί σας ή να σας το στείλουμε;	Voulez-vous l'emporter ou faut-il vous l'envoyer?
Τίποτε άλλο;	Désirez-vous autre chose?
… δραχμές, παρακαλώ.	Ça fait…., s.v.p.
Το ταμείο είναι εκεί.	La caisse est là-bas.

Appareils électriques *Ηλεκτρικές συσκευές*

En règle générale, en Grèce, le courant est alternatif 50 périodes, 220 volts.

Quel est le voltage?	Πόσα βολτ είναι το ρεύμα;	**possa** volt inè to **rèvma**
Avez-vous une pile pour ceci?	Έχετε μια μπαταρία γι' αυτό;	**èkhètè mia** bataria yiaf**to**
C'est cassé. Pouvez-vous le réparer?	Έχει σπάσει. Μπορείτε να το διορθώσετε;	**èkhi spassi**. borit**è** na to ðior**θ**ossèt**è**
Je voudrais (louer) une cassette vidéo.	Θέλω να νοικιάσω μια βιντεοκασέτα.	**θè**lo na nikiasso **mia** vidèoka**ssè**ta
Je voudrais...	Θα ήθελα ...	**θ**a i**θè**la
adaptateur	έναν μετασχηματιστή πρίζας	**è**nan mètaskhimati**sti** prizass
amplificateur	έναν ενισχυτή	**è**nan èni**skhiti**
ampoule	μια λάμπα	**mia** la**mm**ba
casque (écouteurs)	ακουστικά	akousti**ka**
électrophone/platine	ένα πικ-απ	**è**na pik**app**
fer à repasser (de voyage)	ένα σίδερο (ταξιδίου)	**è**na **ssi**ðèro (taksiðiou)
haut-parleurs	μεγάφωνα	**mè**gafona
lampe	μια λάμπα	**mia** la**mm**ba
lecteur de CD	ένα ψηφιακό πικάπ	**è**na psifiako pik**app**
magnétophone à cassettes	ένα κασετόφωνο	**è**na kass**è**tofono
magnétoscope	ένα βίντεο	**è**na **vi**dèo
prise	ένα φις	**è**na fiss
radio	ραδιόφωνο	raðiofono
autoradio	ραδιόφωνο αυτ-οκινήτου	raðiofono aftoki**ni**tou
radio-réveil	ένα ξυπνητήρι με ραδιόφωνο	**è**na ksipni**ti**ri mè raðiofono
rallonge	μια μπαλαντέζα	**mia** balann**dza**
rasoir	μια ξυριστική μηχανή	**mia** ksiristi**ki** mikhani
sèche-cheveux	ένα σεσουάρ	**è**na ss**è**ss**ouar**
télévision (couleur)	μια (έγχρωμη) τηλεόραση	**mia** (**è**nnkhromi) tilèorassi
transformateur	έναν μετασχηματιστή	**è**nan mètaskhimati**sti**
... portatif	ένα φορητό ...	**è**na fori**to**

Articles ménagers *Είδη οικιακής χρήσης*

allumettes	σπίρτα	**spí**rta
boîte-repas	κουτί τροφίμων	kouti trofimonn
bougies	κεριά	kèria
casserole	κατσαρόλα	katsarola
épingles	κρεμάστρες	krèmastrèss
lessive	σκόνη πλυσίματος	skoni plissimatoss
liquide-vaisselle	υγρό πιάτων	i**gro** piatonn
ouvre-boîtes	ανοιχτήρι για κονσέρβες	ani**kh**tiri yia konnsèrvèss
ouvre-bouteilles	ανοιχτήρι για μπουκάλια	ani**kh**tiri yia boukalia
papier aluminium	αλουμινόχαρτο	aloumi**no**kharto
pinces à linge	μανταλάκια	manndalakia
poêle (à frire)	τηγάνι	tigani
sacs plastiques	πλαστικές σακούλες	plasti**kèss** sakou**lèss**
seau	κουβάς	kou**vass**
serviettes en papier	χαρτοπετσέτες	khartopè**tsè**tès
thermos	θερμός	θèr**moss**
torchon	πετσέτα του τσαγιού	pè**tsè**ta tou tsayi**ou**

... et quelques objets utiles

ciseaux	ψαλίδι	psaliði
clé à molette	(γαλλικό) κλειδί	(galiko) kliði
clous	καρφιά	karfia
canif	σουγιάς τσέπης	ssouyi**ass tsè**piss
marteau	σφυρί	sfiri
outils	εργαλεία	èr**ga**lia
pince universelle	πένσα	**pè**nnsa
tournevis	κατσαβίδι	katsaviði
vis	βίδες	**ví**ðèss

Vaisselle *Σερβίτσια*

assiettes	πιάτα	piata
grandes tasses	κούπες	kou**pèss**
soucoupes	πιατάκια	piatakia
tasses	φλυτζάνια	flidzania
verres	ποτήρια	potiria

Couverts *Μαχαιροπήρουνα*

couteaux	μαχαίρια	ma**khè**ria
cuillères	κουτάλια	koutalia
cuillères à café	κουταλάκια	koutalakia
fourchettes	πηρούνια	pirounia

Bijouterie—Horlogerie *Κοσμηματοπωλείο—Ωρολογοπιείο*

Pourriez-vous me montrer ceci, s.v.p.?	Μπορώ να δω αυτό, παρακαλώ;	boro na ðo afto parakalo
Avez-vous quelque chose en or?	Έχετε κάτι σε χρυσό;	èkhètè kati ssè khrisso
Ça fait combien de carats?	Πόσα καράτια είναι αυτό;	possa karatia inè afto
Est-ce de l'argent véritable?	Είναι αληθινό ασήμι;	inè aliθino assimi
Pouvez-vous réparer cette montre?	Μπορείτε να επιδιορθώσετε αυτό το ρολόι;	borìtè na èpiðiorθossètè afto to roloï
Je voudrais…	Θα ήθελα …	θa iθèla …
argenterie	μερικά ασημικά	mèrika assimika
bague	ένα δαχτυλίδι	èna ðakhtiliði
de fiançailles	ένα δαχτυλίδι αρραβώνων	èna ðakhtiliði aravononn
chevalière	ένα δαχτυλίδι με οικόσημο	èna ðakhtiliði mè ikossimo
alliance	μια βέρα	mia vèra
boîte à musique	ένα μουσικό κουτί	èna moussiko kouti
boucles d'oreilles	σκουλαρίκια	skoularikia
boutons de manchettes	μανικετόκουμπα	manikètokoumba
bracelet de montre	ένα μπρασελέ γία ρολόï	èna mbrasèlè yia roloï
bracelet	ένα βραχιόλι	èna vrakhioli
gourmette	μια αλυσίδα χεριού	mia alissiða khèriou
bracelet à breloques	ένα μπρελόκ βραχιόλι	èna brèlok vrakhioli
breloque	ένα μπρελόκ	èna brèlok
briquet	έναν αναπτήρα	ènann anaptira
broche	μια καρφίτσα	mia karfitsa
chaîne(tte)	μια αλυσίδα	mia alissiða
chapelet	ένα κομπολόι για προσευχές	èna kommboloï yia prossèfkhèss
clip	ένα κλιπς	èna klipss
coffret à bijoux	μια μπιζουτιέρα	mia bizoutièra
collier	ένα περιδέραιο (κολιέ)	èna pèriðèrèo (koliè)
coucou	ένα ρολόι τοίχου (κούκο)	èna roloï tikhou (kouko)
couverts	μαχαιροπήρουνα	makhèropirouna
croix	ένα σταυρό	èna stavro

épingle	μια καρφίτσα	mia karfitsa
épingle à cravate	μια καρφίτσα γραβάτας	mia karfitsa gravatass
étui à cigarettes	μια τσιγαροθήκη	mia tsigaroθiki
montre-bracelet	ένα ρολόι χεριού	èna roloï khèriou
montre de gousset	ένα ρολόι τσέπης	èna roloï tsèpiss
montre	ένα ρολόι	èna roloï
automatique	αυτόματο	aftomato
digitale	ψηφιακό	psifiako
avec trotteuse	με δείκτη για δευτερόλεπτα	mè δikti yia δèftèrolèpta
étanche	αδιάβροχο	aδiavrokho
pendentif	ένα μενταγιόν	èna mènndayionn
pendule	ένα ρολόι	èna roloï
pierre précieuse	έναν πολύτιμο λίθο	èna politimo liθo
pile	μια μπαταρία	mia bataria
pince à cravate	ένα κλίπ γραβάτας	èna klip gravatass
portemine	ένα μολύβι σχεδίου	èna molivi skhèδiou
poudrier	μια πουδριέρα	mia pouδrièra
réveil	ένα ξυπνητήρι	èna ksipnitiri

ambre	κεχριμπάρι	kèkhrimmbari
améthyste	αμέθυστος	amèθistoss
argent	ασήμι	assimi
chrome	χρώμιο	khromio
corail	κοράλι	korali
cristal	κρύσταλλο	kristalo
cristal taillé	κρύσταλλο ταγιέ	kristalo tayiè
cuivre	χαλκός	khalkoss
diamant	διαμάντι	δiamanndi
émail	σμάλτο	smalto
émeraude	σμαράγδι	smaragδi
étain	κασσίτερος	kassitèross
inox	ανοξείδωτο ατσάλι	anoksiδoto atsali
ivoire	ελεφαντόδοντο	èlèfanndoδonndo
jade	νεφρίτης	nèfritiss
onyx	όνυχας	onikhass
or	χρυσός	khrissoss
perle	μαργαριτάρι	margaritari
plaqué argent	επάργυρο	èparyiro
plaqué or	επίχρυσο	èpikhrisso
platine	πλατίνα	platina
rubis	ρουμπίνι	roubini
saphir	ζαφείρι	zafiri
topaze	τοπάζι	topazi
turquoise	τυρκουάζ	tirkouaz

Bureau de tabac *Καπνοπωλείο*

Le tabac grec, de bonne qualité et généralement doux, est souvent moins cher que les quelques marques étrangères (fabriquées sous licence) qu'on peut acheter.

Un paquet de cigarettes, s.v.p.	Ένα πακέτο τσιγάρα, παρακαλώ.	èna pakèto tsigara parakalo
Avez-vous des cigarettes françaises?	Έχετε Γαλλικά τσιγάρα;	èkhète galika tsigara
Je voudrais une cartouche.	Θα ήθελα μια κούτα.	θa iθèla mia kouta
Donnez-moi..., s.v.p.	Δώστε μου ..., παρακαλώ.	δòstè mou... parakalo
allumettes	σπίρτα	spirta
bonbons	καραμέλες	karamèlèss
briquet	έναν αναπτήρα	ènan anaptira
essence/gaz à briquet	υγραέριο/αέριο για αναπτήρα	igraèrio/aèrio yia anaptira
carte postale	καρτ-ποστάλ	kartpostal
chewing gum	μια τσίχλα	mia tsikhla
chocolat	μια σοκολάτα	mia sokolata
cigares	πούρα	poura
cigarettes	τσιγάρα	tsigara
avec filtre/sans filtre	με φίλτρο/χωρίς φίλτρο	mè filtro/khoriss filtro
légères/fortes	ελαφριά/βαριά	èlafria/varia
mentholées	μεντόλ	mèntol
longues	κινγκ-σάιζ	kinngsaïz
étui à cigarettes	μια τσιγαροθήκη	mia tsigaroθiki
fume-cigarette	μια πίπα για τσιγάρα	mia pipa yia tsigara
mèche	ένα φυτίλι	èna fitili
pipe	μια πίπα	mia pipa
cure-pipe	πανί πίπας	pani pipass
nettoie-pipe	καθαριστήρες πίπας	kaθaristirèss pipass
tabac pour pipe	καπνό πίπας	kapno pipass
tabac à chiquer	καπνό για μάσημα	kapno yia massima
tabac à priser	ταμπάκο	tambako
timbres	γραμματόσημα	gramatossima

Camping et équipement sportif *Εξοπλισμός για κατασκήνωση*

Je voudrais (louer)...	Θα ήθελα (να νοικιάσω) ...	θa iθèla (na nikiasso) ...
allume-feu	προσανάμματα	prosanamata
allumettes	σπίρτα	spirta
attirail de pêche	εξοπλισμό για ψάρεμα	èksoplismo yia psarèma
bombe aérosol contre les insectes	ένα εντομοκτόνο	èna ènndomoktono
boussole	μια πυξίδα	mia piksiδa
cartouche réfrigérante	μια παγωτιέρα	mia paɣotièra
chaise longue	μια πολυθρόνα	mia poliθrona
chaise (pliante)	μια (πτυσσόμενη) καρέκλα	mia (ptissomèni) karèkla
charbon	κάρβουνα	karvouna
corde	σχοινί	skhini
gaz butane	μια φιάλη υγραερίου	mia fiali iɣraèriou
glacière	ένα φορητό ψυγείο	èna forito psiyio
gourde	ένα παγούρι	èna paɣouri
hamac	μια σχοινένια κούνια	mia skhinènia kounia
jerrican(e)	ένα γουίντσερφ	èna ouïndsèrff
lampe	μια λάμπα	mia lammba
lampe de poche	έναν φακό	ènan fako
lanterne	ένα φανάρι	èna fanari
lit de camp	ένα κρεβάτι εκστρατείας	èna krèvati èkstratiass
maillet	ένα ξύλινο σφυρί	èna ksilino sfiri
matelas en mousse	ένα ελαστικό στρώμα	èna èlastiko stroma
matelas pneumatique	ένα στρώμα αέρα	èna stroma aèra
matériel de plongée sous-marine	εξοπλισμό για υποβρύχιο κολύμπι	èksoplismo yia ipovrikhio kolimmbi
montant (piquet) de tente	ένα κοντάρι	èna konndari
moustiquaire	μια κουνουπιέρα	mia kounoupièra
pétrole	φωτιστικό πετρέλαιο	fotistiko pètrèlèo
piquets de tente	πασσάλους (παλούκια)	passalouss (paloukia)
pompe	μια τρόμπα	mia trommba
sac à dos	ένα σακκίδιο	èna sakiδio
sac de couchage	έναν υπνόσακκο (σλήπινγκ-μπαγκ)	ènan ipnosako (slipinngh-bagh)
skis	εξοπλισμό για σκι	èksoplismo yia ski
tapis de sol	ένα χαλί σκηνής	èna khali skiniss
tente	μια σκηνή	mia skini

Οδηγός για ψώνια

Epicerie Παντοπωλείο

Je voudrais du pain, s.v.p.	Θα ήθελα λίγο ψωμί, παρακαλώ.	θa iθèla ligo psomi parakalo
Quelle sorte de fromage avez-vous?	Τι είδους τυριά έχετε;	ti iðouss tiria èkhètè
Un morceau de...	Ένα κομμάτι από ...	èna komati apo
celui-là	αυτό	afto
celui sur l'étagère	αυτό στο ράφι	afto sto rafi
Je vais prendre un de ceux-là, s.v.p.	Θα πάρω ένα από αυτά, παρακαλώ.	θa paro èna apo afta parakalo
Puis-je me servir?	Μπορώ να εξυπηρετηθώ μόνος/-η μου;	boro na èksipirètiθo monoss/-i mou

un kilo	ένα κιλό	èna kilo
un demi-kilo	μισό κιλό	misso kilo
100 grammes	έκατο γραμμάρια	èkato gramaria
un litre	ένα λίτρο	èna litro
un demi-litre	μισό λίτρο	misso litro

Je voudrais...	Θα ήθελα ...	θa iθèla
un kilo de pommes	ένα κιλό μήλα	èna kilo mila
un demi-kilo de tomates	μισό κιλό τομάτες	misso kilo domatèss
100 grammes de beurre	100 γραμμάρια βούτυρο	100 gramaria voutiro
un litre de lait	ένα λίτρο γάλα	èna litro gala
une demi-douzaine d'œufs	έξι αυγά	èksi avga
4 tranches de jambon	4 φέτες ζαμπόν	4 fètèss zammbonn
un paquet de thé	ένα κουτί τσάι	èna kouti tsaï
un pot de confiture	ένα κουτί μαρμελάδα	èna kouti marmèlaða
une boîte de pêches	μια κονσέρβα ροδάκινα	mia konsèrva roðakina
un tube de moutarde	ένα σωληνάριο μουστάρδας	èna solinario moustarðass
une boîte de chocolats	ένα κουτί σοκολάτες	èna kouti ssokolatèss

CAMPING, voir page 32

Habillement *Ενδύματα*

Si vous désirez acheter quelque chose de précis, mieux vaut préparer votre achat à l'avance en consultant la liste des vêtements page 115. Réfléchissez à la taille, à la couleur, au tissu que vous désirez, puis reportez-vous aux pages suivantes.

Généralités *Γενικά*

Je voudrais…	**Θα ήθελα …**	θa iθèla
Je voudrais… pour un garçon/une fille de dix ans.	**Θέλω … για ένα αγόρι/κορίτσι 10 ετών.**	θèlo… yia èna a**g**ori/koritsi 10 ètonn
Je voudrais quelque chose dans ce genre.	**Θέλω κάτι σαν κι' αυτό.**	θèlo **k**ati sann kia**f**to
Je voudrais celui/ celle en vitrine.	**Μου αρέσει αυτό στη βιτρίνα.**	mou arèssi afto sti vitrina
Combien coûte le mètre?	**Πόσο κάνει το μέτρο;**	**p**osso kani to **m**ètro

Taille *Μέγεθος*

Les tailles peuvent varier d'un fabricant à l'autre. Il est donc conseillé d'essayer vêtements et chaussures avant de les acheter.

Je prends du 38.	**Φοράω μέγεθος 38.**	forao mè**y**èθoss 38
Pouvez-vous prendre mes mesures?	**Μπορείτε να μου πάρετε τα μέτρα;**	boritè na mou **p**arètè ta **m**ètra
Je ne connais pas les tailles grecques.	**Δεν ξέρω τα Ελληνικά μεγέθη.**	ðèn **ks**èro ta èllini**k**a mè**y**èθi

Couleur *Χρώμα*

Je voudrais quelque chose en…?	**Θέλω κάτι σε …**	θèlo **k**ati ssè
Je voudrais un ton plus foncé/clair.	**Θέλω μια πιο σκούρα/πιο ανοιχτή απόχρωση.**	θèlo **m**ia pio **sk**oura/pio anikhti apokhrossi
Je voudrais quelque chose qui aille avec ça.	**Θέλω κάτι που να ταιριάζει μ' αυτό.**	θèlo **k**ati pou na tèriazi mafto

NOURRITURE, voir page 63

Je n'aime pas cette couleur.	Δεν μου αρέσει το χρώμα.	dèn mou arèssi to **khro**ma

argenté	**ασημί**	assi**mi**
beige	**μπεζ**	bèz
blanc	**άσπρο**	aspro
bleu	**μπλε**	blè
doré	**χρυσαφί**	khriss**afi**
écarlate	**βαθύ κόκκινο**	va**θi ko**kino
fauve	**φαιοκίτρινο**	fèo**ki**trino
gris	**γκρι**	gghri
jaune	**κίτρινο**	**ki**trino
marron	**καφέ**	ka**fè**
mauve	**μωβ**	mov
noir	**μαύρο**	**ma**vro
orange	**πορτοκαλί**	portokali
rose	**ροζ**	roz
rouge	**κόκκινο**	**ko**kino
turquoise	**τυρκουάζ**	tir**kouaz**
vert	**πράσινο**	**pra**ssino
violet	**βυσσινί**	**vi**ssini
clair...	**ανοιχτό ...**	ani**khto**
foncé...	**σκούρο ...**	**skou**ro

μονόχρωμο	ριγέ	πουά	καρώ	εμπριμέ
(mono**khro**mo)	(ri**yè**)	(**poua**)	(**karo**)	(èmbri**mè**)

Tissu *Ύφασμα*

Avez-vous quelque chose en ...?	Έχετε κάτι σε ...;	è**khè**tè **ka**ti ssè
Est-ce ...?	Είναι ...;	inè
fait ici	ελληνικής κατασκευής	èlini**kiss** kataskè**viss**
fait main	χειροποίητο	khiro**pii**to
importé	εισαγόμενο	issa**go**mèno

Je voudrais quelque chose de moins épais.	Θέλω κάτι λεπτότερο.	θèlo kati lèptotèro
Avez-vous quelque chose de meilleure qualité?	Έχετε κάτι καλύτερης ποιότητας;	èkhètè kati kalitèriss piotitass
En quoi est-ce?	Τι ύφασμα είναι;	ti ifasma inè

batiste	βατίστα	vatista
coton	βαμβακερό	vamvakèro
crêpe	ύφασμα κρεπ	ifasma krèp
cuir	δέρμα	ðèrma
daim	σουέντ	ssouèd
dentelle	δαντέλλα	ðanndèla
feutre	τσόχα	tsokha
flanelle	φανέλλα	fanèla
gabardine	καμπαρντίνα	kammbarnndina
laine	μάλλινο	malino
lin	λινό	lino
mousseline	μουσελίνα μεταξωτή	moussèlina mètaksoti
peigné	μάλλινο υφαντό	malino ifannddo
poils de chameau	καμηλό	kamilo
popeline	ποπλίνα	poplina
satin	σατέν	ssatènn
soie	μεταξωτό	mètaksoto
tissu-éponge	πετσετέ	pètsèta
toile de coton	χονδρό βαμβακερό ύφασμα	khonnðro vamvakèro ifasma
velours	βελούδο	vèlouðo
velours côtelé	βελούδο κοτλέ	vèlouðo kotlè
velours de coton	βελούδο βαμβακερό	vèlouðo vamvakèro

Est-ce...?	Είναι ...;	inè
pur coton/laine	καθαρό βαμβάκι/ολόμαλλο	kaθaro vamvaki/olomalo
synthétique	συνθετικό	ssinθètiko
grand teint	δεν ξεβάφει	ðèn ksèvafi
infroissable	δεν τσαλακώνει	ðèn tsalakoni

| Peut-on le laver à la main/en machine? | Πλένεται στο χέρι/στο πλυντήριο; | **plè**nètè sto **khè**ri/sto plinn**di**rio |
| Est-ce-que ça risque de rétrécir au lavage? | Μαζεύει (πίνει); | ma**zè**vi (**pi**ni) |

1 centimètre	ένα εκατοστό	**è**na èkato**sto**
1 mètre	ένα μέτρο	**è**na **mè**tro
3,20 mètres	**3,20 μέτρα**	3,20 **mè**tra

Un bon essayage? *Μου πάει;*

Puis-je l'essayer?	Μπορώ να το δοκιμάσω;	bo**ro** na to δoki**ma**sso
Où sont les cabines d'essayage?	Πού είναι το δοκιμαστήριο;	pou i**nè** to δokima**sti**rio
Y a-t-il un miroir?	Υπάρχει καθρέπτης;	i**par**khi ka**θrè**ftiss
Ça va très bien.	Μου πάει.	mou **paï**
Ça ne va pas.	Δεν μου πάει.	δèn mou **paï**
C'est trop...	Είναι πολύ ...	i**nè** po**li**
ample	φαρδύ	far**δi**
court	κοντό	konn**do**
étroit	στενό	stè**no**
long	μακρύ	ma**kri**
Il faudra combien de temps pour les retouches?	Πόσες μέρες θα πάρει για να μου το διορθώσετε;	**po**ssèss **mè**rèss θa **pa**ri **yi**a na mou to δior**θo**ssètè

Vêtements et accessoires *Ρούχα και αξεσουάρ*

Je voudrais...	Θα ήθελα ...	θα ithèla
anorak	ένα αδιάβροχο	èna aðiavrokho
bonnet de bain	μια σκούφια για το μπάνιο	mia skoufia yia to banio
bas	κάλτσες γυναικείες	kaltsèss yinèkièss
blouse	μια μπλούζα	mia blouza
bretelles	τιράντες	tiranndèss
caleçon	ένα σώβρακο	èna ssovrako
cardigan	μια πλεκτή ζακέτα	mia plèkti zakèta
casquette	ένα σκουφί	èna skoufi
chemisier	μια μπλούζα	mia blouza
chandail	ένα πουλόβερ	èna poulovèr
chapeau	ένα καπέλο	èna kapèlo
chaussettes (mi-bas)	κάλτσες (μέχρι το γόνατο)	kaltsèss (mèkhri to gonato)
chemise	ένα πουκάμισο	èna poukamisso
chemise de nuit	ένα νυχτικό	èna nikhtiko
collant	ένα καλσόν	èna kalsonn
combinaison	ένα κομπινεζόν	èna kommbinèzonn
complet	ένα κοστούμι	èna kostoumi
cravate	μια γραβάτα	mia gravata
écharpe	ένα κασκόλ	èna kaskol
gaine	ένα λαστέξ	èna lastèks
gaine-culotte	μια ζώνη	mia zoni
gants	γάντια	ganndia
gilet	ένα γιλέκο	èna yilèko
imperméable	ένα αδιάβροχο τζάκετ	èna aðiavrokho dzakèt
jeans	ένα μπλου-τζην	èna bloudzinn
jupe	μια φούστα	mia fousta
maillot de bain	ένα μαγιό	èna mayio
maillot de bain (hommes)	ένα ανδρικό μαγιό	èna anðriko mayio
maillot de corps	μια φανέλα εσώρουχο	mia fanèla essoroukho
manteau	ένα παλτό	èna palto
nœud papillon	ένα παπιγιόν	èna papiyionn
mouchoir	ένα μαντήλι	èna manndili
pantalon	ένα παντελόνι	èna panndèloni
parapluie	μια ομπρέλα	mia ommbrèla
peignoir	μια ρόμπα	mia rommba
peignoir de bain	ένα μπουρνούζι	èna bournouzi

NOMBRES, voir page 147

pullover	ένα πουλόβερ	èna poulovèr
à col roulé	με κλειστό γιακά (ζιβάγκο)	mè klisto yiaka (zivaggho)
à col rond	με λαιμόκοψη	mè lèmokopsi
à col en V	με ανοιχτό λαιμό	mè anikhto lèmo
à manches longues/courtes	με μακριά/κοντά μανίκια	mè makria/konnda manikia
sans manches	χωρίς μανίκια	khoriss manikia
pyjama	πυτζάμες	pidzamèss
robe	ένα φόρεμα	èna forèma
à manches longues	με μακριά μανίκια	mè makria manikia
à manches courtes	με κοντά μανίκια	mè konnda manikia
sans manches	χωρίς μανίκια	khoriss manikia
robe de chambre	μια ρόμπα	mia rommba
robe du soir	ένα βραδυνό φόρεμα	èna vraðino forèma
sac à main	μια τσάντα	mia tsannda
salopette	μια φόρμα	mia forma
short	σορτς	sorts
slip	μια κυλότα	mia kilota
slip (hommes)	ένα παντελόνι	èna panndèloni
soutien-gorge	ένα σουτιέν	èna ssoutiènn
survêtement	μια φόρμα	mia forma
sweatshirt	μια μπλούζα	mia blouza
tailleur	ένα ταγιέρ	èna tayièrr
tricot	μια πλεκτή ζακέτα	mia plèkti zakèta
T-shirt	ένα τι σερτ	èna tissèrt
une paire de	ένα ζευγάρι ...	èna zèvgari
veste	μια ζακέτα	mia zakèta

boucle	μια αγκράφα ζώνης	mia agghrafa zoniss
bouton	ένα κουμπί	èna koumbi
ceinture	μια ζώνη	mia zoni
col	ένα γιακά	èna yiaka
fermeture éclair	ένα φερμουάρ	èna fèrmouar
poche	μια τσέπη	mia tsèpi
pression	μια σούστα	mia ssousta

Chaussures *Παπούτσια*

Je voudrais une paire de...	Θα ήθελα ένα ζευγάρι ...	θa iθèla èna zèvgari
bottes	μπότες	botèss
chaussures	παπούτσια	papoutsia
plates	ίσια	issia
à talon	με (ψηλά) τακούνια	mè (psila) takounia
à semelles en cuir	με δερμάτινες σόλες	mè dèrmatinèss ssolèss
à semelles en élastomère	με λαστιχένιες σόλες	mè lastikhènièss ssolèss
mocassins	μοκασίνια	mokassinia
pantoufles	παντόφλες	panndoflèss
sandales	σανδάλια	ssandalia
tennis	αθλητικά παπούτσια	aθlitika papoutsia
Elles sont trop...	Είναι πολύ ...	inè poli
étroites/larges	στενά/φαρδιά	stèna/farðia
grandes/petites	μεγάλα/μικρά	mègala/mikra
Avez-vous une pointure plus grande/ plus petite?	Έχετε μεγαλύτερο/ μικρότερο μέγεθος;	èkhètè mègalitèro/ mikrotèro mèyèθoss
Avez-vous les mêmes en noir?	Έχετε τα ίδια σε μαύρο;	èkhètè ta iðia sè mavro
caoutchouc	λάστιχο	lastikho
cuir	δέρμα	ðèrma
daim	σουέντ	souènnd
en toile	ύφασμα	ifasma
Est-ce du cuir véritable?	Είναι από γνήσιο δέρμα;	inè apo gnissio ðèrma
Je voudrais du cirage/des lacets.	Χρειάζομαι βερνίκι/ κορδόνια παπουτσιών.	khriazomè vèrniki/korðonia papoutsionn

Vos chaussures sont usées? Voilà comment les faire réparer:

Pouvez-vous réparer ces chaussures?	Μπορείτε να διορθώσετε αυτά τα παπούτσια;	boritè na ðiorθossètè afta ta papoutsia
Pouvez-vous recoudre ceci?	Μπορείτε να το ράψετε;	boritè na to rapsètè
Je voudrais un ressemelage et de nouveaux talons.	Θέλω καινούργιες σόλες και τακούνια.	θèlo kènouryièss ssolèss kè takounia
Quand seront-elles prêtes?	Πότε θα είναι έτοιμα;	potè θa inè ètima

Librairie—Papeterie *Βιβλιοπωλείο—Χαρτοπωλείο*

En Grèce, librairie et papeterie sont toujours réunies en un seul magasin. Les journaux et les revues sont vendus dans les kiosques.

Français	Grec	Prononciation
Où est... le/la plus proche?	Πού είναι το κοντινότερο.;	pou inè to konndinotèro
librairie	βιβλιοπωλείο	vivliopolio
papeterie	χαρτοπωλείο	khartopolio
kiosque à journaux	περίπτερο	pèriptèro
Où puis-je acheter un journal en français?	Πού μπορώ να αγοράσω μια Γαλλική εφημερίδα;	pou boro na agorasso mia galiki èfimèriða
Où sont les guides de voyage?	Πού είναι το τμήμα των τουριστικών οδηγών;	pou inè to tmima tonn touristikonn oðigonn
Où se trouvent les livres en français?	Πού έχετε τα Γαλλικά βιβλία;	pou èkhètè ta galika vivlia
Avez-vous des livres de... en français?	Έχετε βιβλία του/της ... στα Γαλλικά;	èkhètè vivlia tou/tiss... sta galika
Avez-vous des livres d'occasion?	Έχετε μεταχειρισμένα βιβλία;	èkhètè mètakhirismèna vivlia
Je voudrais acheter...	Θέλω να αγοράσω ...	θèlo na agorasso
agrafes	συνδετήρες	ssinðètirèss
bloc-notes	ένα σημειωματάριο	èna simiomatario
boîte de peinture	ένα κουτί μπογιές	èna kouti mmboyièss
cahier	ένα τετράδιο	èna tètraðio
calculatrice de poche	μια υπολογιστική μηχανή τσέπης	mia ipoloyistiki mikhani tsèpiss
calendrier	ένα ημερολόγιο	èna imèroloyio
carnet d'adresses	μια ατζέντα	mia adzènnda
carte postale	μια καρτ-ποστάλ	mia kart-postale
carte	έναν χάρτη	èna kharti
plan de ville	έναν χάρτη της πόλης	èna kharti tiss poliss
carte routière de...	οδικό χάρτη του/της ...	oðiko kharti tou/tiss
cartes à jouer	μια τράπουλα	mia trapoula
colle	μια κόλλα	mia kola
crayon à papier	ένα μολύβι	èna molivi
crayons de couleur	χρωματιστά μολύβια	khromatista molivia

dictionnaire	ένα λεξικό	èna lèksiko
Grec-français	Ελληνο-Γαλλικό	èlino-galiko
de poche	τσέπης	tsèpiss
encre	μελάνι	mèlani
noire/rouge/bleue	μαύρο/	mavro/kokino/mmblè
	κόκκινο/μπλε	
enveloppes	φακέλους	fakèlouss
étiquettes	(αυτοκόλλητες)	(aftokolitèss) ètikètèss
(autocollantes)	ετικέτες	
ficelle	σπάγγο	spaggho
gomme	μια γόμα	mia goma
guide	έναν οδηγό	ènann odigo
guide de voyage	έναν ταξιδιωτικό	ènan taksidiotiko odigo
	οδηγό	
journal	μια εφημερίδα	mia èfimèrida
Français	Γαλλική	galiki
livre	ένα βιβλίο	èna vivlio
livre de grammaire	ένα βιβλίο	èna vivlio gramatikiss
	γραμματικής	
livre de poche	ένα βιβλίο τσέπης	èna vivlio tsèpiss
magazine	ένα περιοδικό	èna pèriodiko
papier	μερικές κόλλες χαρτί	mèrikèss kolèss kharti
papier à dessin	χαρτί σχεδίου	kharti skhèdiou
papier à lettres	χαρτί	kharti alilografiass
	αλληλογραφίας	
papier carbone	καρμπόν	karbonn
papier machine	χαρτί γραφομηχανής	kharti grafomikhaniss
portemine	ένα μολύβι σχεδίου	èna molivi skhèdiou
punaises	πινέζες	pinèzess
recharge	ένα ανταλλακτικό	èna anndalaktiko (yia stilo)
	(για στυλό)	
règle	έναν χάρακα	èna kharaka
ruban adhésif	ένα σελοτέιπ	èna sèlotèïp
ruban de machine à	μελανοταινία	mèlanotènia
écrire	γραφομηχανής	grafomikhaniss
serviettes en papier	χαρτοπετσέτες	khartopètsètèss
stylo	ένα στυλό	èna stilo
stylo à bille	ένα στυλό διαρκείας	èna stilo diarkiass
stylo à encre	μια πένα	mia pèna
stylo-feutre	ένα μαρκαδόρο	èna markadoro
taille-crayons	μια ξύστρα	mia ksistra
trombones	συνδετήρες	sinndètirèss

Opticien *Οπτικός*

J'ai cassé mes lunettes.	Έσπασα τα γυαλιά μου.	èspassa ta yialia mou
Pouvez-vous les réparer?	Μπορείτε να μου τα φτιάξετε ;	boritè na mou ta ftiaksètè
Quand seront-elles prêtes?	Πότε θα είναι έτοιμα;	potè θa inè ètima
Pouvez-vous changer les verres?	Μπορείτε να αλλάξετε τους φακούς;	boritè na alaksètè touss fakouss
Je voudrais des verres teintés.	Θέλω φακούς φιμέ.	θèlo fakouss fimè
La monture est cassée.	Έσπασε ο σκελετός.	èspassè o skèlètoss
Je voudrais un étui à lunettes.	Θα ήθελα μια θήκη για γυαλιά.	θa iθèla mia θiki yia yialia
Je voudrais faire contrôler ma vue.	Θα ήθελα να κάνω ένα τεστ για τα μάτια μου.	θa iθèla na kano èna test yia ta matia mou
Je suis myope/ presbyte.	Έχω μυωπία/ πρεσβυωπία.	èkho miopia/prèsviopia
Je voudrais des verres de contact/ lentilles.	Θέλω φακούς επαφής.	θèlo fakouss èpafiss
J'ai perdu une lentille.	Έχασα έναν από τους φακούς επαφής μου.	èkhassa ènan apo touss fakouss èpafiss mou
Pourriez-vous m'en donner une autre?	Μπορείτε να μου δώσετε έναν άλλον;	boritè na mou δossètè ènan alo
J'ai des lentilles dures/souples.	Έχω σκληρούς/ μαλακούς φακούς.	èkho sklirouss/malakouss fakouss
Avez-vous du liquide pour verres de contact/lentilles?	Έχετε υγρό για φακούς επαφής;	èkhètè igro yia fakouss èpafiss
Je voudrais acheter des lunettes de soleil.	Θα ήθελα να αγοράσω ένα ζευγάρι γυαλιά ηλίου.	θa iθèla na agorasso èna zèvgari yialia iliou
Puis-je me voir dans un miroir?	Μπορώ να κοιτάξω στον καθρέπτη;	boro na kitakso stonn kaθrèfti
Je voudrais acheter des jumelles.	Θα ήθελα να αγοράσω ένα ζευγάρι κυάλια.	θa iθèla na agorasso èna zèvgari kialia

Pharmacie *Φαρμακείο*

Vous reconnaîtrez les pharmacies à leur enseigne – une croix rouge ou verte illuminée la nuit. Dans la vitrine, vous pourrez voir une pancarte indiquant la pharmacie de garde la plus proche.

Pour les parfums et produits de beauté, allez dans un κατάστημα καλλυνακών (ka**tas**tima kalinndi**konn**).

Nous avons divisé ce chapitre en deux parties:

1. Pharmacie – médicaments, premiers soins etc.

2. Articles de toilette, produits de beauté

Généralités *Γενικά*

Où est la pharmacie de garde la plus proche?	Πού είναι το κοντινότερο (διανυκτερεύον) φαρμακείο;	pou inè to konndi**no**tèro (ðianiktè**rè**von) farma**ki**o
A quelle heure ouvre/ferme la pharmacie?	Τι ώρα ανοίγει/κλείνει το φαρμακείο;	ti **o**ra ani**yi/kli**ni to farma**ki**o

1—Médicaments *Φαρμακευτικά*

Je voudrais quelque chose contre...	Θέλω κάτι για ...	**thè**lo **ka**ti yia
coups de soleil	τα εγκαύματα ηλίου	ta è**ngghav**mata i**li**ou
le rhume/la toux	το κρυολόγημα/το βήχα	to krio**lo**yima/to **vi**kha
mal de ventre/indigestion	τη στομαχική ανωμαλία	ti stoma**khi**ki anoma**li**a
mal du voyage	τη ναυτία	ti naf**ti**a
piqûres d'insectes	τα τσιμπήματα εντόμων	ta tsi**mmbi**mata è**nndo**monn
rhume des foins	το αλλεργικό συνάχι	to alèr**yi**ko si**na**khi
Pouvez-vous me préparer cette ordonnance, s.v.p.?	Μπορείτε να μου ετοιμάσετε αυτή τη συνταγή;	bo**ri**tè na mou èti**ma**ssètè af**ti** ti sinnda**yi**
Puis-je l'obtenir sans ordonnance?	Μπορώ να το πάρω χωρίς συνταγή;	bo**ro** na to **pa**ro kho**riss** sinnda**yi**
Dois-je attendre?	Πρέπει να περιμένω;	**prè**pi na pèri**mè**no

MÉDECIN, voir page 137

Puis-je avoir...?	Μπορώ να έχω ...;	boro nakho
analgésique	μερικά παυσίπονα	mèrika pafsipona
aspirine	ασπιρίνες	aspirinèss
bandage	επίδεσμους	èpiðèsmouss
bandage élastique	ελαστικούς επίδεσμους	èlastikouss èpiðèsmouss
comprimés contre ...	... χάπια	khapia
contraceptifs	αντισυλληπτικά	anndissiliptika
coton hydrophile	βαμβάκι	vamvaki
crème antiseptique	αντισηπτική κρέμα	anndissiptiki krèma
crème/bombe contre les insectes	εντομοαπωθητικό/ εντομοκτόνο	ènndomoapoθitiko/ ènndomoktono
désinfectant	απολυμαντικό	apolimanndiko
emplâtres pour cors	έμπλαστρα για κάλους	èmblastra yia kalouss
gargarisme	υγρό για την πλύση του στόματος	igro yia tinn plissi tou stomatoss
gaze	αντισηπτικές γάζες	anndisiptikèss gazèss
gouttes pour le nez	σταγόνες για τη μύτη	stagonèss yia ti miti
gouttes pour les oreilles	σταγόνες για τα αυτιά	stagonèss yia taftia
gouttes pour les yeux	σταγόνες για τα μάτια	stagonèss yia ta matia
iode	ιώδιο	ioθio
laxatif	καθαρκτικό	kaθarktiko
pansements	τσιρότα	tsirota
pastilles contre la toux	παστίλιες για το βήχα	pastiliès yia to vikha
pastilles pour la gorge	παστίλιες για το λαιμό	pastiliès yia to lèmo
préservatifs	προφυλακτικά	profilaktika
serviettes hygiéniques	σερβιέτες υγείας	sèrviètèss iyiass
somnifère	υπνωτικά χάπια	ipnotika khapia
sparadrap	λευκοπλάστες	lèfkoplastèss
suppositoires	υπόθετα	ipoθèta
tampons hygiéniques	ταμπόν	tammbonn
thermomètre	ένα θερμόμετρο	èna θèrmomètro
tranquillisants	ηρεμιστικά	irèmistika
trousse de premiers secours	κουτί πρώτων βοηθειών	kouti protonn voïθionn
vitamines	βιταμίνες	vitaminèss

ΔΗΛΗΤΗΡΙΟ	POISON
ΓΙΑ ΕΞΩΤΕΡΙΚΗ ΧΡΗΣΗ ΜΟΝΟ	POUR USAGE EXTERNE

2—Cosmétiques *Καλλυντικά*

Je voudrais...	Θα ήθελα ...	θa íθela
astringent	μια στυπτική λοσιόν	mia stiptiki lossi**onn**
bain moussant	ένα αφρόλουτρο	èna afro**loutro**
blaireau	μια βούρτσα ξυρίσματος	mia **vourtsa** ksiris**matoss**
brosse à dents	μια οδοντόβουρτσα	mia o**δonndovourtsa**
brosse à ongles	ένα πινέλο για τα νύχια	èna pi**nèlo** yia ta **nikhia**
ciseaux à ongles	ένα ψαλιδάκι νυχιών	èna psaliδaki nikhi**onn**
coupe-ongles	ένα νυχοκόπτη	èna nikho**kopti**
crayon à sourcils	ένα μολύβι για τα φρύδια	èna molivi yia ta **friδia**
crème	μια κρέμα	mia **krèma**
à raser	μια κρέμα ξυρίσματος	mia **krèma** ksiris**matoss**
de nuit	μια κρέμα νυκτός	mia **krèma** nik**toss**
hydratante	μια υδατική κρέμα	mia iδa**tiki krèma**
nettoyante	ένα γαλάκτωμα καθαρισμού	èna galaktoma kaθaris**mou**
crème pour les mains/pieds	μια κρέμα για τα χέρια/πόδια	mia **krèma** yia ta **khèria**/**poδia**
crème solaire	μια κρέμα για τον ήλιο	mia **krèma** yia tonn ilio
démaquillant	βαμβάκι καθαρισμού του μακιγιάζ	vamvaki kaθaris**mou** tou makiyi**az**
dentifrice	μια οδοντόπαστα	mia o**δonndopasta**
déodorant	ένα αποσμητικό	èna aposmi**tiko**
dissolvant	ασετόν	assè**tonn**
eau de toilette	ω ντε τουαλέτ	o dè toua**lèt**
épingles de sûreté	παραμάνες	parama**nèss**
éponge	ένα σφουγγάρι	èna sfou**gghari**
eye-liner	ένα μολύβι για τα μάτια	èna molivi yia ta **matia**
fard à joues	ένα ρουζ	èna **rouz**
fond de teint	μια βάση	mia **vassi**
houpette	πομπόν	ponn**ponn**
huile solaire	ένα λάδι για τον ήλιο	èna laδi yia tonn ilio
lames de rasoir	ξυραφάκια για το ξύρισμα	ksirafakia yia to **ksirisma**
lime à ongles	μια λίμα νυχιών	mia **lima** nikhi**onn**
lotion après-rasage	μια λοσιόν για μετά το ξύρισμα	mia lossi**onn** yia mèta to **ksirisma**
mascara	μια μάσκαρα	mia **maskara**
mouchoirs en papier	χαρτομάντηλα	kharto**manndila**
ombre à paupières	σκιές για τα μάτια	ski**èss** yia ta **matia**

papier hygiénique	χαρτί υγείας	kharti iyiass
parfum	ένα άρωμα	èna aroma
pince à épiler	ένα τσιμπιδάκι για τα φρύδια	èna tsimmiδaki yia ta friδia
poudre	μια πούδρα	mia pouδra
rasoir	μια ξυριστική μηχανή	mia ksiristiki mikhani
rouge à lèvres	ένα κραγιόν	èna krayionn
savon	ένα σαπούνι	èna sapouni
sels de bain	άλατα μπάνιου	alata baniou
serviette	μια πετσέτα	mia pètsèta
stick-lèvres	μια κρέμα για τα χείλη	mia krèma yia ta khili
talc	ταλκ	talk
vernis à ongles	βερνίκι για τα νύχια	vèrniki yia ta nikhia

Pour vos cheveux Για τα μαλλιά σας

barrette	κοκκαλάκια	kokalakia
bigoudis	μπιχουτί	bighoudi
brosse à cheveux	μια βούρτσα μαλλιών	mia vourtsa malionn
coloration	μια ελαφριά βαφή	mia èlafria vafi
épingles à cheveux	φουρκέτες	fourkètèss
gel pour cheveux	ζελέ για τα μαλλιά	zelè yia ta malia
laque	μια λακ για τα μαλλιά	mia lak yia ta malia
lotion capillaire	ένα γαλάκτωμα για τα μαλλιά	èna galaktoma yia ta malia
peigne	μια χτένα	mia khtèna
perruque	μια περούκα	mia pèrouka
pinces à cheveux	τσιμπιδάκια	tsimmiδakia
shampooing colorant	ένα χρωμοσαμπουάν	èna khromosampouann
shampooing pour cheveux secs/gras	ένα σαμπουάν για ξηρά/λιπαρά μαλλιά	èna ssampouann yia ksira/lipara malia
shampooing sec	ένα στεγνό σαμπουάν	èna stègno sammpouann
teinture	μια βαφή	mia vafi

Pour bébé Για το παιδί

aliments pour bébé	παιδική τροφή	pèδiki trofi
biberon	ένα μπιμπερό	èna bibèro
couches	πάνες	panèss
tétine	μια πιπίλα	mia pipila

Photographie *Φωτογραφείο*

Je voudrais un appareil-photo...	Θέλω μια ... φωτογραφική μηχανή.	thèlo **mia**... fotografiki mikhani
automatique	αυτόματη	af**to**mati
bon marché	φθηνή	f**thi**ni
simple	απλή	a**pli**
Pouvez-vous me montrer des..., s.v.p.?	Μπορείτε να μου δείξετε μερικές ..., παρακαλώ;	borìtè na mou ðiksètè mèri**kèss**... parakalo
caméras	κινηματογραφικές μηχανές	kinimatografi**kèss** mikha**nèss**
caméscopes	βιντεοκάμερες	vidèo**ka**mèrèss
Je voudrais me faire faire des photos d'identité.	Θέλω να βγάλω μερικές φωτογραφίες διαβατηρίου.	thèlo na **vga**lo mèri**kèss** fotogra**fièss** ðiavatiriou

Pellicules *Φιλμ*

Je voudrais une pellicule pour cet appareil-photo.	Θα ήθελα ένα φιλμ γι' αυτή τη μηχανή.	ða i**thè**la **è**na film yia**fti** ti mikhani
noir et blanc	ασπρόμαυρο	aspromavro
couleur	έγχρωμο	**è**nnkhromo
pour négatifs couleurs	έγχρωμο αρνητικό	**è**nnkhromo arniti**ko**
pour diapositives	έγχρωμο σλάιντς	**è**nnkhromo **sla**ïds
bobine	ένα φιλμ σε ρολό	**è**na film ssè ro**lo**
cassette vidéo	μια βιντεοκασέτα	mia vidèoka**ssè**ta
chargeur	ένα φιλμ σε κασέτα	**è**na film ssè ka**ssè**ta
disque	ένα φιλμ σε δισκέτα	**è**na film ssè ði**skè**ta
24/36 poses	ένα εικοσιτεσσάρι/ τριανταεξάρι φιλμ	**è**na ikostè**ssa**ri/ triannda**è**ksari film
de cette taille	αυτό το μέγεθος	afto to **mè**yè**θo**ss
de ce numéro ASA/DIN	αυτό τον αριθμό ASA/DIN	afto tonn arithmo ASA/DIN
à grain fin	λεπτού κόκκου	**lè**ptou **ko**kkou
pour lumière artificielle	για τεχνητό φως	yia tèkhnito foss
pour lumière naturelle	για φως της ημέρας	yia foss tiss i**mè**rass
ultrarapide	υψηλής ταχύτητας	ipsi**liss** takhititass

Développement *Εμφάνιση*

Combien coûte le développement?	Πόσο κοστίζει η εμφάνιση;	**po**sso ko**sti**zi i èmfanisi

NOMBRES, voir page 147

Je voudrais... copies de chaque négatif.	Θέλω ... φωτογραφίες από κάθε αρνητικό.	thèlo... fotografièss apo kaθè arnitiko
en mat	ματ	mat
en brillant	γυαλιστερές	yialistèrèss
Quand les photos seront-elles prêtes?	Πότε θα είναι έτοιμες οι φωτογραφίες;	potè θa inè ètimèss i fotografièss

Accessoires et réparations Αξεσουάρ και επισκευές

Je voudrais...	Θέλω ...	thèlo
capuchon d'objectif	ένα κάλυμμα για τον φακό	èna kalima yia tonn fako
déclencheur	ένα ντεκλανσέ	èna dèklannssè
étui à appareil-photo	μια θήκη για φωτογραφική μηχανή	mia θiki yia fotografiki mikhani
filtre	ένα φίλτρο	èna filtro
pour noir et blanc	για ασπρόμαυρο	yia aspromavro
pour couleur	για έγχρωμο	yia ènnkhromo
flash (électronique)	ένα (ηλεκτρονικό) φλας	èna (ilèkhtroniko) flass
objectif	έναν φακό	ènan fako
téléobjectif	έναν τηλεφακό	ènan tilèfako
grand-angle	έναν ευρυγώνιο φακό	ènan evrigonio fako
pile	μια μπαταρία	mia bataria
Pouvez-vous réparer cet appareil-photo, s.v.p.?	Μπορείτε να φτιάξετε αυτή την φωτογραφική μηχανή;	borItè na ftiaksètè afti ti fotografiki mikhani
La pellicule est coincée.	Το φιλμ έχει κολλήσει	to film èkhi kolissi
Quelque chose ne va pas au niveau du/de la...	Κάτι δεν λειτουργεί καλά ...	kati ðèn litouryi kala
cellule (photo-électrique)	στο φωτόμετρο	sto fotomètro
compte-poses	στο μετρητή των φωτογραφιών	sto mètriti tonn fotografionn
glissière du flash	στην υποδοχή του φλας	stinn ipoðokhi tou flass
levier d'avancement	στο γύρισμα του φιλμ	sto yirisma tou film
objectif	στο φακό	sto fako
obturateur	στο διάφραγμα	sto ðiafragma
télémètre	στο αποστασιόμετρο	sto apostassiomètro

Divers *Διάφορα*

Souvenirs *Σουβενίρ (Ενθύμια)*

La Grèce vous offre un large choix de produits artisanaux, en particulier de tissages faits à la main, de poupées costumées, de chemisiers et de nappes brodées. La céramique et la bijouterie s'inspirent le plus souvent de modèles classiques. Les marchés aux puces proposent des antiquités très avantageuses, à commencer par toutes sortes d'objets de cuivre, de laiton, de bronze ou d'autres métaux. A noter que l'exportation des objets anciens est strictement contrôlée, et qu'il est pratiquement impossible de leur faire passer la frontière.

A l'intention de ceux qui aiment les fourrures délicates, la Grèce est réputée pour ses fourrures de martre, en particulier celles de la fouine.

argenterie	ασημικά	asi**mika**
backgammon	τάβλι	**tavli**
besace	ταγάρι	ta**g**ari
broderie	κέντημα	**kèn**dima
céramique	κεραμικά	kèra**mika**
chapelet	κομπολόι	komboloi
cloches en cuivre	χάλκινα κουδούνια	**khal**kina kou**d**ounia
couverture	κάλυμμα κρεβατιού	**kalima** krèvatiou
couverture de laine à poils longs	φλοκάτη	flokati
fourrure	γούνα	**g**ouna
huile d'olive	ελαιόλαδο	èlèola**d**o
icône	εικόνα	ikona
manteau de berger	κάπα	**ka**pa
miel	μέλι	**mè**li
objets en albâtre	είδη από αλάβαστρο	i**d**i apo alavastro
objets en bronze ou laiton	μπρούντζινα είδη	**b**roun**d**zina i**d**i
poupées en costume national (evzon)	κούκλες με εθνικές στολές (εύζωνος)	kouk**lèss** mè èth**nikèss** stolèss (èvzonoss)
poterie	είδη αγγειοπλαστικής	i**d**i angghioplasti**kiss**
tapis	χαλί	khali
tapis fait à la main	κιλίμι (χειροποίητο χαλί)	kilimi (khiropiito khali)
vin	κρασί	krasi

Disques—Cassettes Δίσκοι—Κασέτες

Je voudrais...	Θα ήθελα ...	θa iθèla
cassette	μια κασέτα	mia kassèta
cassette vidéo	μια βιντεοκασέτα	mia vidèokassèta
compact disc	ένα κόμπακτ ντισκ	èna kompakt disk
Avez-vous des disques de ...?	Έχετε δίσκους του/της ...;	èkhètè δiskouss tou/tiss
Puis-je écouter ce disque?	Μπορώ να ακούσω αυτό το δίσκο;	boro na akoussou afto to δisko
chanson folklorique	δημοτικό τραγούδι	δimotiko tragouδi
jazz	τζαζ	dzaz
musique classique	κλασική μουσική	klassiki moussiki
musique de chambre	μουσική δωματίου	moussiki δomatiou
musique folklorique	λαϊκή μουσική	laïki moussiki
musique instrumentale	ενόργανη μουσική	ènorgani moussiki
musique légère	ελαφρά μουσική	èlafra moussiki
musique pop	μουσική ποπ	moussiki pop
musique symphonique	μουσική ορχήστρας	moussiki orkhistrass

Jouets Παιχνίδια

Je voudrais un jouet/jeu...	Θα ήθελα ένα παιχνίδι ...	θa iθèla èna pèkhniδi
pour un garçon	για ένα αγόρι	yia èna agori
pour une fillette de cinq ans	για ένα πεντάχρονο κοριτσάκι	yia èna pènndakhrono koritsaki
ballon (de plage)	μια μπάλα (της παραλίας)	mia bala (tiss paraliass)
jeu de cartes	μια τράπουλα	mia trapoula
jeu d'échecs	ένα σκάκι	èna skaki
jeu de construction	μικρο-κατασκευές (με τουβλάκια)	mikrokataskèvèss (mè touvlakia)
jeu électronique	ένα ηλεκτρονικό παιχνίδι	èna ilèktroniko pèkhniδi
livre à colorier	ένα βιβλίο ζωγραφικής	èna vivlio zografikiss
ours en peluche	ένα αρκουδάκι	èna arkouδaki
patins à roulettes	πατίνια	patinia
poupée	μια κούκλα	mia koukla
seau et pelle	ένα κουβαδάκι και ένα φτυαράκι	èna kouvaδaki kè èna ftiaraki
tuba	έναν αναπνευστήρα	ènan anapnèfstira
voiture miniature	ένα αυτοκινητάκι	èna aftokinitaki

Votre argent: banques—devises

Dans les grandes banques, il y aura probablement quelqu'un qui parle français ou anglais. Dans la plupart des centres touristiques, vous trouverez des petits bureaux de change, surtout durant la saison estivale. Les cours ne devraient guère varier d'un bureau à l'autre, et normalement, vous obtiendrez un taux légèrement plus favorable pour les chèques de voyage et les eurochèques que pour l'argent liquide. Si possible, changez votre argent dans une banque plutôt que dans un hôtel, vous obtiendrez un taux plus avantageux. Emportez toujours votre passeport avec vous, et cherchez l'inscription *change* en caractères romains.

Les banques ouvrent du lundi au vendredi de 8h. à 13h. ou 14h. Cependant, les bureaux de change dans les banques peuvent parfois rester ouverts jusqu'à 19h. ou 20h., certains le sont même le samedi et le dimanche.

Le système monétaire grec est basé sur le drachme (en abrégé *drs*; en grec Δϱχ). Il y a des pièces de 1, 2, 5, 10, 20 et 50 drachmes, et des billets de 50, 100, 500, 1.000 et 5.000 drachmes.

Où est la banque la plus proche?	Πού είναι η κοντινότερη τράπεζα;	pou inè i konndinotèri trapèza
Où est le bureau de change le plus proche?	Πού είναι το κοντινότερο γραφείο συναλλάγματος;	pou inè to konndinotèro grafio sinalagmatoss

A la banque *Στην τράπεζα*

Je voudrais changer des francs français/belges/suisses.	Θέλω ν' αλλάξω μεϱικά φϱάγκα γαλλικά/βελγικά/ ελβετικά.	θèlo nalakso mèrika frannghga galika/vèlyka/ èlvètika

Je voudrais encaisser un chèque de voyage.	Θέλω να εξαργυρώσω ένα τράβελερς τσεκ.	thèlo na èksaryirosso èna travèlèrss tsèk
Quel est le taux?	Ποιά είναι η τιμή συναλλάγματος;	pia inè i timi sinalagmatoss
Quelle commisssion prenez-vous?	Πόση προμήθεια χρεώνετε;	possi promiθia khrèonètè
Puis-je toucher un chèque à ordre?	Μπορείτε να εξαργυρώσετε μια προσωπική επιταγή;	boritè na èksargirossètè mia prossopiki èpitayi
Pouvez-vous envoyer un télex à ma banque en France?	Μπορείτε να στείλετε ένα τέλεξ στην τράπεζά μου στη Γαλλία;	boritè na stilètè èna tèlèks sti trapèza mou sti galia
J'ai...	Έχω ...	èkho
carte de crédit	πιστωτική κάρτα	pistotiki karta
Eurochèques	Eurocheques	yiourotsèks
lettre de crédit	πιστωτική επιστολή	pistotiki èpistoli
J'attends de l'argent de Paris. Est-il arrivé?	Περιμένω κάτι. χρήματα. από τό Πάρισι. Μήπως έχουν φθάσει;	pèrimèno kati khrimata apo to parissi. miposs èkhounn fθassi
Donnez-moi des billets de... et de la monnaie, s.v.p.	Παρακαλώ δώστε μου ... χαρτ-ονομίσματα και μερικά ψιλά.	parakalo δostè mou ... khartonomismata kè mèrika psila
Donnez-moi... en grosses coupures et le reste en petites coupures, s.v.p.	Δώστε μου ... μεγάλα χαρτονομίσματα και τα υπόλοιπα μικρότερα.	δostè mou ... mègala khartonomismata kè ta ipolipa mikrotèra

Dépôts—Retraits Καταθέσεις–Ανάληψη

Je désire...	Θέλω να ...	thèlo na
ouvrir un compte	ανοίξω λογαριασμό	anikso logariasmo
retirer... drachmes	σηκώσω ... δραχμές	sikosso... drakhmèss
Où dois-je signer?	Πού να υπογράψω;	pou na ipograpso
Je voudrais verser ceci sur mon compte.	Θέλω να καταθέσω αυτά στο λογαριασμό μου.	thèlo na kataθèsso afta sto logariasmo mou

NOMBRES, voir page 147

Τράπεζα

Termes d'affaires *Εμπορικές εκφράσεις*

Je m'appelle...	Λέγομαι ...	**lè**gomè
Voici ma carte.	Ορίστε η κάρτα μου.	oristè i **ka**rta mou
J'ai rendez-vous avec...	Έχω ραντεβού με ...	èkho rann**dèvou** mè
Pouvez-vous me donner une estimation du coût?	Μπορείτε να μου δώσετε μια εκτίμηση των εξόδων;	borìtè na mou ðossètè **mia** è**kt**imissi tonn **èkso**ðonn
Quel est le taux d'inflation?	Πόσο είναι ο πληθωρισμός;	**po**sso inè o pliθori**smoss**
Pourriez-vous me procurer...?	Μπορείτε να μου βρείτε ...;	borìtè na mou **vri**tè
interprète	έναν/μια διερμηνέα	ènan/**mia** ðiermi**nèa**
ordinateur	έναν υπολογιστή	ènann ipoloyi**sti**
secrétaire	μια γραμματέα;	**mia** grama**tèa**
Où puis-je faire des photocopies?	Πού μπορώ να βγάλω φωτοτυπίες;	pou boro na **vga**lo fototi**pièss**

achat	η αγορά	i ago**ra**
action	η μετοχή	i mèto**khi**
bénéfice	το κέρδος	to **kèr**ðoss
capital	το κεφάλαιο	to kè**fa**lèo
chèque	η επιταγή	i èpita**yi**
contrat	το συμβόλαιο	to ssimvo**lèo**
dépenses	οι δαπάνες	i ða**pa**nèss
facture	το τιμολόγιο	to timolo**yio**
hypothèque	η υποθήκη	i ipo**θi**ki
intérêt	ο τόκος	o **to**koss
investissement	η επένδυση	i è**pèn**ðissi
paiement	η πληρωμή	i pliro**mi**
perte	η ζημιά	i zi**mia**
pourcentage	το ποσοστό	to posso**sto**
remise	η έκπτωση	i **èk**possi
solde	το ισοζύγιο	to isso**ziyio**
somme	το ποσό	to po**sso**
transfert	η μεταβίβαση	i mèta**vi**vassi
valeur	η αξία	i ak**sia**
vente	η πώληση	i **po**lissi

A la poste

Les bureaux de poste s'occupent des lettres, timbres, colis et mandats, mais pas des télégrammes ni des téléphones. On les reconnaît à l'enseigne EΛ.TA. Les heures d'ouverture sont variables, mais les bureaux de poste principaux sont généralement ouverts de 8h. du matin jusqu'à 8h. du soir, du lundi au vendredi. Vous pouvez aussi acheter des timbres dans les kiosques et les magasins de souvenirs, mais moyennant un supplément de 10%. Les boîtes aux lettres sont peintes en jaune, et si vous voulez envoyer des lettres en recommandé, ou des colis à l'étranger, ne les cachetez pas avant qu'ils n'aient été vérifiés au guichet par un employé.

Où est le bureau de poste le plus proche?	Πού είναι το κοντινότερο ταχυδρομείο;	pou inè to konndinotèro takhiðromio
A quelle heure ouvre/ferme la poste?	Τι ώρα ανοίγει/κλείνει το ταχυδρομείο;	ti ora aniyi/klini to takhiðromio
Un timbre pour cette lettre/carte postale, s.v.p.	Γραμματόσημα για αυτό το γράμμα/αυτή την κάρτα, παρακαλώ.	**grama**tossima yiafto to grama/yiafti tinn **k**arta parakalo
Un timbre à... drachmes, s.v.p.	Γραμματόσημα των ... δραχμών, παρακαλώ.	gramatossima tonn ... ðrakhmonn parakalo
Quel est le tarif pour une lettre pour le Canada?	Πόσο κοστίζει ένα γράμμα για τον Καναδά;	**p**osso **k**ostizi èna grama yia tonn kanaða
Quel est le tarif pour une carte postale pour la Suisse?	Πόσο κοστίζει μια κάρτα για Ελβετία;	**p**osso **k**ostizi **m**ia **k**arta yia èlvètia
Où est la boîte aux lettres?	Πού είναι το γραμματοκιβώτιο;	pou inè to gramatokivotio
Je voudrais envoyer ce paquet.	Θέλω να στείλω αυτό το δέμα.	θèlo na **st**ilo afto to ðèma
Je voudrais envoyer ceci...	Θέλω να στείλω αυτό ...	θèlo na **st**ilo afto

en recommandé	συστημένο	ssistimèno
par avion	αεροπορικώς	aèroporikoss
par exprès	εξπρές (ειδική παράδοση)	èksprèss (iðiki paraðossi)
A quel guichet puis-je encaisser un mandat postal international, s.v.p.?	Σε ποιό γκισέ μπορώ να εξαργυρώσω μια διεθνή ταχυδρομική επιταγή;	ssè pio gghissè boro na èksaryirosso mia ðièθni takhiðromiki èpitayi
Où est la poste restante?	Πού είναι τα ποστ-ρεστάντ;	pou inè ta post-rèstante
Y a-t-il du courrier pour moi? Je m'appelle...	Υπάρχουν γράμματα για μένα; Λέγομαι ...	iparkhounn gramata yia mèna. lègomè

ΓΡΑΜΜΑΤΟΣΗΜΑ	TIMBRES
ΔΕΜΑΤΑ	COLIS
ΖΑΧΥΔΡΟΜΙΚΕΣ ΕΠΙΤΑΓΕΣ	MANDATS

Télécommunications *Τηλεπικοινωνίες*

Chaque ville possède un Office Grec des Télécommunications (OTE) et c'est là qu'on doit se rendre pour téléphoner ou envoyer des télégrammes, au cas où votre hôtel ne soit pas équipé pour celà.

On trouve des cabines téléphoniques publiques un peu partout dans les villes. Les bleues sont pour les appels locaux uniquement, tandis que les oranges vous permettent d'appeler en automatique dans d'autres villes grecques ainsi que dans les pays étrangers reliés au réseau international. Vous trouverez des instructions clairement écrites en français.

Télégrammes—Télex—Téléfax *Τηλεγραφήματα—Τέλεζ—Φαξ*

Je voudrais envoyer un télégramme/un télex.	Θέλω να στείλω ένα τηλεγράφημα/τέλεξ.	θèlo na stilo èna tilègrafima/tèlèks
Puis-je avoir un formulaire, s.v.p.?	Μου δίνετε ένα έντυπο, παρακαλώ;	mou ðinètè èna ènndipo parakalo
Quel est le tarif par mot?	Πόσο κοστίζει η λέξη;	posso kostizi i lèksi

| Combien de temps met un télégramme pour arriver à... ? | Πόσο χρόνο θα πάρει ένα τηλεγράφημα στη ...; | posso khrono θa pari èna tilègrafima sti |
| Combien coûtera ce téléfax? | Πόσο θα κοστίσει αυτό το φαξ; | posso θa kostissi afto to faks |

Téléphone *Τηλεφωνώντας*

Où est le téléphone?	Πού είναι το τηλέφωνο;	pou inè to tilèfono
Je voudrais un jeton de téléphone, s.v.p.	Θα ήθελα ένα κέρμα για το τηλέφωνο.	θa iθèla èna kèrma yia to tilèfono
Où est la cabine téléphonique la plus proche?	Πού είναι ο κοντινότερος τηλεφωνικός θάλαμος;	pou inè o konndinotèross tilèfonikoss θalamoss
Puis-je utiliser votre téléphone?	Μπορώ να χρησιμοποιήσω το τηλέφωνό σας;	boro na khrisimopiisso to tilèfono sass
Avez-vous un annuaire téléphonique pour Athènes?	Έχετε τηλεφωνικό κατάλογο της Αθήνας;	èkhètè tilèfoniko katalogo tiss aθinass
Je voudrais téléphoner... en France.	Θέλω να τηλεφωνήσω στο ... στη Γαλλία.	θèlo na tilèfonisso sto... sti galia
Quel est l'indicatif pour... ?	Ποιός είναι ο τηλεφωνικός κωδικός για ... ;	pioss inè o tilèfonikoss koδikoss yia
Comment obtient-on le service international?	Ποιόν αριθμό πρέπει να πάρω για τις διεθνείς πληροφορίες;	pionn ariθmo prèpi na paro yia tiss δièθniss pliroforièss

Opérateur/opératrice *Χειριστής*

Je voudrais le 12 34 56 à Patras?	Θέλω Πάτρα 12 34 56.	θèlo patra 12 34 56
Pourriez-vous m'aider à obtenir ce numéro, s.v.p.?	Μπορείτε να με βοηθήσετε να πάρω αυτό τον αριθμό;	boritè na mè voïθissètè na paro afto tonn ariθmo
Je voudrais une communication avec préavis.	Θα ήθελα να κάνω μια προσωπική κλήση.	θa iθèla na kano mia prossopiki klissi

| Je voudrais téléphoner en P.C.V. | Θα ήθελα να κάνω μια κλήση πληρωτα από τον παραλήπτη. | θa iθèla na kano mia klissi plirotèa apo tonn paralipti |

Au téléphone *Μιλώντας στο τηλέφωνο*

Allô.	Εμπρός.	èmmbros
Allô. C'est... à l'appareil.	Γειά σας. Είμαι ο/η ...	yiassass. imè o/i
Je voudrais parler à...	Θα ήθελα να μιλήσω με ...	θa iθèla na milisso mè
Le poste...	Εσωτερικό ...	èssotèriko
Parlez plus fort/plus lentement, s.v.p.	Μιλάτε πιο δυνατά/πιο αργά, παρακαλώ.	milatè pio δinata/pio arga, parakalo

Pas de chance *Κακή τύχη*

Pourriez-vous rappeler un peu plus tard, s.v.p.?	Μπορείτε να δοκιμάσετε πάλι αργότερα, παρακαλώ;	boritè na δokimassètè pali argotèra parakalo
Monsieur/Madame, vous m'avez donné un faux numéro.	Κύριε/Κυρία, μου δώσατε λάθος αριθμό.	kiriè/kiria mou δossatè laθoss ariθmo
Monsieur/Madame, nous avons été coupés.	Κύριε/Κυρία, κόπηκε η γραμμή.	kiriè/kiria kopikè i grami

Code d'épellation Τηλεφωνικό αλφάβητο

A	alèksaanδross		N	nikolaoss
B	vassilioss		Ξ	ksènofonn
Γ	yèoryioss		O	oδissèfss
Δ	δimitrioss		Π	pèrikliss
E	èlèni		P	roδoss
Z	zoï		Σ	sotirioss
H	irakliss		T	timolèonn
Θ	θèoδoross		Y	ipsilanndiss
I	ioaniss		Φ	fotioss
K	konnstanndinoss		X	khristoss
Λ	lèoniδass		Ψ	psaltiss
M	mènèlaoss		Ω	omèga

NOMBRES, voir page 147

La personne n'est pas là *Δεν είναι εκεί*

Quand sera-t-il/elle de retour?	Πότε θα επιστρέψει;	potè θa èpistrèpsi
Pouvez-vous lui dire que j'ai appelé? Je m'appelle...	Μπορείτε να του/της πείτε ότι τηλεφώνησα; Το όνομά μου είναι ...	boritè na tou/tiss pitè oti tilèfonissa. to onoma mou inè
Pourriez-vous lui demander de me rappeler? Mon numéro est...	Μπορείτε να του/της πείτε να μου τηλεφωνήσει; Το τηλέφωνό μου είναι ...	boritè na tou/tiss pitè na mou tilèfonissi. to tilèfono mou inè
Pourriez-vous prendre un message, s.v.p.	Μπορώ να αφήσω ένα μήνυμα, παρακαλώ;	boro nafisso èna minima parakalo

Taxes *Κόστος*

| Quel est le coût de cette communication? | Πόσο κόστισε αυτό το τηλεφώνημα; | posso kostissè afto to tilèfonima |
| Je voudrais payer la communication. | Θέλω να πληρώσω για το τηλεφώνημα. | θèlo na plirosso yia to tilèfonima |

Έχετε τηλέφωνο.	Il y a un appel pour vous.
Τι αριθμό καλέσατε;	Quel numéro demandez-vous?
Η γραμμή είναι κατειλημμένη.	C'est occupé.
Δεν απαντάει.	Il n'y a pas de réponse/personne.
Πήρατε λάθος αριθμό.	Vous avez fait un faux numéro.
Το τηλέφωνο είναι χαλασμνο.	Le téléphone est en dérangement
Μια στιγμή.	Un moment.
Περιμένετε, παρακαλώ.	Ne quittez pas, s.v.p.
Λείπει αυτή τη στιγμή.	Il/elle est absent(e) pour le moment.

Médecin

Assurez-vous que votre assurance médicale couvre tout type d'accident ou de maladie durant vos vacances. Sinon, demandez une assurance médicale spéciale à votre représentant d'assurance, à votre automobile-club ou à votre agence de voyages.

Généralités *Γενικά*

Pouvez-vous m'appeler un médecin?	Μπορείτε να μου βρείτε ένα γιατρό;	boritè na mou **vritè èna** yiatro
Y a-t-il un médecin ici?	Υπάρχει εδώ κοντά γιατρός;	iparkhi èðo konn**da** yiatross
J'ai besoin d'un médecin, vite.	Χρειάζομαι ένα γιατρό γρήγορα.	khriazomè èna yiatro **gri**gora
Où puis-je trouver un médecin qui parle français?	Πού μπορώ να βρω ένα γιατρό που μιλά Γαλλικά;	pou boro na vro èna yiatro pou mila galika
Où est le cabinet de consultation?	Πού είναι το ιατρείο;	pou inè to iatrio
Quelles sont les heures de consultation au cabinet?	Ποιές είναι οι ώρες επισκέψεων;	pièss inè i orèss èpiskèpsèonn
Le médecin pourrait-il venir me voir?	Θα μπορούσε ο γιατρός να έρθει να με δει εδώ;	θa boroussè o yiatross na èrθi na mè ði èðo
A quelle heure le médecin peut-il venir?	Τι ώρα μπορεί να έρθει ο γιατρός;	ti ora bori na èrθi o yiatross
Pouvez-vous me recommander...?	Μπορείτε να μου συστήσετε ...;	boritè na mou sistiss**è**tè
généraliste	έναν παθολόγο	ènann paθo**lo**go
pédiatre	έναν παιδίατρο	ènan pè**ði**atro
oculiste	έναν οφθαλμίατρο	ènan ofθalmiatro
gynécologue	έναν γυναικολόγο	èna yinèkologo
Puis-je avoir un rendez-vous...?	Μπορώ να κλείσω ραντεβού ... ;	boro na klisso rannd**è**vou
demain	αύριο	avrio
dès que possible	όσο το δυνατό συντομότερα	osso to ðina**to** ssinndo**mo**tèra

PHARMACIE, voir page 121

Parties du corps *Μέρη του σώματος*

amygdales	οι αμυγδαλές	i amiɡðalèss
appendice	η σκωληκοειδής απόφυση	i skolikoiðiss apofissi
articulation	η άρθρωση	i arθrossi
bouche	το στόμα	to stoma
bras	το χέρι	to khèri
colonne vertébrale	η σπονδυλική στήλη	i sponðiliki stili
côte	το πλευρό	to plèvro
cou	ο σβέρκος	o svèrkoss
cuisse	ο μηρός	o miross
cœur	η καρδιά	i karðia
doigt	το δάχτυλο	to ðakhtilo
dos	η πλάτη	i plati
épaule	ο ώμος	o omoss
estomac	το στομάχι	to stomakhi
foie	το συκώτι	to ssikoti
genou	το γόνατο	to ɡonato
glande	ο αδένας	o aðènass
gorge	ο λαιμός	o lèmoss
œil	το μάτι	to mati
intestins	το έντερο	to ènndèro
jambe	το πόδι	to poði
langue	η γλώσσα	i ɡlossa
lèvre	το χείλος	to khiloss
ligament	ο σύνδεσμος	o sinnðèsmoss
mâchoire	το σαγόνι	to saɡoni
main	το χέρι	to khèri
muscle	ο μυς	o miss
nerf	το νεύρο	to nèvro
nez	η μύτη	i miti
oreille	το αυτί	to afti
organes génitaux	τα γεννητικά όργανα	ta yènitika organa
orteil	το δάχτυλο ποδιού	to ðakhtilo poðiou
os	το κόκκαλο	to kokalo
peau	το δέρμα	to ðèrma
pied	το πόδι	to poði
poitrine	ο θώρακας	o θorakass
pouce	ο αντίχειρας	o anndikhirass
poumon	ο πνεύμονας	o pnevmonass
sein	το στήθος	to stiθoss
tendon	ο τένοντας	o tènonndass
tête	το κεφάλι	to kèfali
veine	η φλέβα	i flèva
vessie	η ουροδόχος κύστη	i ouroðokhoss kisti
visage	το πρόσωπο	to prossopo

Accidents—Blessures *Ατύχημα*

Il y a eu un accident.	Έγινε ένα δυστύχημα.	èyine èna ðistikhima
Mon enfant a fait une chute.	Το παιδί μου έπεσε κάτω.	to pèði mou èpèssè kato
Il/elle s'est fait mal à la tête.	Χτύπησε το κεφάλι του/της.	khtipissè to kèfali tou/tiss
Il/elle a perdu connaissance.	Έχασε τις αισθήσεις του/της.	èkhassè tiss èsθississ tou/tiss
Il/elle saigne abondamment.	Έχει μεγάλη αιμορραγία.	èkhi mègali èmorayia
Il/elle est (sérieusement) blessé.	Είναι (σοβαρά) τραυματισμένος/-η.	inè (sovara) travmatismènoss/-i
Il/elle a le bras cassé.	Έσπασε το χέρι του/της.	èspassè to khèri tou/tiss
Il/elle a la cheville enflée.	Πρήστηκε ο αστράγαλός του/της.	pristikè o astragaloss tou/tiss
J'ai été piqué(e).	Κάτι με τσίμπησε.	kati mè tsimmbissè
J'ai quelque chose dans l'œil.	Έχω κάτι στο μάτι μου.	èkho kati sto mati mou
J'ai...	Έχω ...	èkho
ampoule	μια φουσκάλα	mia fouskala
blessure	μια πληγή	mia pliyi
bosse	ένα εξόγκωμα	èna èksonngghoma
brûlure	ένα έγκαυμα	èna ènngghavma
coupure	ένα κόψιμο	èna kopsimo
ecchymose	μια μελανιά	mia mèlania
écorchure	ένα γδάρσιμο	èna ðarsimo
enflure	ένα πρήξιμο	èna priksimo
éruption	ένα εξάνθημα	èna èksannθima
furoncle	ένα σπυρί	èna spiri
piqûre d'insecte	ένα τσίμπημα από έντομο	èna tsimmbima apo ènndomo
Pourriez-vous l'examiner?	Μπορείτε να το εξετάσετε;	borritè na to èksètassètè
Je ne peux pas bouger le/la/les...	Δεν μπορώ να κουνήσω το ... μου.	ðèn boro na kounisso to ... mou
Ça me fait mal.	Πονάει.	ponaï

Πού πονάτε;	Où avez-vous mal?
Τι είδους πόνους έχετε;	Quel genre de douleur éprouvez-vous?
υπόκωφους/οξείς/σουβλιές	sourde/aiguë/lancinante
σταθερούς/που έρχονται και φεύγουν	persistante/intermittente
Είναι ...	C'est...
σπασμένο/στραμπουληγμένο	cassé/foulé
εξαρθρωμένο/σχισμένο	disloqué/déchiré
Θέλω να κάνετε μια ακτινογραφία.	J'aimerais vous faire passer une radio.
Πρέπει να βάλουμε γύψο.	Il faudra vous plâtrer.
Έχει μολυνθεί.	C'est infecté.
Έχετε κάνει εμβόλιο για τον τέτανο;	Avez-vous été vacciné contre le tétanos?
Θα σας δώσω παυσίπονο.	Je vais vous donner un analgésique/anti-douleur.

Maladies *Αρρώστια*

Je ne me sens pas bien.	Δεν αισθάνομαι καλά.	ðèn èsθanomè kala
Je suis malade.	Είμαι άρρωστος/-η.	imè arostoss/-i
J'ai...	Αισθάνομαι ...	èsθanomè
des frissons	ρίγη	riyi
des nausées	ναυτία	naftia
des vertiges	ζαλάδες	zalaðèss
J'ai de la fièvre.	Έχω πυρετό.	èkho pirèto
J'ai 38 de fièvre.	Έχω 38 βαθμούς πυρετό.	èkho 38 va**θmouss** pirè**to**
J'ai vomi.	Έκανα εμετό.	èkana èmè**to**
Je suis constipé(e).	Έχω δυσκοιλιότητα.	èkho ðiskiliotita
J'ai la diarrhée.	Έχω διάρροια.	èkho ðiaria
J'ai...	Έχω ...	èkho
asthme	άσθμα	asθma
crampes	κράμπες	**krammbèss**
indigestion	βαρυστομαχιά	varistomakhia

insolation	ηλίαση	iliassi
mal à l'oreille	πόνο στο αυτί	pono sto afti
mal au dos	πόνο στην πλάτη	pono stinn plati
mal de gorge	πονόλαιμο	ponolèmo
mal d'estomac	πόνο στο στομάχι	pono sto stomakhi
mal de tête	πονοκέφαλο	ponokèfalo
palpitations	ταχυπαλμία	takhipalmia
rhumatismes	ρευματισμούς	rèvmatismouss
rhume	κρυώσει	kriossi
rhume des foins	αλλεργικό συνάχι	allèryiko sinakhi
saignement de nez	αιμορραγία στη μύτη	èmorayia sti miti
torticolis	πόνο στον αυχένα	pono stonn afkhèna
toux	βήχα	vikha
J'ai du mal à respirer.	Έχω δυσκολία στην αναπνοή.	èkho ðiskolia stinn anapnoï
J'ai des douleurs dans la poitrine.	Έχω πόνους στο στήθος.	èkho ponouss sto stiθoss
J'ai eu une crise cardiaque il y a... ans.	Έχω πάθει καρδιακή προσβολή πριν από ... χρόνια.	èkho paθi karðiaki prosvoli prinn apo... khronia
Ma tension est trop élevée/trop basse.	Η πίεσή μου είναι πολύ υψηλή/πολύ χαμηλή.	i pièssi mou inè poli psili/ poli khamili
Je suis allergique à...	Είμαι αλλεργικός/-ή στο ...	imè allèryikoss/-i sto
Je suis diabétique.	Είμαι διαβητικός/-ή.	imè ðiavitikoss/-i

Chez le gynécologue *Γυναικείο παράρτημα*

J'ai des règles douloureuses.	Έχω πόνους της περιόδου.	èkho ponouss tiss pèriodou
J'ai une infection vaginale.	Έχω φλεγμονή στον κόλπο.	èkho flègmoni stonn kolpo
Je prends la pilule.	Παίρνω αντι- συλληπτικά χάπια.	pèrno anndisiliptika khapia
Je n'ai pas eu mes règles depuis deux mois.	Δεν έχω περίοδο εδώ και 2 μήνες.	ðèn èkho pèriodo èdo kè 2 minèss
Je suis enceinte (de 3 mois).	Είμαι (3 μηνών) έγκυος.	imè (3 minonn) ènngghioss

Από πότε αισθάνεστε έτσι;	Depuis combien de temps éprouvez-vous ces troubles?
Είναι η πρώτη φορά που αισθάνεστε έτσι;	Est-ce la première fois que vous en souffrez?
Θα μετρήσω την θερμοκρασία/πίεσή σας.	Je vais prendre votre température/tension.
Σηκώστε το μανίκι σας, παρακαλώ.	Relevez votre manche, s.v.p.
Γδυθείτε παρακαλώ (μέχρι τη μέση).	Déshabillez-vous (jusqu'à la ceinture), s.v.p.
Παρακαλώ ξαπλώστε εδώ.	Allongez-vous là, s.v.p.
Ανοίξτε το στόμα σας.	Ouvrez la bouche.
Αναπνεύστε βαθιά.	Respirez à fond.
Βήξτε, παρακαλώ.	Toussez, s.v.p.
Πού πονάτε;	Où avez-vous mal?
Έχετε ...	Vous avez...
σκωληκοειδίτιδα	appendicite
κυστίτιδα	cystite
γαστρίτιδα	gastrite
γρίππη	grippe
φλεγμονή από ...	inflammation de...
τροφική δηλητηρίαση	intoxication alimentaire
ίκτερο	jaunisse
αφροδισιακό νόσημα	maladie vénérienne
πνευμονία	pneumonie
ιλαρά	rougeole
(Δεν) είναι μεταδοτικό.	C'est (ce n'est pas) contagieux.
Είναι αλλεργία.	C'est une allergie.
Θα σας κάνω μια ένεση.	Je vais vous faire une piqûre.
Θέλω δείγμα από το αίμα/κόπρανα/ούρα σας.	Je voudrais un prélèvement de sang/de selles/d'urine.
Πρέπει να μείνετε στο κρεβάτι για ... ημέρες.	Vous devez garder le lit pendant... jours.
Θα ήθελα να δείτε έναν ειδικό.	Vous devriez consulter un spécialiste.
Θα ήθελα να πάτε στο νοσοκομείο για μια γενική εξέταση.	J'aimerais que vous alliez à l'hôpital pour un bilan de santé.

Ordonnance—Traitement Συνταγή –Θεραπειά

Voici mon médicament habituel.	Αυτό είναι το συνηθισμένο φάρμακό μου.	afto inè to siniθismèno farmako mou
Pourriez-vous me donner une ordonnance pour ceci?	Μπορείτε να μου δώσετε συνταγή γι' αυτό;	boritè na mou dosètè sinndayi yiafto
Pouvez-vous me prescrire...?	Μπορείτε να μου γράψετε ...;	boritè na mou grapsètè
antidépressif	ένα φάρμακο κατά της μελαγχολίας	èna farmako kata tiss mèlannggholiass
somnifère	μερικά υπνωτικά	mèrika ipnotika
tranquillisant	ένα ηρεμιστικό	èna irèmistiko
Je suis allergique à certains antibiotiques/à la pénicilline.	Είμαι αλλεργικός/-ή σε ορισμένα αντιβιοτικά/στην πενικιλλίνη.	imè alèryikoss sè orismèna anndiviotika/stinn pènikilini
Combien de fois par jour faut-il le prendre?	Πόσες φορές την ημέρα πρέπει να το παίρνω;	possèss forèss tinn imèra prèpi na to pèrno
Dois-je les avaler (sans les croquer)?	Πρέπει να τα καταπίνω ολόκληρα;	prèpi na ta katapino oloklira

Τι θεραπεία κάνετε;	Quel traitement suivez-vous?
Τι φάρμακα παίρνετε;	Quels médicaments prenez-vous?
Σαν ένεση ή χάπια;	En piqûre ou par voie orale?
Να παίρνετε ... κουταλάκια από αυτό το φάρμακο ...	Prenez... cuillerées à café de ce médicament...
Να παίρνετε ένα χάπι με ένα ποτήρι νερό ...	Prenez un comprimé avec un verre d'eau...
κάθε ... ώρες	toutes les... heures
... φορές την ημέρα	... fois par jour
πριν/μετά από κάθε γεύμα	avant/après les repas
το πρωί/το βράδυ	le matin/le soir
όταν αισθάνεστε πόνους	en cas de douleurs
για ... μέρες	pendant... jours

PHARMACIE, voir page 121

Honoraires *Αμοιβή*

Combien vous dois-je?	Τι σας οφείλω;	ti sass ofilo
Puis-je avoir un reçu pour mon assurance médicale?	Μπορώ να έχω απόδειξη για την ασφάλιση υγείας;	boro na èkho apoðiksi yia tinn asfalissi iyiass
Puis-je avoir un certificat médical?	Μπορώ να έχω μια ιατρική βεβαίωση;	boro na èkho mia iatriki vèvèossi
Pourriez-vous remplir cette feuille de maladie, s.v.p.?	Μπορείτε να συμπληρώσετε αυτή την ασφαλιστική αίτηση, παρακαλώ;	boritè na simblirossètè afti tinn asfalistiki ètissi parakalo

Hôpital *Νοσοκομείο*

Pourriez-vous prévenir ma famille, s.v.p.?	Παρακαλώ ειδοποιήστε την οικογένειά μου.	parakalo iðopiistè tinn ikoyènia mou
Quelles sont les heures de visite?	Ποιές είναι οι ώρες επισκέψεως;	pièss inè i orèss èpiskèpsèoss
Quand pourrai-je me lever?	Πότε μπορώ να σηκωθώ;	potè boro na sikoθo
Quand le médecin doit-il passer?	Πότε θα έρθει ο γιατρός;	potè θa èrθi o yiatross
J'ai mal/je souffre.	Έχω πόνους.	èkho ponouss
Je ne peux pas manger/dormir.	Δεν μπορώ να φάω/κοιμηθώ.	dèn boro na fao/kimiθo
Où est la sonnette?	Πού είναι το κουδούνι;	pou inè to kouðouni

infirmière	η νοσοκόμα	i nossokoma
patient	ο/η άρρωστος	o/i arostoss
anesthésique	η νάρκωση	i narkossi
transfusion sanguine	η μετάγγιση αίματος	i mètannghissi èmatoss
opération	η εγχείρηση	i ènnghirissi
piqûre	η ένεση	i ènèssi
bassin	το ουροδοχείο	to ouroðokhio
lit	το κρεβάτι	to krèvati
thermomètre	το θερμόμετρο	to θèrmomètro

Dentiste Οδοντίατρος

Pouvez-vous me recommander un bon dentiste?	Μπορείτε να μου συστήσετε έναν καλό οδοντίατρο;	borité na mou sistissètè ènan kalo oðonnndiatro
Puis-je prendre un rendez-vous (urgent) avec le docteur...?	Μπορώ να κλείσω ένα (επείγον) ραντεβού για να δώ το γιατρό ...;	boro na klisso èna (èpigonn) ranndèvou yia na ðo to yiatro
Ne pourriez-vous pas me prendre plus tôt?	Μπορείτε να το κάνετε πιο σύντομα;	borité na to kanètè pio sinndoma
Je me suis cassé une dent.	Έχω ένα σπασμένο δόντι.	èkho èna spasmèno ðonnndi
J'ai mal aux dents.	Έχω πονόδοντο.	èkho ponodonnndo
J'ai un abcès.	Έχω ένα απόστημα	èkho èna apostima
Cette dent me fait mal.	Αυτό το δόντι με πονά.	afto to ðonnndi mè pona
en haut	στην κορυφή	stinn korifi
en bas	στη ρίζα	sti riza
devant	εμπρός	èmmbross
derrière	πίσω	pisso
Pouvez-vous me faire un traitement provisoire?	Μπορείτε να το σφραγίσετε προσωρινά;	borité na to sfrayissètè prossorina
Je ne veux pas que vous me l'arrachiez.	Δεν θέλω να το βγάλετε.	ðèn thèlo na to vgalètè
Pourriez-vous me faire une anesthésie locale?	Μπορείτε να μου κάνετε μια αναισθητική ένεση;	borité na mou kanètè mia anèsthitiki ènèssi
J'ai perdu un plombage.	Έφυγε ένα σφράγισμα.	èfiyè èna sfrayisma
Mes gencives...	Τα ούλα μου ...	ta oula mou
me font très mal	είναι ερεθισμένα	inè èrèthismèna
saignent	αιμορραγούν	èmoragounn
J'ai cassé mon dentier.	Έσπασα την οδοντοστοιχία μου.	èspassa tinn oðonnndostikhia mou
Pouvez vous réparer mon dentier?	Μπορείτε να διορθώσετε την οδοντοστοιχία μου;	borité na ðiorthossètè tinn oðonnndostikhia mou
Quand sera-t-il prêt?	Πότε θα είναι έτοιμη;	potè θa inè ètimi

Renseignements divers

D'où venez-vous? *Από πού είστε;*

Afrique	Αφρική	afriki
Amérique du Nord	Βόρεια Αμερική	voria amèriki
Amérique du Sud	Νότια Αμερική	notia amèriki
Asie	Ασία	assia
Europe	Ευρώπη	evropi

Afrique du Sud	Νότια Αφρική	notia afriki
Algérie	Αλγερία	alyèria
Allemagne	Γερμανία	yèrmania
Angleterre	Αγγλία	anngghlia
Australie	Αυστραλία	afstralia
Autriche	Αυστρία	afstria
Belgique	Βέλγιο	vèlyio
Canada	Καναδάς	kanaðass
Chine	Κίνα	kina
Danemark	Δανία	ðania
Ecosse	Σκωτία	skotia
Espagne	Ισπανία	ispania
Etats-Unis	Ηνωμένες Πολιτείες	inomènèss politièss
Finlande	Φινλανδία	finnlannðia
France	Γαλλία	galia
Grande-Bretagne	Μεγάλη Βρετανία	mègali vrètania
Grèce	Ελλάδα	èlaða
Inde	Ινδία	innðia
Irlande	Ιρλανδία	irlannðia
Israël	Ισραήλ	israïl
Italie	Ιταλία	italia
Japon	Ιαπωνία	iaponia
Luxembourg	Λουξεμβούργο	louksèmvourgo
Maroc	Μαρόκο	maroko
Norvège	Νορβηγία	norviyia
Nouvelle-Zélande	Νέα Ζηλανδία	nèa zilannðia
Pays-Bas	Ολλανδία	olannðia
Portugal	Πορτογαλία	portogalia
Russie	Ρωσσία	rossia
Suède	Σουηδία	souïðia
Suisse	Ελβετία	èlvètia
Tunisie	Τυνησία	tinissia
Turquie	Τουρκία	tourkia
Ukraine	Ουκρανία	oukrania

Nombres *Αριθμοί*

0	μηδέν	miðènn
1	ένα	èna
2	δύο	ðio
3	τρία	tria
4	τέσσερα	tèssèra
5	πέντε	pèndè
6	έξι	èksi
7	επτά	èpta
8	οκτώ	okto
9	εννιά	ènia
10	δέκα	ðèka
11	έντεκα	ènndèka
12	δώδεκα	ðoðèka
13	δεκατρία	ðèkatria
14	δεκατέσσερα	ðèkatèssèra
15	δεκαπέντε	ðèkapèndè
16	δεκαέξι	ðèkaèksi
17	δεκαεπτά	ðèkaèpta
18	δεκαοκτώ	ðèkaokto
19	δεκαεννιά	ðèkaènia
20	είκοσι	ikossi
21	είκοσι ένα	ikossi èna
22	είκοσι δύο	ikossi ðio
23	είκοσι τρία	ikossi tria
24	είκοσι τέσσερα	ikossi tèssèra
25	είκοσι πέντε	ikossi pèndè
26	είκοσι έξι	ikossi èksi
27	είκοσι επτά	ikossi èpta
28	είκοσι οκτώ	ikossi okto
29	είκοσι εννιά	ikossi ènia
30	τριάντα	triannda
31	τριάντα ένα	triannda èna
32	τριάντα δύο	triannda ðio
33	τριάντα τρία	triannda tria
40	σαράντα	sarannda
41	σαράντα ένα	sarannda èna
42	σαράντα δύο	sarannda ðio
43	σαράντα τρία	sarannda tria
50	πενήντα	pèninnda
51	πενήντα ένα	pèninnda èna
52	πενήντα δύο	pèninnda ðio
53	πενήντα τρία	pèninnda tria
60	εξήντα	èksinnda
61	εξήντα ένα	èksinnda èna
62	εξήντα δύο	èksinnda ðio

63	εξήντα τρία	èksinnda tria
70	εβδομήντα	èvðominnda
71	εβδομήντα ένα	èvðominnda èna
72	εβδομήντα δύο	èvðominnda ðio
73	εβδομήντα τρία	èvðominnda tria
80	ογδόντα	ogðonnda
81	ογδόντα ένα	ogðonnda èna
82	ογδόντα δύο	ogðonnda ðio
83	ογδόντα τρία	ogðonnda tria
90	ενενήντα	ènèninnda
91	ενενήντα ένα	ènèninnda èna
92	ενενήντα δύο	ènèninnda ðio
93	ενενήντα τρία	ènèninnda tria
100	εκατό	èkato
101	εκατόν ένα	èkatonn èna
102	εκατόν δύο	èkatonn ðio
110	εκατόν δέκα	èkatonn ðèka
120	εκατόν είκοσι	èkatonn ikossi
130	εκατόν τριάντα	èkatonn triannda
140	εκατόν σαράντα	èkatonn sarannda
150	εκατόν πενήντα	èkatonn pèninnda
160	εκατόν εξήντα	èkatonn èksinnda
170	εκατόν εβδομήντα	èkatonn èvðominnda
180	εκατόν ογδόντα	èkatonn ogðonnda
190	εκατόν ενενήντα	èkatonn ènèninnda
200	διακόσια	ðiakossia
300	τριακόσια	triakossia
400	τετρακόσια	tètrakossia
500	πεντακόσια	pèndakossia
600	εξακόσια	èksakossia
700	επτακόσια	èptakossia
800	οκτακόσια	oktakossia
900	εννιακόσια	èniakossia
1.000	χίλια	khilia
1.100	χίλια εκατό	khilia èkato
1.200	χίλια διακόσια	khilia ðiakossia
2.000	δύο χιλιάδες	ðio khiliaðèss
5.000	πέντε χιλιάδες	pènndè khiliaðèss
10.000	δέκα χιλιάδες	ðèka khiliaðèss
50.000	πενήντα χιλιάδες	pèninnda khiliaðèss
100.000	εκατό χιλιάδες	èkato khiliaðèss
1.000.000	ένα εκατομμύριο	èna èkatomirio
1.000.000.000	ένα δισεκατομμύριο	èna ðissèkatomirio

premier	πρώτος, πρώτη, πρώτο	protoss, proti, proto
deuxième	δεύτερος, -η, -ο	ðèftéross, -i, -o
troisième	τρίτος, -η, -ο	tritoss, -i, -o
quatrième	τέταρτος, -η, -ο	tètartoss, -i, -o
cinquième	πέμπτος, -η, -ο	pèmbtoss, -i, -o
sixième	έκτος, -η, -ο	èktoss, -i, -o
septième	έβδομος, -η, -ο	èvðomoss, -i, -o
huitième	όγδοος, -η, -ο	ogðooss, -i, -o
neuvième	ένατος, -η, -ο	ènatoss, -i, -o
dixième	δέκατος, -η, -ο	ðèkatoss, -i, -o
une fois/deux fois	μια φορά/δύο φορές	mia fora/ðio forèss
trois fois	τρεις φορές	triss forèss
une moitié	μισό	misso
un/une demi...	μισό ...	misso
la moitié de...	το μισό του/της ...	to misso tou/tiss
demi	μισός, -ή, -ό	missoss, -i, -o
un quart/un tiers	ένα τέταρτο/ένα τρίτο	èna tètarto/èna trito
une paire de	ένα ζευγάρι	èna zèvgari
une douzaine	μια δωδεκάδα	mia ðoðèkaða
un pour cent	ένα τοις εκατό	èna tiss èkato
3,4%	3,4 τοις εκατό	3,4 tiss èkato

Date *Ημερομηνία*

1981	χίλια εννιακόσια ογδόντα ένα	khilia èniakossia ogðonnda èna
1993	χίλια εννιακόσια ενενήντα τρία	khilia èniakossia ènèninnda tria
2005	δύο χιλιάδες πέντε	ðio khiliaðèss pènndè

Année et âge *Χρόνος και ηλικία*

année	χρόνος/έτος	khronoss/ètoss
année bissextile	δίσεκτο έτος	ðissèkto ètoss
décennie	δεκαετία	ðèkaètia
siècle	αιώνας	èonass
cette année	φέτος	fètoss
l'année dernière	πέρυσι	pèrissi
l'année prochaine	του χρόνου	tou khronou
chaque année	κάθε χρόνο	kaθè khrono
il y a 2 ans	πριν δύο χρόνια	prinn ðio khronia
dans un an	σε ένα χρόνο	ssè èna khrono
dans les années 80	τη δεκαετία του ογδόντα	ti ðèkaètia tou ogðonnda

le seizième siècle	ο δέκατος έκτος αιώνας	o ðèkatoss èktoss èonass
au 20e siècle	στον εικοστό αιώνα	stonn ikosto èona
Quel âge avez-vous?	Πόσων χρονών είστε;	possonn khrononn istè
J'ai 30 ans.	Είμαι 30 χρονών.	imè 30 khrononn
Il/elle est né(e) en 1960.	Γεννήθηκε το χίλια εννιακόσια εξήντα.	yèniðikè to khilia èniakossia èksinnda
Quel âge a-t-il/elle?	Πόσων χρονών είναι;	possonn khrononn inè
Les enfants de moins de 16 ans ne sont pas admis.	Απαγορεύεται η είσοδος στους κάτω των δεκάξι.	apagorèvètè i issoðoss stouss kato tonn ðèkaèksi

Saisons *Εποχές*

printemps/été	άνοιξη/καλοκαίρι	aniksi/kalokèri
automne/hiver	φθινόπωρο/χειμώνας	fθinoporo/khimonass
au printemps	την άνοιξη	tinn aniksi
pendant l'été	στη διάρκεια του καλοκαιριού	sti ðiarkia tou kalokèriou
en automne	το φθινόπωρο	to fθinoporo
pendant l'hiver	στη διάρκεια του χειμώνα	sti ðiarkia tou khimona
haute saison	η τουριστική σαιζόν	i touristiki sèzonn
basse saison	εκτός σαιζόν	èktoss sèzonn

Mois *Μήνες*

janvier	Ιανουάριος	ianouarioss
février	Φεβρουάριος	fèvrouarioss
mars	Μάρτιος	martioss
avril	Απρίλιος	aprilioss
mai	Μάιος	maïoss
juin	Ιούνιος	iounioss
juillet	Ιούλιος	ioulioss
août	Αύγουστος	avgoustoss
septembre	Σεπτέμβριος	sèptèmvrioss
octobre	Οκτώβριος	oktovrioss
novembre	Νοέμβριος	noèmvrioss
décembre	Δεκέμβριος	ðèkèmvrioss

en septembre	το Σεπτέμβριο	to sèptèmvrio
depuis octobre	από τον Οκτώβριο	apo tonn oktovrio
début janvier	οι αρχές Ιανουαρίου	i arkhèss ianouariou
mi-février	τα μέσα Φεβρουαρίου	ta mèssa fèvrouariou
fin mars	τα τέλη Μαρτίου	ta tèli martiou

Jours et date *Ημέρες και Ημερομηνίες*

Quel jour sommes-nous?	Τι μέρα είναι σήμερα;	ti **mè**ra inè si**mè**ra
dimanche	Κυριακή	kiria**ki**
lundi	Δευτέρα	ðè**fte**ra
mardi	Τρίτη	**tri**ti
mercredi	Τετάρτη	tè**tar**ti
jeudi	Πέμπτη	**pè**mbti
vendredi	Παρασκευή	paraskè**vi**
samedi	Σάββατο	**sa**vato
Nous sommes le...	Είναι ...	inè
1er juillet	πρώτη Ιουλίου	**pro**ti iouliou
10 mars	δέκα Μαρτίου	ðèka martiou
le matin	το πρωί	to proï
pendant la journée	στη διάρκεια της ημέρας	sti ðiarkia tiss i**mè**rass
dans l'après-midi	το απόγευμα	to apo**yè**vma
le soir	το βράδυ	to **vra**ði
la nuit	τη νύχτα	ti **ni**khta
avant-hier	προχθές	prokh**0è**ss
hier	χθές	kh0èss
aujourd'hui	σήμερα	si**mè**ra
demain	αύριο	avrio
après-demain	μεθαύριο	mè0avrio
la veille	η προηγούμενη μέρα	i proi**gou**mèni **mè**ra
le lendemain	η επόμενη μέρα	i è**po**mèni **mè**ra
il y a 2 jours	δύο μέρες πριν	ðio **mè**rèss prinn
dans 3 jours	σε τρεις μέρες	sè triss **mè**rèss
la semaine dernière	η περασμένη εβδομάδα	i pèraz**mè**ni èvdo**ma**ða
la semaine prochaine	η επόμενη εβδομάδα	i è**po**mèni èvdo**ma**ða
pendant 15 jours (deux semaines)	για ένα δεκαπενθήμερο (δύο εβδομάδες)	yia **è**na ðèkapèn**θi**mèro (ðio èvdo**ma**ðèss)
anniversaire	τα γενέθλια	ta yè**nè**θlia
jour de congé	η άδεια (το ρεπό)	i a**ði**a (to **rè**po)
jour de vacances	η αργία	i ar**yi**a
vacances	οι διακοπές	i ðiako**pè**ss
semaine	η εβδομάδα	i èvdo**ma**ða
week-end	το Σαββατοκύριακο	to savato**ki**riako
jour ouvrable	η εργάσιμη ημέρα	i èr**ga**ssimi i**mè**ra

Jours fériés *Δημόσιες αργίες*

Les banques, bureaux et magasins sont fermés pendant les jours fériés ci-dessous:

1er janvier	Πρωτοχρονιά	Jour de l'an
6 janvier	Θεοφάνεια	Epiphanie
25 mars	Εικοστή Πέμπτη Μαρτίου (του Ευαγγελισμού)	Journée de l'indépendance grecque
1er mai	Πρωτομαγιά	Fête du Travail
15 août	Δεκαπενταύγουστος (της Παναγίας)	Assomption
28 octobre	Εικοστή Ογδόη Οκτωβρίου (Ημέρα του ΟΧΙ)	Journée du «non» commémorant le défi des Grecs à l'invasion de 1940
25 décembre	Χριστούγεννα	Noël
26 décembre	Δεύτερη μέρα των Χριστουγέννων	Saint Stéphane
Fêtes mobiles:	Καθαρή Δευτέρα	1er jour du carême
	Μεγάλη Παρασκευή	Vendredi Saint
	Δευτέρα του Πάσχα	Lundi de Pâques
	της Αναλήψεως	Ascension
	του Αγίου Πνεύματος	Lundi de Pentecôte

Souhaits et vœux *Ευχές*

Joyeux Noël!	Καλά Χριστούγεννα!	kala khristouyèna
Bonne année!	Ευτυχισμνος ο Καινούργιος Χρόνος!	èftikhizmènoss o kènouryioss khronoss
Joyeuses Pâques!	Καλό Πάσχα!	kalo paskha
Joyeux anniversaire!	Χρόνια Πολλά!	khronia pola
Meilleurs vœux!	Τις καλύτερες ευχές!	tiss kalitèrèss efkhèss
Félicitations!	Συγχαρητήρια!	sinnggharitiria
Bonne chance!	Καλή τύχη/Ό,τι καλύτερο!	kali tikhi/oti kalitèro
Bon voyage!	Καλό ταξίδι!	kalo taksiði
Bonnes vacances!	Καλές διακοπές!	kalèss ðiakopèss
Mes amitiés à…	Τους χαιρετισμούς μου στον/στην …	touss khèrètismouss mou stonn/stinn

Quelle heure est-il? *Τι ώρα είναι;*

Pardon. Pouvez-vous m'indiquer l'heure, s.v.p.?	Με συγχωρείτε. Μπορείτε να μου πείτε τι ώρα είναι;	mè sinngghoritè. boritè na mou pitè ti ora inè
Il est...	Είναι ...	inè
une heure cinq	μία και πέντε	**mia** kè **pèn**dè
deux heures dix	δύο και δέκα	**ðio** kè **ðè**ka
trois heures et quart	τρεις και τέταρτο	triss kè **tè**tarto
quatre heures vingt	τέσσερις και είκοσι	**tès**sèriss kè **i**kossi
cinq heures vingt-cinq	πέντε και εικοσιπέντε	**pèn**dè kè i**kos**si **pèn**de
six heures et demie	έξι και μισή	**èk**si kè mi**ssi**
sept heures moins vingt-cinq	επτά παρά εικοσιπέντε	è**pta** para i**kos**si **pèn**dè
huit heures moins vingt	οκτώ παρά είκοσι	o**kto** para **i**kossi
neuf heures moins le quart	εννιά παρά τέταρτο	è**nia** para **tè**tarto
dix heures moins dix	δέκα παρά δέκα	**ðè**ka para **ðè**ka
onze heures moins cinq	έντεκα παρά πέντε	**èn**dèka para **pèn**dè
midi/minuit	δώδεκα (το μεσημέρι/τα μεσάνυχτα)	**ðo**ðèka (to mèssi**mè**ri/ta mèss**a**nikhta)
du matin	το πρωί	to pro**ï**
de l'après-midi	το απόγευμα	to a**po**yèvma
du soir	το βράδυ	to **vra**ði
Le train part à...	Το τραίνο φεύγει ...	to **trè**no **fè**vyi
13h04 (1h04)	στις δεκατρείς και τέσσερα λεπτά (1.04 μ.μ.)	stiss ðèka**triss** kè **tès**sèra **lèp**ta (1.04 **mè**ta **mès**sim**vri**ann)
0h40 (0h40)	στη μία παρά είκοσι το πρωί (0.40 π.μ.)	sti **mi**a para **i**kossi to pro**ï** (0.40 pro **mès**sim**vri**ass)
dans cinq minutes	σε πέντε λεπτά	sè **pèn**dè **lèp**ta
dans un quart d'heure	σε ένα τέταρτο	sè **è**na **tè**tarto
il y a une demi-heure	πριν μισή ώρα	prinn mi**ssi** ora
dans environ deux heures	σε δύο ώρες περίπου	sè **ði**o o**rèss** pè**ri**pou
plus de 10 minutes	σε περισσότερα από δέκα λεπτά	sè pè**ris**so**tè**ra apo 10 **lèp**ta
moins de 30 secondes	σε λιγότερο από τριάντα δευτερόλεπτα	sè li**go**tèro apo tri**ann**da ðèf**tè**ro**lèp**ta
L'horloge avance/retarde.	Το ρολόι πάει μπροστά/πίσω.	to ro**lo**ï pa**ï** bro**sta**/**pi**sso

Abréviations courantes *Γενικές Συντομογραφίες*

Δις/Δίδα	Ἀεσποινίς	Mademoiselle
δρχ.	δραχμές	drachmes
Ε.Λ.Π.Α.	Ελληνική Λέσχη Περιηγήσεως και Αυτοκινήτου	Automobile et Touring-club de Grèce
ΕΛ.ΤΑ.	Ελληνικά Ταχυδρομεία	Poste grecque
Ε.Ο.Τ.	Ελληνικός Οργανισμός Τουρισμού	Organisme du Tourisme grec
Η.Π.Α.	Ηξφνένες Πολιτείες Αμερικής	Etats-Unis
Κ., κ., κος	Ὕβιος	Monsieur
Κα	Ἰωσία	Madame
μ.μ.	νετά μεσημβρίαν	dans l'après-midi
Ο.Σ.Ε.	Γςηαξισμός Σιδηροδρόμων Ελλάδος	Compagnie des chemins de fer grecs
Ο.Τ.Ε.	Γςηαξισμός Τηλεπικοινωνιών Ελλάδος	Compagnie grecque des télécommunications
π.μ.	πςο μεσημβρίας	dans la matinée
Τ.Α.	Ζουριστική Αστυνομία	Police touristique
τηλ.	τηλέφωνο	téléphone
Φ.Π.Α.	Φόρος Προστιθέμενης Αξίας	taxe sur la valeur ajoutée (TVA)
χλμ.	χιλιόμετρα	kilomètres

Panneaux et inscriptions *Σήματα και Επιγραφές*

Ανελκυστήρας	Ascenseur
Ανδρών	Messieurs
Ανοικτό	Ouvert
Απαγορεύεται ...	... interdit
Απαγορεύεται η είσοδος	Entrée interdite
Απαγορεύεται το κάπνισμα	Défense de fumer
Γυναικών	Dames
Έλξατε	Tirez
Είσοδος	Entrée
Είσοδος ελεύθερη	Entrée gratuite
Εκπτώσεις	Soldes
Έξοδος	Sortie
Έξοδος κινδύνου	Sortie de secours
Ζεστό	Chaud
Κίνδυνος Θάνατος	Danger (de mort)
Κατειλημμένο	Occupé
Κρατημένο (ρεζερβέ)	Réservé
Κρύο	Froid
Πληροφορίες	Renseignements
Προσοχή	Attention
Πωλείται	A vendre

Urgences *Έκτακτες Ανάγκες*

A l'aide, vite!	**Καλέστε βοήθεια αμέσως.**	kalèstè voïθia amèssoss
Allez-vous en!	**Απομακρυνθείτε**	apomakrinnθitè
Ambassade	**Πρεσβεία**	prèzvia
Appelez la police	**Καλέστε την αστυνομία**	kalèstè tinn astinomia
Appelez un médecin	**Καλέστε ένα γιατρό**	kalèstè èna yiatro
Arrêtez cet homme/ cette femme!	**Σταματήστε αυτόν τον άνδρα/αυτή τη γυναίκα.**	stamatistè afto tonn annδra/afti ti yinèka
ATTENTION!	**ΠΡΟΣΟΧΗ**	prosokhi
AU SECOURS!	**ΒΟΗΘΕΙΑ**	voïθia
AU VOLEUR!	**ΣΤΑΜΑΤΗΣΤΕ ΤΟΝ ΚΛΕΦΤΗ**	stamatistè tonn klèfti
Consulat	**Προξενείο**	proksènio
DANGER	**ΚΙΝΔΥΝΟΣ**	kinnδinoss
FEU	**ΦΩΤΙΑ**	fotia
Gaz	**Αέριο**	aèrio
Je me suis perdu(e).	**Έχω χαθεί.**	èkho khaθi
Je suis malade.	**Είμαι άρρωστος/-η.**	imè arostoss/-i
Laissez-moi tranquille!	**Αφήστε με ήσυχο/-η.**	afistè mè issikho/-i
Poison	**Δηλητήριο**	δilitirio
POLICE	**ΑΣΤΥΝΟΜΙΑ**	astinomia

Numéros d'urgence *Τηλέφωνα άμεσου ανάγκης*

100	Police

Objets perdus—Vol *Απώλειες*

Où est...?	**Πού είναι ...;**	pou inè
bureau des objets trouvés	**το γραφείο απωλεσθέντων**	to grafio apolèsθènndonn
commissariat de police	**το αστυνομικό τμήμα**	to astinomiko tmima
Je voudrais déclarer un vol.	**Θέλω να καταγγείλω μια κλοπή.**	θèlo na katannghilo mia klopi
On m'a volé...	**Εκλάπη το ... μου.**	èklapi to ... mou
J'ai perdu...	**Έχασα ... μου.**	èkhassa ... mou
passeport	**το διαβατήριο**	to δiavatirio
portefeuille	**το πορτοφόλι**	to portofoli
sac à main	**την τσάντα**	tinn tsannda

ACCIDENTS DE VOITURE, voir page 78.

Une mini-grammaire

Le grec a relativement peu évolué au cours des deux millénaires que ont suivi Périclès, Platon et Alexandre le Grand. On trouve cependant le grec moderne sous deux formes principales: la première, qui ne se parle pour ainsi dire pas, est une langue conservatrice, très proche du grec classique; on appelle la seconde démotique ou langue courante. C'est cette dernière que nous utilisons dans ce livre.

Ceux qui ont étudié le grec classique possèdent un grand avantage, mais doivent prêter attention à certains détails. Le grec moderne parlé diffère de la langue ancienne par le nombre des cas, les formes verbales et un usage plus abondant des prépositions. La prononciation, elle aussi, a changé. Le **β** par exemple, prononcé autrefois **b**, est aujourd'hui plus proche de **v**.

Articles

En grec, le nom peut être masculin, féminin ou neutre. Il est précédé d'un article qui le détermine et avec lequel il s'accorde. Celui-ci correspond exactement à notre article défini (le, la) ou indéfini (un, une).

	Masculin		Féminin		Neutre	
Singulier	Déf.	Indéf.	Déf.	Indéf.	Déf.	Indéf.
Nominatif	ο	ένας	η	μία	το	ένα
Accusatif	το(ν)	ένα(ν)	τη(ν)	μία(ν)	το	ένα
Génitif	του	ενός	της	μιας	του	ενός
Pluriel	Défini		Défini		Défini	
Nominatif	οι		οι		τα	
Accusatif	των		των		των	
Génitif	τους		τις		τα	

Noms

Selon leur fonction dans la phrase, les substantifs grecs changent de terminaison. Comme l'article et l'adjectif épithète suivent des changements analogues, nous vous présentons dans le tableau ci-dessous la déclinaison des trois parties du discours.

	Masculin singulier (l'homme bon)	**Masculin pluriel** (les hommes bons)
Nominatif	ο καλός άνθρωπος	οι καλοί άνθρωποι
Accusatif	τον καλόν άνθρωπο	τους καλούς ανθρώπους
Génitif	του καλού ανθρώπου	των καλών ανθρώπων

	Féminin singulier (la femme bonne)	**Féminin pluriel** (les femmes bonnes)
Nominatif	η καλή γυναίκα	οι καλές γυναίκες
Accusatif	την καλή γυναίκα	τις καλές γυναίκες
Génitif	της καλής γυναίκας	των καλών γυναικών

	Neutre singulier (l'enfant bon)	**Neutre pluriel** (les enfants bons)
Nominatif	το καλό παιδί	τα καλά παιδιά
Accusatif	το καλό παιδί	τα καλά παιδιά
Génitif	του καλού παιδιού	των καλών παιδιών

Les déclinaisons comportent malheureusement certaines exceptions. Ce tableau se contente de vous donner les principales terminaisons régulières:

	Masculin			Féminin		Neutre		
	Singulier							
Nominatif	–ος	–ας	–ης	–η	–α	–ο	–ι	–α
Accusatif	–ο	–α	–η	–η	–α	–ο	–ι	–α
Génitif	–ου	–α	–η	–ης	–ας	–ου	–ιου	–ατος
	Pluriel							
Nominatif	–οι	–ες	–ες	–ες		–α	–ια	–ατα
Accusatif	–ους	–ες	–ες	–ες		–α	–ια	–ατα
Génitif		–ων		–ων		–ων	–ων	–ατων

Γραμματική

Adjectifs

Pour leur déclinaison, voir page précédente. On forme le comparatif au moyen de l'adverbe **πιο** (plus). La personne ou l'objet comparé se met à l'accusatif, précédé de la préposition **από** (notre conjonction «que»).

> Ο Πέτρος είναι πιο πλούσιος από τον Μιχάλη.
> Pierre est plus riche que Michel.

Pour former le superlatif, il suffit de placer l'article défini devant le comparatif. Il sera alors suivi du cas du complément de nom (génitif).

> Ο Πέτρος είναι ο μιό πλούσιοσ (άνδρας) της Αθήνας.
> Pierre est (l'homme) le plus riche d'Athènes.

Les degrés de comparaison de quelques adjectifs se forment irrégulièrement. Ainsi:

| καλός | bon | καλύτερος | meilleur | ο καλύτερος | le meilleur |
| κακός | mauvais | χειρότερος | pire | ο χειρότερος | le pire |

Pronoms personnels

	Nomin.	Accus.	Dat.	Génit.
je, me, mon, ma, mes	εγώ	με	μου	μου
tu, te, ton, ta, tes	(ε)σύ	σε	σου	σου
il, le, lui, son, sa, ses	αυτός	τον	του	του
elle, la, lui, sa, ses	αυτή	την	της	της
il, le, lui, son [n.], ses	αυτό	το	του	του
nous, notre, nos	εμείς	μας		μας
vous, votre, vos	εσείς	σας		σας
ils, les, leur(s)	αυτοί	τους		
elles, les, leur(s)	αυτές	τις		} τους
ils, les, leur(s) [n.]	αυτά	τα		

Il m'a vu = **Με** είδε.   Il m'a donné = **Μου** έδωσε.

La forme du génitif du pronom personnel est employée comme adjectif possessif. Elle suit toujours le nom qu'elle détermine.

το όνομά μου   mon nom (lit. le nom de moi)

Démonstratifs

«Celui-ci» (**αυτός**) et «celui-là» (**εκείνος**) sont toujours suivis par l'article défini lorsqu'ils précèdent un substantif.

αυτός ο άνθρωπος   cet homme
αυτή η γυναίκα   cette femme
αυτό το παιδί   cet enfant

Prépositions

Les prépositions s'utilisent avec l'accusatif. La préposition **σέ** (dans, sur, à) se contracte avec l'article, p.ex. **στον, στην, στο.**

Verbes

Le verbe grec possède deux types de terminaisons selon qu'il se conjugue à la voie active (terminaison en -**ω**) ou passive (terminaison généralement en -**μαι**). En principe, les verbes à terminaison active expriment une action déterminée *par* le sujet, alors que ceux à terminaison passive expriment une action déterminée *sur* le sujet. Malheureusement il y a un bon nombre d'exceptions, tel **έρχομαι** (je viens), qui possède une terminaison passive mais un sens actif.

On n'utilise généralement pas le pronom personnel, puisque la terminaison indique à elle seule le sujet.

Dans le cadre de cette mini-grammaire, il est bien entendu exclu d'entrer dans les détails du système verbal grec.

Voici donc les terminaisons du présent actif:

	Singulier	Pluriel
1re personne	–ω	–ουμε
2e personne	–εις	–ετε
3e personne	–ει	-ουν

βλέπω   je vois

Les terminaisons passives du présent présentent de nombreuses irrégularités.

La plupart du temps, on obtient la forme négative en faisant précéder le verbe par **δεν.**

> Ο κύριος πεινάει.
> L'homme a faim.

> Ο κύριος δεν πεινάει.
> L'homme n'a pas faim.

Pour formuler une question, il suffit de changer l'intonation de votre voix. A remarquer l'usage du point-virgule en guise de point d'interrogation.

Verbes auxiliaires

Voici le présent des deux verbes auxiliaires **είμαι** (être) et **έχω** (avoir).

je suis	είμαι		j'ai	έχω
tu es	είσαι		tu as	έχεις
il, elle est	είναι		il, elle a	έχει
nous sommes	είμαστε		nous avons	έχουμε
vous êtes	είστε		vous avez	έχετε
ils, elles sont	είναι		ils, elles ont	έχουν

Lexique
et index alphabétique

Français–Grec

f féminin	m masculin	nt neutre	pl pluriel

A

à στο sto 15

abbaye μοναστήρι nt monastíri 81

abcès απόστημα nt apóstima 145

abréviation συντομογραφία f sinndomografía 154

abricot βερύκοκο nt vèrikoko 53

accessoires αξεσουάρ nt/pl aksèssouar 115, 126

accident δυστύχημα nt δistikhima 78; ατύχημα nt atíkhima 139

achat αγορά f agora 131

achats ψώνια nt/pl psonia 97

acheter αγοράζω agorazo 82, 118, 123

action (titre) μετοχή f mètokhi 131

adaptateur μετασχηματιστής πρίζας m mètaskhimatistiss prizass 104

addition λογαριασμός m logariazmoss 62

adresse διεύθυνση f δièfθinsi 21, 31, 76, 79, 102

adresse habituelle διεύθυνση κατοικίας f δièfθinsi katikiass 31

aéroport αεροδρόμιο nt aèroδromio 16, 21, 65

affaires εμπόριο nt èmborio 16, 131

affreux απαίσιος/-α/-ο apèssioss 84, 94

Afrique Αφρική f afriki 146

Afrique du Sud Νότια Αφρική f notia afriki 146

âge ηλικία f filikia 149, 150

agence de voyages πρακτορείο ταξιδίων nt praktorio taksiδionn 98

agneau αρνί nt arni 46

agrafe συνδετήρας m ssindètirass 118

agrandir (photo) μεγενθύνω mègènnθino 126

aide βοήθεια f voiθia 155

aider βοηθώ voiθo 12, 21, 70, 100,134

aigu οξύς oksiss 140

aiguille βελόνα f vèlona 27

aimable ευγενικός/-ή/-ό evyènikoss 95

aimer θέλω θèlo 13, 20, 23, 61, 96, 103, 112

alcool αλκοόλ nt alkoko-ol 37; οινόπνευμα nt inopnèvma 59

alcool, sans μη οινοπνευματώδης mi inopnèvmatoδèss 60

alcoolisé οινοπνευματώδης/-ης/-ες inopnèvmatoδèss 59

aliment (pour bébé) παιδική τροφή f pèδiki trofi 124

Allemagne Γερμανία f yèrmania 146

aller χωρίς επιστροφή khoriss èpistrofi 65, 68

aller (à) πηγαίνω piyèno 19, 70, 72, 76, 79

aller (vêtement) μου πάει mou païï 114

aller, s'en φύγε! fiyè 155

aller-retour εισιτήριο μετ' επιστροφής nt issitirio mètèpistrofiss 65, 69

allergique αλλεργικός/-ή alèryikoss 141, 143

alliance (bague) βέρα f vèra 106

allô γεια yia 135

allonger, s' ξαπλώνω ksaplono 142

allumette σπίρτο nt spirto 105, 108

alphabet αλφαβήτο nt alfavito 9

alpinisme ορειβασία f orivassia 89

altitude ύψος nt ipsoss 85

amande αμύγδαλο nt amigδalo 53

ambassade πρεσβεία f prèsvia 155

ambre κεχριμπάρι nt kèkhribari 107

ambulance ασθενοφόρο nt asθènoforo 79

amer πικρός/-ή/-ό pikross 61

Amérique du Nord Βόρεια Αμερική f voria amèriki 146

Amérique du Sud Νότια Αμερική f notia amèriki 146

améthyste αμέθυστος m amèθistoss 107

ami φίλος m filoss 93, 95

amie φίλη f fili 93, 95

amitiés χαιρετισμοί *m/pl* khèrètizmi 152

ample *(habits)* φαρδύς/-ιά/-ύ farðiss 114

amplificateur ενισχυτής *m* èniskhitiss 104

ampoule γλόμπος *m* **glom**boss 28, 75, 119

ampoule *(méd.)* φουσκάλα f fouskala 139

amygdales αμυγδαλές mpl amigðalèss 138

an χρόνος *m* **khron**oss 149

analgésique παυσίπονο nt pafsipono 122, 140, 144

ananas ανανάς *m* ananas 53

anesthésie νάρκωση f narkossi 144, 145

anguille χέλι nt khèli 44

animal ζώο nt zoo 85

année bissextile δίσεκτος χρόνος *m* ðissèktoss khronoss 149

année χρόνος *m* **khron**oss 149

anniversaire γενέθλια nt/pl yènèθlia 151, 152

annuaire téléphonique τηλεφωνικός κατάλογος *m* tilèfonikoss katalogoss 134

annuler ακυρώνω akirono 65

anorak αδιάβροχο τζάκετ nt aðiavrokho tzakèt 115

antibiotique αντιβιωτικό nt anndiviotiko 143

antidépressif φάρμακο κατά της μελαγχολίας nt farmako kata tiss mèlanngholiass 143

antiquaire κατάστημα με αντίκες nt katastima mè anndikèss 98

antiquités αρχαία nt/pl arkhèa 83

août Αύγουστος *m* **avg**oustoss 150

apéritif απεριτίφ nt apèritif 56

appareil συσκευή f ssiskèvi 104

appareil-photo φωτογραφική μηχανή f fotografiki mikhani 125, 126

appareil électrique ηλεκτρική συσκευή f ilèktriki ssiskèvi 104

appartement διαμέρισμα nt ðiamèrizma 22

appeler καλώ kalo 78, 156; λέγομαι **lèg**omè 11

appeler *(tél.)* τηλεφωνώ tilèfono 134, 136

appendice σκωληκοειδής απόφυση skolikoiðiss apofissi 138

appendicite σκωληκοειδίτιδα f skolikoiðitiða 142

apporter φέρνω **fèr**no 13, 59

après μετά **mè**ta 15, 77

après-midi απόγευμα nt apoyèvma 151, 153

arbre δέντρο nt ðènndro 85

archéologie αρχαιολογία f arkhèoloyia 83

architecte αρχιτέκτονας *m* arkhitèktonass 83

argent *(dévise)* χρήματα nt/pl khrimata 18, 129, 130, 156

argent *(métal)* ασήμι nt assimi 106, 107

argent, plaqué επάργυρος/-η/-ο èparyiross 107

argenté *(couleur)* ασημί assimi 112

argenterie ασημικά nt/pl assimika 107

arrêt στάση f stassi 72, 72

arrêt de bus στάση λεωφορείου f stassi lèoforiou 72, 72

arrêter, s' σταματώ stamato 21, 67, 71, 72

arrière πίσω pisso 69, 75

arrivée άφιξη f afiksi 16, 65

arriver φτάνω ftano 65, 67 130

arrondir στρογγυλεύω stronnghilèvo 62

art τέχνη f tèkhni 83

artichaut αγκινάρα f annghinara 49

article είδος nt iðoss 101

articles de toilette καλλυντικά nt/pl kalinndika 123

articles ménagers είδη οικιακής χρήσης nt iðoss ikiakiss khrississ 105

articulation άρθρωση f arθrossi 138

artificiel τεχνητός/-ή/-ό tèkhnitoss 125

artisanat χειροτεχνία f khirotèkhnia 83, 127

artiste καλλιτέχνης *m* kalitèkhniss 81, 83

ascenseur ασανσέρ nt assansèr 27, 101

Asie Ασία f assia 146

asperge σπαράγγι nt sparannghi 49

aspirine ασπιρίνη f aspirini 122

assaisonnements καρυκεύματα nt/pl karikèvmata 36

assez αρκετός/-ή/-ό arkètoss 14, 67

assiette πιάτο nt piato 36, 61, 105

assistance routière οδική βοήθεια f oðiki voiθia 78

assurance ασφάλεια f asfalia 20, 144

assurance médicale ασφάλεια υγείας f asfalia iyiass 144

assurance tous risques πλήρης ασφαλιστική κάλυψη f pliriss asfalistiki kalipsi 20

asthme άσθμα nt asθma 140

atringent στυπτική λοσιόν f stiptiki losionn 123

attendre περιμένω **pèrimèno** 21, 130, 162

attention! προσοχή! **prossokhi** 155

attirail de pêche εξοπλισμός για ψάρεμα *m* **èksoplismoss yia psarèma** 109

au revoir αντίο **anndio** 10

au voleur! σταματήστε τον κλέφτη! **stamatistè tonn klèfti** 155

au-dessous κάτω από **kato apo** 15, 63

au-dessus πάνω από **pano apo** 15; επάνω **èpano** 63

auberge ξενώνας *m* **ksènonass** 32

auberge de jeunesse ξενώνας νεότητας *m* **ksènonass nèotitass** 22, 32

aubergine μελιτζάνα *f* **mèlitzana** 49

aucun κανένας **kanènas** 15

aujourd'hui σήμερα **ssimèra** 29, 151

aussi επίσης **èpississ** 15

Australie Αυστραλία *f* **afstralia** 146

automatique αυτόματος/-η/-ο **aftomatoss** 20, 122, 124

automne φθινόπωρο *nt* **fθinoporo** 150

autoradio ραδιόφωνο αυτοκινήτου *nt* ραδ **ôiofono aftokinitou** 104

autoriser επιτρέπω **èpitrèpo** 79

autoroute αυτοκινητόδρομος *m* **aftokinitôdromoss** 76

autostop, faire de l' κάνω ωτοστόπ **kano otostop** 74

autre άλλος/-η/-ο **aloss** 74, 101

Autriche Αυστρία *f* **afstria** 146

avaler καταπίνω **katapino** 143

avant πριν **prinn** 15; μπροστά **brosta** 75

avec με **mè** 15

avec filtre με φίλτρο **mè filtro** 108

avion αεροπλάνο *nt* **aèroplano** 65

avion, par αεροπορικώς **aèroporikoss** 133

avril Απρίλιος *m* **aprilioss** 150

B

bacon μπέικον *nt* **bèïkonn** 40

bagages αποσκευές *mpl* **aposkèvèss** 17, 18, 21, 26, 31, 71

bagages, chariot à καρότσι αποσκευών *f* **karotsi aposkèvonn** 18, 70

bague δαχτυλίδι *nt* **dakhtilìôi** 106

bain moussant αφρόλουτρο *nt* **afroloutro** 123

baigner, se κολυμπώ **kolimmbo** 90

balcon μπαλκόνι *nt* **balkoni** 23; (théâtre) εξώστης (θεάτρου) *m* **èksostis (thèatrou)** 87

ballet μπαλέτο *nt* **balèto** 88

ballon μπάλα *f* **bala** 128

ballon de plage μπάλα της παραλίας *f* **bala tiss paraliass** 128

banane μπανάνα *f* **banana** 53, 63

bandage élastique ελαστικός επίδεσμος *m* **èlastikoss èpiôèsmoss** 122

banque τράπεζα *f* **trapèza** 98, 129, 130

bar μπαρ *nt* **bar** 33; ουζερί *nt* **ouzèri** 33

barbe γένεια *nt/pl* **yènia** 31

barque à rames βάρκα με κουπιά *f* **varka mè koupia** 91

bas κάλτσα γυναικεία *f* **kaltsa yinèkia** 115

bas χαμηλός/-ή/-ό **khamiloss** 141

bas, en κάτω **kato** 15; στη ρίζα *f* **sti riza** 145

basket-ball μπάσκετ *nt* **baskèt** 89

basse saison εκτός σαιζόν **èktoss sèzonn** 150

bassin *(pour le lit)* ουροδοχείο *nt* **ouroôokhio** 144

bateau πλοίο *nt* **plio** 73, 74

bâtiment κτίριο *nt* **ktirio** 81

bâtir κτίζω **ktizo** 83

batiste βατίστα *f* **vatista** 113

batterie μπαταρία *f* **bataria** 75, 78

beau ωραίος/-α/-ο **orèoss** 14, 84; υπέροχος/-η/-ο **ipèrokhos** 94

beaucoup πολύ **poli** 10, 14

beaucoup de πολλοί-ές-ά **poli** 14

beaux-arts καλές τέχνες *mpl* **kalèss tèkhnèss** 83

bébé μωρό *nt* **moro** 24, 124

beige μπεζ **bèz** 112

Belge Βέλγος *m* **vèlgoss**, Βέλγίδα *f* **vèlo jiôa** 92

Belgique Βέλγιο *nt* **vèlyio** 146

bénéfice κέρδος *nt* **kèrôoss** 131

besoin, avoir χρειάζομαι **khriazomè** 29, 90, 137

betterave *(rouge)* παντζάρι *nt* **pantzari** 49

beurre βούτυρο *nt* **voutiro** 36, 36, 64

biberon μπιμπερό *nt* **bibèro** 124

bibliothèque βιβλιοθήκη *f* **vivlioθiki** 81, 98

bicyclette ποδήλατο *nt* **poôilato** 74

bien καλά **kala** 10, 140

bien cuit *(viande)* καλοψημένο **kalopsimèno** 47

bientôt σύντομα **sinndoma** 15

bière μπύρα *f* **bira** 56, 63

bigoudi μπικουτί *nt* **bighouti** 124

bijouterie κοσμηματοπωλείο *nt* **kozmimatopolio** 98, 121

bilan de santé γενική εξέταση *f* **yèniki èksètassi** 142

billet εισιτήριο *nt* issitirio 65, 68, 72, 73, 87, 89, 156

billet (de banque) λογαριασμός *m* logariazmoss 62, 102; χαρτονόμισμα *nt* khartonomizma 130

biscuit μπισκότο *nt* biskoto 64

blaireau βούρτσα ξυρίσματος *f* vourtsa ksirismatoss 123

blanc άσπρος/-η/-ο aspross 58, 113

blanchisserie (service de) υπηρεσία πλυντηρίου *nt* ipirèssia plinndiriou 23

blanchisserie πλυντήριο *nt* plinndirio 29, 98

blessé τραυματισμένος/-η/-ο travmatizmènoss 79, 139

blesser τραυματίζω travmatizo 139

blessure τραύμα *nt* travma 139; πληγή *f* 139

bleu μπλε blè 112

bleu *(viande)* λίγο ψημένο ligo psimèno 47

bloc-notes σημειωματάριο *nt* ssimiomatario 118

bloqué φρακάρω frakaro 28; δεν ανοίγω δenn anigo 125

blouse μπλούζα *f* blouza 115

bobine φιλμ σε ρολό *nt* film sè rolo 126

bœuf βοδινό *nt* boδino 46

boire πίνω pino 36, 37

bois δάσος *nt* dassoss 85

boisson ποτό *nt* poto 59, 60, 61

boisson sans alcool αναψυκτικό *nt* anapsiktiko 64

boîte κονσέρβα *f* konsèrva 110

boîte *(conserve)* κουτί *nt* kouti 110

boîte aux lettres γραμματοκιβώτιο *nt* gramatokivotio 132

boîte de nuit νυχτερινό κέντρο *nt* nikhtèrino kènndro 88

boîte de peinture κουτί με μπογιές *nt* kouti mè boyièss 118

boîte-repas κουτί τροφίμων *nt* kouti trofimonn 105

bombe aérosol contre les insectes εντομοκτόνο *nt* ènndomoktono 109

bon καλός/-ή/-ό kaloss 14, 86, 101

bon marché φθηνός/-ή/-ό fθinoss 14, 35, 101, 124

bonbon καραμέλα *f* karamèla 54, 108

bonjour καλημέρα kalimèra 10; *(après-midi)* καλησπέρα kalispèra 10

bonne nuit καληνύχτα kalinikhta 10

bonnet de bain σκούφια για το μπάνιο *f* skoufia yia to banio 115

bonsoir καλησπέρα kalispèra 10

bosse εξόγκωμα *nt* èksonnghoma 139

botanique βοτανική *f* votaniki 83

botte μπότα *f* bota 117

bouche στόμα *nt* stoma 138, 142

bouché βουλωμένος/-η/-ο voulomènoss 28

boucherie κρεοπωλείο *nt* krèopolio 98

boucle (de ceinture) αγκράφα (ζώνης) *f* annghrafa (zoniss) 116

boucle d'oreille σκουλαρίκι *nt* skoulariki 106

bouger κουνώ kouno 139

bougie κερί *nt* kèri 105; *(voiture)* μπουζί *nt* bouzi 75

bouillotte θερμοφόρα *f* θèrmofora 27

boulangerie αρτοποιείο *nt* artopiio 98

boulette de viande κεφτεδάκι *nt* kèftèδ δaki 46

Bourse χρηματιστήριο *nt* khrimatistirio 81

boussole πυξίδα *f* piksiδa 109

bouteille μπουκάλι *nt* boukali 17, 58

bouton κουμπί *nt* koubi 29, 117

bouton de manchette μανικετόκουμπο *nt* manikètokoubo 106

bouton-pression σούστα *f* sousta 116

boxe πυγμαχία *f* pigmakhia 89

bracelet βραχιόλι *nt* vrakhioli 106

bracelet à breloques μπρελόκ βραχιόλι *nt* brèlok brakhioli 106

bracelet de montre μπρασελέ για ρολόι *nt* brasèlè yia roloï 106

braisé μαγειρεμένο στη σάλτσα του mayirèmèno sti saltsa tou 47

bras μπράτσο *nt* bratso 138, 139

breloque μπρελόκ *nt* brèlok 106

bretelles τιράντες *mpl* tiranndess 115

briquet *(cigarette)* αναπτήρας *m* anaptirass 106, 108

brocanteur κατάστημα μεταχειρισμένων ειδών *nt* katastima mètakhirizmènon idonn 98

broche *(bijou)* καρφίτσα *f* karfitsa 106

broderie κέντημα *nt* kènndima 127

brosse à cheveux βούρτσα *f* vourtsa 124

brosse à dents οδοντόβουρτσα *f* oδondovourtsa 104, 123

brosse à ongles πινέλο για τα νύχια *nt* pinèlo yia ta nikhia 123

brouillard ομίχλη *f* omikhli 94

brûler έγκαυμα *nt* ènnghavma 139

brushing στέγνωμα *nt* stègnoma 30

bruyant θορυβώδης/-ης/-ες θorivoδiss 25

bureau γραφείο *nt* grafio 19, 67, 80, 99, 132, 133, 156

bureau de change γραφείο

συναλλάγματος *nt* grafio sinnal**ag**-matoss 18, 67, 129
bureau de poste ταχυδρομείο *nt* takhiδro**mio** 19, 98, 132
bureau des réservations γραφείο κρατήσεων *nt* grafio kratis**sèon**n 19, 66
bureau de tabac καπνοπωλείο *nt* kapno**po**lio 98, 108
bureau du télégraphe τηλεγραφείο *nt* tilè**gra**fio 98
bus λεωφορείο *nt* lèo**fo**rio 18, 19, 65, 71, 72, 80

C

cabillaud μπακαλιάρος *m* bakaliaross 44
cabine καμπίνα *f* kam**bi**na 74
cabine d'essayage δοκιμαστήριο *nt* δokimas**ti**rio 114
cabine de bain καμπάνα *f* kabana 91
cabine téléphonique τηλεφωνικός θάλαμος *m* tilèfonoko**ss** θalamoss 134
cabinet (de consultation) ιατρείο *nt* ia**tri**o 137
cacahuète αράπικο φυστίκι *nt* arapiko fis**ti**ki 53
cadeau δώρο *nt* δoro 17
café (bar) καφενείο *nt* kafè**nio** 33
café καφές *m* ka**fèss** 40, 60, 64
café noir σκέτος καφές *m* **skè**toss ka**fèss** 40, 60
cahier τετράδιο *nt* tè**tra**δio 118
caille ορτύκι *nt* or**ti**ki 48
caisse ταμείο *nt* ta**mio** 103, 155
calculatrice υπολογιστική μηχανή *f* ipoloyis**ti**ki mikhani 118
caleçon σώβρακο *nt* **so**vrako 115
calendrier ημερολόγιο *nt* imèro**lo**yio 118
calmar καλαμάρι *nt* kala**ma**ri 44
calme ήσυχος/-η/-ο isikhoss 23, 25; *(mer)* ήρεμος/-η/-ο i**rè**moss 91
caméra κινηματογραφική μηχανή *f* kinimatografiki mikhani 125
caméscope βιντεοκάμερα *f* vidèo**ka**mèra 125
campagne ύπαιθρος *f* i**pè**θross 85
camper κατασκηνώνω kataski**no**no 32
camping κατασκήνωση *f* katas**ki**nossi 32; κάμπινγκ *nt* **kam**pinng 32
camping, matériel de εξοπλισμός κατασκήνωσης *m* èksopli**smoss** kataski**no**siss 109
camping, terrain de μέρος για κάμπινγκ

nt **mè**ross yia **kam**pinng 32
Canada Καναδάς *m* kana**δass** 146
Canadien(ne) Καναδός *m* kana**δoss**, Καναδέζα *f* kana**δè**za 92
canard πάπια *f* **pa**pia 48
canif σουγιάς *m* sou**yiass** 105
canot à moteur βάρκα με μηχανή *f* **var**ka mè mikhani 91
caoutchouc λάστιχο *nt* **la**stikho 117
capital κεφάλαιο *nt* kè**fa**lèo 131
câpre κάππαρη *f* **ka**pari 51
car λεωφορείο *nt* lèo**fo**rio 71
carafe καράφα *f* ka**ra**fa 58
carat καράτι *nt* ka**ra**ti 106
caravane τροχόσπιτο *nt* tro**kho**spito 32
carburateur καρμπυρατέρ *nt* karbira**tèr** 78
cardigan πλεκτή ζακέτα *f* plè**kti** za**kè**ta 115
carnet δεσμίδα *f* δèz**mi**δa 72
carnet d'adresses ατζέντα *f* a**tzènn**da 118
carotte καρότο *nt* ka**ro**to 49
carpe κυπρίνος *m* ki**pri**noss 44
carré τετράγωνο *nt* tè**tra**gonoss 101
carreaux, à καρώ karo 112
carrefour σταυροδρόμι *nt* stavro**dro**mi 76
carte χάρτης *m* **khar**tiss 76, 105; χαρτιά *f* khar**ta** 94, 131
carte (restaurant) κατάλογος *m* kata**lo**goss 36
carte à jouer χαρτί τράπουλας *nt* kharti **tra**poulass 118, 128
carte de crédit πιστωτική κάρτα *f* pisto**ti**ki **kar**ta 20, 31, 62, 102, 130
carte des vins κατάλογος με τα κρασιά *m* kata**lo**goss mè ta **kra**ssia 58
carte postale καρτ-ποστάλ *f* kart-**po**stal 108, 118, 132
carte routière οδικός χάρτης *m* oδi**koss** **khar**tiss 118
cartes, jeu de τράπουλα *f* **tra**poula 128
cartouche (de cigarette) κουτί *nt* kouti 17, 108
cartouche réfrigérante παγωτιέρα *f* pago**tiè**ra 109
cascade καταρράκτης *m* kata**ra**khtiss 85
casquette κασκέτο *nt* ka**skè**to 115
cassé σπασμένος/-η/-ο spaz**mè**noss 120, 139, 140, 145
casser σπάω **spa**o 29, 104, 123, 139, 145
casserole κατσαρόλα *f* katsa**ro**la 105
cassette κασέτα *f* ka**ssè**ta 104, 127
cassis μαύρο φραγκοστάφυλο *nt* **mav**ro

franngho**stafilo** 53
catacombes κατακόμβη f **katakom**vi 81
catalogue κατάλογος m **katalog**oss 82
cathédrale μητρόπολη f **mitropoli** 81
catholique καθολικός/-ή/-ό **kaθoli**koss 84
ce αυτοί-ές-ά **afti** 159
ceci αυτός/-ή/-ό **aftoss** 11
céder le passage δίνω προτεραιότητα
dino protèrèotita 79
cela εκείνος/-η/-ο **èkinoss** 11, 100, 162
céleri σέλινο nt **sèlino** 49
célibataire ελεύθερος/-η **èlèfθèross** 93
cellule photoélectrique φωτόμετρο nt
fotomètro 128
celui-ci αυτοί-ές-ά **afti** 159
celui-là εκείνοι-ες/-α **èkini** 159
cendrier σταχτοδοχείο nt
stakhtodokhio 36
cent εκατό nt **èkato** 148
centimètre εκατοστό nt **èkato**sto 114
centre κέντρο nt **kèndro** 19, 21, 76, 81
centre commercial εμπορικό κέντρο nt
emmboriko kènndro 98
centre-ville κέντρο της πόλης nt
kènndro tiss poliss 21, 71, 77, 81
céramique κεραμική f **kèramiki** 83
céréales δημητριακά nt/pl **δimitriaka** 40
cerise κεράσι nt **kèrassi** 53
certificat βεβαίωση f **vèvèossi** 144
certificat médical ιατρική βεβαίωση f
iatriki vèvèossi 144
chaîne αλυσσίδα f **alissi**δa 106
chaise longue πολυθρόνα f **poli**θrona
91, 109
chaise pliante πτυσσόμενη καρέκλα f
ptissomèni karèkla 109
chambre δωμάτιο nt **δomatio** 19, 23,
24, 25, 27, 28, 155
chambre à deux lits διπλό δωμάτιο nt
δiplo δomatio 19, 23
chambre à un lit μονό δωμάτιο nt **mono**
δomatio 19, 23
chambre avec petit déjeuner δωμάτιο
και πρωινό **δomatio kè proïno** 24
chambre libre άδειο δωμάτιο nt **a**δio
δomatio 23
champ αγρός m **agross** 85
champ de course ιππόδρομος m
ipoδromoss 90
champignon μανιτάρι nt **manitari** 49
chance τύχη f **tikhi** 135, 152
chandail πουλόβερ nt **poulovèr** 115
change συναλλάγμα **sinalagma** 18
changer αλλάζω **a**lazo 18, 61, 65, 68,
73, 75, 123, 129
chanson τραγούδι nt **tragou**δi 128
chanter τραγουδώ **tragou**δo 88

chapeau καπέλο nt **kapèlo** 115
chapelet κομπολόι για προσευχές nt
koboloï yia **prosefkhèss** 106
chapelle παρεκκλήσι nt **parèklissi** 81
chaque κάθε **ka**θe 149
charbon κάρβουνα nt/pl **karvouna** 109
charcuterie αλλαντικά κομμένα σε
φέτες nt/pl **alanndika komèna sè**
fètèss 64
charcutier μπακάλικο nt **bakaliko** 98
chargeur φιλμ σε κασέτα nt **film sè**
kassèta 125
chariot καροτσάκι nt **karotsaki** 18, 70
chariot à bagages καροτσάκι
αποσκευών **karotsaki aposkèvonn**
18, 70
chasse κυνήγι nt **kiniyi** 90
châtaigne κάστανο nt **ka**stano 53
château κάστρο nt **ka**stro 81
chaud καυτός/-ή/-ό **kaftoss** 14, 38;
ζεστός/-η/-ό **zè**stoss 25, 94, 154
chauffage θέρμανση f **θèrmanssi** 28
chauffé θερμαινόμενος/-η/-ο
θèrmènomènoss 90
chauffer ζεσταίνομαι **zè**stènomè 78
chaussettes (mi-bas) κάλτσες μέχρι το
γόνατο mpl **kaltsèss mèkhri to**
gonato 115
chaussette κάλτσα f **kaltsa** 115
chaussure παπούτσι nt **papoutsi** 117
chef d'orchestre διευθυντής ορχήστρας
m **δièθinndiss orkhistrass** 88
chemin δρόμος m **δromoss** 75;
μονοπάτι nt **monopati** 85
chemin de fer σιδηρόδρομος m
siδiroδromoss 154
chemise πουκάμισο nt **poukamisso** 115
chemise de nuit (courte) νυχτικό nt
nikhtiko 115
chèque τσεκ nt **tsek** 130; επιταγή f
èpitayi 130, 131
chèque à ordre προσωπική επιταγή f
prosopiki èpitayi 130
chèque de voyage τράβελερς τσεκ nt
travèlèrz tsèk 18, 62, 102, 130
cher ακριβός/-ή/-ό **akrivoss** 14, 19, 24,
101
chercher ψάχνω **psakhno** 13
chevalière (bague) δακτυλίδι με
οικόσημο nt **δakhtili**δi mè i**kosimo**
106
cheveu μαλλιά nt/pl **malia** 30, 124
cheville αστράγαλος m **astragaloss** 139
chewing-gum τσίχλα f **tsikhla** 108
Chine Κίνα f **kina** 146
chips τσιπς (πατατάκια) nt/pl **tsips**
(**patatakia**) 64

chocolat (barre de) σοκολάτα f sokolata 64, 110

chocolat (chaud) σοκολάτα (ζεστή) f sokolata (zèsti) 40, 60

chou λάχανο nt lakhano 49

chou-fleur κουνουπίδι nt kounoupiði 49

choux de Bruxelles λαχανάκια Βρυξελλών nt/pl lakhanakia vriksèlonn 49

chrome χρώμιο nt khromio 107

ciboulette σχοινόπρασο nt skhinoprasso 51

ciel ουρανός m ouranoss 94

cigare πούρο nt pouro 108

cigarette τσιγάρο nt tsigaro 17, 95, 108

cimetière νεκροταφείο nt nèkrotafio 81

cinéma σινεμά nt ssinèma 86, 96; κινηματογράφος m kinimatografoss 86

cinq πέντε **pèndè** 147

cinquante πενήντα **pèninnda** 147

cinquième πέμπτος/-η/-ο **pèmbtoss** 149

cintre κρεμάστρα f **krèmastra** 27

cirage βερνίκι nt **vèrniki** 117

ciseaux ψαλίδι nt psaliði 105, 123

ciseaux à ongles ψαλιδάκι νυχιών nt psaliðaki nikhionn 123

citron λεμόνι nt lèmoni 37, 36, 53, 60

clair ανοιχτό anikhto 101, 111, 113

classe affaires (avion) πρώτη θέση f proti θèssi 65

classique κλασσικός/-ή/-ό klassikoss 128

clé κλειδί nt kliði 27

climatisation κλιματισμός m klimatizmoss 23, 28

cœur καρδιά f karðia 138

coffre-fort χρηματοκιβώτιο nt khrimatokivotio 26

coffret à bijoux μπιζουτιέρα f bizoutièra 106

cognac κονιάκ nt koniak 59

coiffeur κομμώτρια f kommotria 30, 98

coin γωνία f gonia 21, 35, 77

col (montagne) ορεινή διάβαση f orini ðiavassi 85

col γιακάς m yiakass 116

col en V, à με ανοιχτό λαιμό mè anikhto lèmo 116

col rond, à με λαιμόκοψη mè lèmokopsi 116

col roulé, à με κλειστό γιακά (ζιβάγκο) mè klisto yiaka (zivanngho) 116

collant καλσόν nt kaltsonn 115

colle κόλλα f kola 118

collier περιδέραιο (κολλιέ) nt pèriðèrèo (koliè) 106

colline λόφος m lofoss 85

colonne vertébrale σπονδυλική στήλη f sponðiliki stili 138

coloration ελαφριά βαφή f èlafria vafi 124

combien πόσο **posso** 11, 24

combien de temps πόση ώρα **possi ora** 11,

combinaison κομπινεζόν nt kommbinèsonn 115

comédie κωμωδία f komoðia 86

comédie musicale μιούζικαλ nt miouzikal 86

commande παραγγελία f parannghèlia 39, 102

commander παραγγέλνω paranghèlno 61, 102, 103

commencer αρχίζω arkhizo 80, 87, 88

comment πώς poss 11

commissariat de police αστυνομικό τμήμα nt astinomiko tmima 98

commission προμήθεια f promiθia 130

communication (tél.) τηλεφώνημα nt tilèfonima 135, 136

communication avec préavis προσωπική κλήση f prossopiki klissi 134

compagnie d'assurance ασφαλιστική εταιρεία f asfalistiki ètèria 79

compartiment κουκέτα f koukèta 69

complet δεν υπάρχουν εισιτήρια δèn iparkhoun issitiria 87

complet (costume) κοστούμι nt koustoumi 116

comprendre καταλαβαίνω katalavèno 12, 16

comprimé χάπι nt khapi 122

compris (inclus) συμπεριλαμβάνεται simbèrilamvanètè 24, 31, 32, 62, 80

compte λογαριασμός m logariasmoss 130, 131

compte-poses μετρητής φωτογραφιών m mètritiss fotografionn 126

concert συναυλία f sinavlia 88

concert, salle de αίθουσα συναυλιών f èθoussa ssinavlionn 81, 88

concierge πορτιέρης m khrimatokivotio 26

concombre αγγούρι nt annghouri 42, 50

condom προφυλακτικό nt profilaktiko 122

conduire πηγαίνω piyèno 21

conduire (véhicule) οδηγώ oðigo 21

confirmation επιβεβαίωση f epivèvèossi 23

confirmer επιβεβαιώνω èpivèvèono 65

confiserie κατάστημα ζαχαρωτών nt katastima zakharotonn 99

confiture μαρμελάδα f marmèlaδa 40, 63

connaissance, sans αναίσθητος/-η/-ο anèsθitoss 139

connaître ξέρω ksèro 96

conseiller συνιστώ ssinisto 36, 80, 86

consigne γραφείο αποσκευών nt grafio aposkèvonn 66, 70

consigne automatique θυρίδα αποσκευών f thiriδa aposkèvonn 18, 70

consommé κονσομέ nt konsomè 43

constipé δυσκοιλιότητα f δiskiliotita 140

consulat προξενείο nt proksènio 155

contagieux μεταδοτικός/-ή/-ό mètaδotikoss 142

contenir περιέχω pèrièkho 37

contraceptif αντισυλληπτικό nt anndissiliptiko 122

contrat συμβόλαιο nt ssimvolèo 131

contre εναντίον ènanndionn 140

contrôle έλεγχος m èlènnghoss 16

contrôler ελέγχω èlènngho 75, 123

copie αντίτυπο anndítipo 126

coque, à la (œuf) μελάτο (αυγό) mèlato (avgo) 40

corail κοράλλι nt korali 107

corde σχοινί nt skhini 109

cordonnerie τσαγκάρης m tsannghariss 94

cornichon αγγούρι ξυδάτο nt annghouri ksidato 64

corps σώμα nt ssoma 138

correspondance (transports) σύνδεση f ssinδèssi 67

cors κάλος m kaloss 122

cosmétique καλλυντικά nt/pl kalinnδika 123

côte πλευρό nt plèvro 138

côté πλάι playi 30

côté, à δίπλα από dipla apo 15, 77

côtelette μπριζόλα f brizola 46

coton βαμβακερό vamvakèro 113

coton hydrophile βαμβάκι nt vammvaki 122

coton, toile de ύφασμα χονδρό βαμβακερό nt khonnδro vamvakèro 113

cou λαιμός m lèmoss 30, 138

couche πάνα f pana 124

couchette κουκέτα f koukèta 69

coudre (recoudre) ράβω ravo 29

couler (robinet) στάζω stazo 28

couleur χρώμα nt khroma 103, 111, 124, 125

coup de soleil έγκαυμα ηλίου nt ènnghavma iliou 121

coupe-ongles νυχοκόπτης m nikhokoptiss 123

couper διακόπτω diakopto 135

couper (cheveux) κόβω kovo 30

coupure χαρτονόμισμα nt khartonomizma 130

coupure (lettre) κόψιμο nt kopsimo 139

courant ρεύμα nt rèvma 91

courge κολοκύθι nt kolokiθi 49

courgette κολοκυθάκι nt kolokiθaki 50

courrier (lettre) γράμματα nt/pl gramata 28, 133

courrier (poste) ταχυδρομείο nt takhiδromio 28, 133

couloir de ventilateur λουρί nt louri 75

course de chevaux ιπποδρομίες mpl ipoδromièss 89

court κοντός/-ή/-ό konndoss 30, 116, 117

court de tennis γήπεδο τένις nt yipèδo tèniss 90

cousin(e) ξάδερφος m ksaδèlfoss; ξαδέρφη f ksaδèlfi 93

coût έξοδα nt/pl èksoda 136

couteau μαχαίρι nt makhèri 36, 61, 120

coûter κοστίζω kostizo 11, 80, 133

couvent μοναστήρι nt monastiri 81

couvert (restaurant) κουβέρ kouvèr 62

couvert σκεπαστός/-ή/-ό skèpastoss 90

couverts μαχαιροπήρουνα nt/pl makhèropirouna 105

couverture κουβέρτα f kouvèrta 27

crampe κράμπα f krammba 140

cravate γραβάτα f gravata 115

crayon μολύβι nt molivi 118

crayon à sourcils μολύβι για τα φρύδια nt molivi yia ta friδia 123

crayon de couleur χρωματιστό μολύβι nt khromatisto molivi 118

crédit πίστωση f pistossi 130

crème κρέμα f krèma 54, 60, 123

crème à raser κρέμα ξυρίσματος f krèma ksirismatoss 123

crème antiseptique αντισηπτική κρέμα f anndisiptiki krèma 123

crème contre les insectes εντομοαπωθητικό nt ènndomo-apoθitiko 121

crème de nuit κρέμα νύχτας f krèma nikhtass 123

crème hydratante υδατική κρέμα f iδatiki krèma 123

crème nettoyante γαλάκτωμα καθαρισμού *nt* **galaktoma ka**θa**rismou** 123

crème pour les mains κρέμα για τα χέρια *f* **krèma** yia ta **khèria** 123

crème pour les pieds κρέμα για τα πόδια *f* **krèma** yia ta **po**δ**ia** 123

crème solaire κρέμα για τον ήλιο *f* **krèma** yia tonn **ilio** 123

crèmerie γαλακτοπωλείο *nt* **galaktopolio** 98

crêpe ύφασμα κρέπ *nt* **ifazma krèp** 113

crevaison τρύπα *f* **tripa** 75, 78

crevette γαρίδα *f* **garida** 44

crise cardiaque καρδιακή προσβολή *f* **kar**δi**aki prosvoli** 141

cristal κρύσταλλο *nt* **kristalo** 107

croire *(penser)* νομίζω **nomizo** 31, 62, 94, 103

croisière κρουαζιέρα *f* **krouazièra** 73

croix σταυρός *m* **stavross** 106

cuillère κουτάλι *nt* **koutali** 36, 61, 105

cuillère à thé/café κουταλάκι *nt* **koutalaki** 105, 143

cuir δέρμα *nt* **dèrma** 113, 117

cuisine *(art culinaire)* κουζίνα *f* **kouzina** 33

cuisse μηρός *m* **miross** 138

cuit à la vapeur του ατμού tou **atmou** 45

cuit au four *(rôti)* του φούρνου tou **fournou** 45, 47

cuivre χαλκός *m* **khalkoss** 107

cure-pipe πανί πίπας *nt* **pani pipass** 108

cyclisme ποδηλασία *f* **po**δi**lassia** 89

cystite κυστίτιδα *f* **kistitiδa** 142

D

d'où από πού **apo pou** 92, 146

daim σουέντ **souéd** 113, 117

Dames Γυναικών **yinèkonn** 154

Danemark Δανία *f* **δania** 146

danger κίνδυνος *m* **kindinnoss** 154, 155

danger, sans χωρίς κίνδυνο **khoris kindino** 90

dangereux επικίνδυνος/-η/-ο **èpikin**δi**noss** 91

dans μέσα **mèssa** 15

danser χορεύω **khorèvo** 88, 96

date ημερομηνία *f* **imèrominia** 25, 151

datte χουρμάς *m* **khourmass** 53

de από **apo** 15

début αρχή *f* **arkhi** 150

débuter αρχίζω, **arkhizo** 87, 88

décaféiné χωρίς καφεΐνη **khoris kafèïni** 40, 60

décembre Δεκέμβριος *m* **δèkèmvrioss** 150

décennie δεκαετία *f* **δèkaètia** 149

déchiré σχισμένος/-η/-ο **skhizmènoss** 140

déchirer σχίζω **skhizo** 140

décision απόφαση *f* **apofassi** 24, 102

déclarer καταγγέλλω **katanghèlo** 155

déclarer *(douane)* δηλώνω **δilono** 17

déclencheur ντεκλανσέ *nt* **dèklansè** 126

décoloration άνοιγμα *nt* **anigma** 30

dedans μέσα **mèssa** 15

défense de απαγορεύεται **apagorèvètè** 154

degré βαθμός *m* **vaθmoss** 140

dehors έξω **èkso** 15, 35

déjeuner γεύμα *nt* **yèvma** 34, 80, 94

délicieux πολύ νόστιμος/-η/-ο **poli nostimoss** 62

demain αύριο **avrio** 29, 96, 151

demander ζητώ **zito** 25, 61, 136

démaquillant βαμβάκι καθαρισμού του μακιγιάζ *nt* **vammvaki ka**θa**rismou tou makiyiaz** 123

démarrer *(voiture)* ξεκινώ **ksèkino** 78

demi μισός/-ή/-ό **missoss** 149

demi-heure μισή ώρα **missi ora** 153

demi-pension με ημιδιατροφή **mè imi**δ**iatrofi** 24

demi-tarif μισή τιμή **missi timi** 68

dent δόντι *nt* **δonndi** 145

dentelle δαντέλλα *f* **δantèla** 113

dentier οδοντοστοιχία *f* **o**δ**onndostikhia** 145

dentifrice οδοντόπαστα *f* **o**δ**onndopasta** 123

dentiste οδοντίατρος *m/f* **o**δ**onndiatross** 98, 145

déodorant αποσμητικό *nt* **aposmitiko** 123

dépanneuse ρυμουλκό *nt* **rimoulko** 78

départ αναχώρηση *f* **anakhorisis** 65

dépenser ξοδεύω **kso**δ**èvo** 102

dépenses δαπάνες *mpl* **δapanèss** 131

déposer αφήνω **portièriss** 26

depuis εδώ και **è**δ**o kè** 15, 150

dernier τελευταίος/-α/-ο **tèlèftèoss** 14, 67, 149, 151

derrière πίσω από **pisso apo** 15, 77

descendre *(d'un véhicule)* κατεβαίνω **katèvèno** 72

déshabiller, se γδύνομαι **g**δ**inomè** 142

désinfectant απολυμαντικό *nt* **apolimann**δ**iko** 122

désolé(e)! συγγνώμη **ssignomi** 10, 87, 103

Λεξικό

dessert επιδόρπιο *nt* èpi**do**rpio 37, 54

deux δύο **di**o 147

deux fois δυο φορές **di**o fo**rèss** 149

deuxième δεύτερος/-η/-ο **dè**ftèross 148

deuxième classe δεύτερη θέση *f* **dè**fteri **thè**ssi 68

développement *(photo)* εμφάνιση *f* èm**fa**nisi 125

déviation αλλαγή πορείας *f* ala**ghi** po**riass** 79

devis πόσο στοιχίζει **po**sso sti**khi**zi 78

devoir πρέπει **prè**pi 31, 37, 61, 68, 95, 142; *(être redevable)* οφείλω o**fi**lo 144

diabétique διαβητικός/-ή/-ό ðiaviti**koss** 37, 141

diamant διαμάντι *nt* ðia**man**ndi 107

diapositive σλάιντ *nt* slaid 125

diarrhée διάρροια ði**ar**ia 140

dictionnaire (de poche) λεξικό (τσέπης) *nt* lèk**si**ko (**tsè**piss) 119

diesel πετρέλαιο *nt* pè**trè**lèo 75

difficile δύσκολος/-η/-ο ði**sko**loss 14

difficulté δυσκολία *f* ðisko**li**a 28, 102, 141

digital ψηφιακός/-ή/-ό psifia**koss** 107

dimanche Κυριακή *f* kiria**ki** 151

dinde γαλοπούλα *f* galo**pou**la 48

dîner δείπνο *nt* **ði**pno 34, 94

dire λέω **lè**o 12, 76, 136, 153

direct κατευθείαν katè**fthi**ann 65

directeur διευθυντής *m* ðièf**thi**nndiss 26

direction *(orientation)* κατεύθυνση *f* ka**tè**fthinsi 75

discothèque ντισκοτέκ *f* ðisko**tèk** 88, 96

disloqué εξαρθρωμένος/-η/-ο èksar**thro**mènoss 140

disque δίσκος *m* **ði**skoss 127, 128

disque compact (CD) κόμπακτ ντισκ *nt* **ko**mpakt disk 128

dissolvant ασετόν *nt* asè**tonn** 123

distance, à quelle πόσο μακριά **po**sso makri**a** 76, 85

divers διάφορα ði**a**fora 127

dix δέκα **ðè**ka 147

dix-huit δεκαοχτώ ðèka**okh**to 147

dix-neuf δεκαεννιά ðèka**è**nia 147

dix-sept δεκαεπτά ðèka**è**pta 147

dixième δέκατος/-η/-ο **ðè**katoss 149

docteur γιατρός *m* yia**tross** 145

doigt δάχτυλο *nt* **ða**khtilo 138

dollar δολλάριο *nt* ðo**la**rio 18, 102, 130

donner δίνω **ði**no 13, 63, 123, 126, 130, 135

doré χρυσαφί khris**sa**fi 112

dormir κοιμάμαι ki**ma**mè 144

dos πλάτη *f* **pla**ti 138

douane τελωνείο *nt* tè**lo**nio 16, 102

doubler προσπερνώ prosp**èr**no 79

douche ντους *nt* douss 23, 32

douleur πόνος *m* **po**noss 141

douzaine δωδεκάδα *f* ðoðè**ka**ða 149

douze δώδεκα **ðo**ðèka 147

drachme δραχμή *f* ðra**khmi** 18, 102, 129, 130

droite, à δεξιά ðèk**sia** 21, 68, 77

droits de douane φόρος *m* **fo**ross 17

dur σκληρός/-ή/-ό skli**ross** 61, 120

E

eau νερό *nt* nè**ro** 23, 28, 32, 38, 75, 90

eau chaude ζεστό νερό *nt* zè**sto** nè**ro** 23, 28

eau courante τρεχούμενο νερό *nt* trè**khou**mèno nè**ro** 23

eau de toilette ω ντε τουαλέτ o dè toua**lèt** 123

eau minérale μεταλλικό νερό *nt* mè**ta**liko nè**ro** 60

eau potable πόσιμο νερό *nt* **po**ssimo nè**ro** 32

écarlate βαθύ κόκκινο va**thi** ko**ki**no 112

ecchymose μελανιά *f* mèla**nia** 139

échanger αλλάζω a**la**zo 103

éclair *(barbe)* αστραπή *f* astra**pi** 94

école σχολείο *nt* skho**li**o 79

écorchure γδάρσιμο *nt* **gðar**simo 139

Ecosse Σκωτία *f* sko**ti**a 146

écouter ακούω a**kou**o 128

écouteurs *(casque)* ακουστικά *nt/pl* akousti**ka** 104

écrevisse καραβίδα *f* kara**vi**ða 44

écrire γράφω **gra**fo 12

édulcorant ζαχαρίνη *f* zakha**ri**ni 37

égaliser *(barbe)* κόβω **ko**vo 31

égaré *(perdu)* χαμένος/-η/-ο kha**mè**noss 13

église εκκλησία *f* èkli**ssi**a 81, 84

élastique ελαστικός/-ή/-ό èlasti**koss** 122

électricité ρεύμα *nt* **rè**vma 32

électrique ηλεκτρικός/-ή/-ό ilèktri**koss** 104

électronique ηλεκτρονικός/-ή/-ό ilèktroni**koss** 104

électrophone, platine πικάπ *nt* pi**kap** 104

élevé *(haut)* ψηλός/-ή/-ό psi**loss** 90, 141

elle αυτή af**ti** 158

émail σμάλτο *nt* z**ma**lto 107

emballer τυλίγω tiligo 103
embarcadère σημείο επιβίβασης nt simio èpivivassis 73
émeraude σμαράγδι nt zmaragdi 107
emplâtre pour cors έμπλαστρο για κάλους nt èmblastro yia kalouss 122
emporter παίρνω pèrno 72, 63, 102, 143
en dérangement είναι χαλασμένο inè khalasmèno 136
en direction de προς pross 15
en face απέναντι apènanndi 76
en haut επάνω èpano 15
en plein air ανοιχτός/-ή/-ό anikhtoss 90
encaisser (chèque) εξαργυρώνω èksaryirono 130, 133
enceinte έγκυος ennghioss 141
encore πάλι pali 96, 136
encre μελάνι nt mèlani 119
enfant παιδί nt pèdi 24, 61, 82, 93, 139, 150
enflé πρησμένος/-η/-ο prizmènoss 139
enfler πρήζομαι prizome 139
enflure πρήξιμο nt priksimo 139
enregistrement εγγραφή fèngghrafi 25
enregistrement (bagages) έλεγχος αποσκευών m èlènngghoss aposkèvonn 67, 70
enregistrer, faire (bagages) παραδίδω paradido 70
ensuite τότε totè 15
entier (sans croquer) ολόκληρος/-η/-ο olokliross 143
entre ανάμεσα anamèssa 15
entrée είσοδος fissodoss 66, 82, 99, 155
enveloppe φάκελος m fakèloss 119
environ περίπου pèripou 78, 153
envoyer στέλνω stèlno 78, 102, 103, 132, 133
envoyer un télex στέλνω τέλεξ stèlno tèlèks 130
épaule ώμος m omoss 138
épeler συλλαβίζω sillavizo 12
épice μπαχαρικό nt bakhariko 51
épicerie παντοπωλείο nt panndopolio 98, 110
épinard σπανάκι nt spanaki 49
épingle καρφίτσα f karfitsa 106
épingle à cheveux φουρκέτα f fourkèta 124
épingle à cravate καρφίτσα γραβάτας f karfitsa gravatass 106
épingle de sûreté παραμάνα f paramana 123
éponge σφουγγάρι nt sfounngghari 123

épuisé (marchandises) έχει/έχουν εξαντληθεί èkhi/ èkhoun èksanndli thi 103
équitation ιππασία f ipassia 89
erreur λάθος nt la thoss 31, 61, 62, 103
éruption (méd.) εξάνθημα nt èksan thima 139
escalier roulant κινητή σκάλα f kiniti skala 101
escalope παϊδάκι nt èskalop 46
Espagne Ισπανία f ispania 146
espérer ελπίζω èlpizo 96
essayer (vêtements) δοκιμάζω dokimazo 114
essence βενζίνη f vènzini 75, 78
essence à briquer υγραέριο για αναπτήρες nt/aério για αναπτήρες igraèrio yia anaptirèss/aèrio yia anaptirèss 108
essence sans plomb βενζίνη αμόλυβδη vènzini amolivdi 75
essuie-glace υαλοκαθαριστήρας m yialoka thari stirass 75
est ανατολικά anatolika 76
estomac στομάχι nt stomakhi 138
estomac, mal à l' πόνος στο στομάχι m ponoss sto stomakhi 141
estragon εστραγκόν nt èstragonn 51
et και kè 15
étage όροφος m orofoss 27
étagère ράφι nt rafi 120
étain κασσίτερος m kassitèross 107
étalage ράφι nt rafi 101
étanche αδιάβροχος/-η/-ο αδ diavrokhoss 107
étang μικρή λίμνη f mikri limni 85
Etats-Unis Ηνωμένες Πολιτείες m/pl inomènèss politièss 146
été καλοκαίρι nt kalokèri 150
étiquette ετικέττα f ètikèta 119
étoile αστέρι nt astèri 94
étrange παράξενος/-η/-ο paraksenoss 84
être είμαι imè 160
être en panne παθαίνω βλάβη pathèno vlavi 78
étroit (habits) στενός/-ή/-ό stènoss 114, 117
étudiant φοιτητής m fititiss 82, 93
étudiante φοιτήτρια f fititria 82, 93
étudier σπουδάζω spoudazo 93
étui θήκη f thiki 120, 126
étui à appareil photo θήκη για φωτογραφική μηχανή f thiki yia foto-grafiki mikhani 126
étui à cigarettes ταμπακιέρα f tabakièra 106

étui à lunettes θήκη για γυαλιά *f* θiki yia yialia 120
Europe Ευρώπη *f* èvropi 146
exact σωστός/-ή/-ό ssostoss 14
examiner εξετάζω èksètazo 139
excursion εκδρομή *f* èkdromi 80
excuser συγχωρώ sinnghoro 10
excusez-moi! συγγνώμη ssignomi 10
exigé υποχρεωτικός/-ή/-ό ipokhrèotikoss 88
exposition έκθεση *f* èkthèssi 81
exprès εξπρές èksprèss 133
expression φράση *f* frassi 12; έκφραση *f* èkfrassi 100
eye-liner μολύβι για τα μάτια molivi yia ta matia 123

F

facile εύκολος/-η/-ο èfkolos 14
facture τιμολόγιο *nt* timoloyio 131
faim, avoir πεινασμένος/-η/-ο pinazmènoss 13, 35
faire κάνω kano 131, 162
faire du ski κάνω σκι kano ski 91
faire enregistrer *(bagages)* παραδίδω paradído 70
faire mal χτυπώ khtipo 139
faire *(lit)* στρώνω strono 28
faisan φασιανός *m* fassianoss 48
fait main χειροποίητος/-η/-ο khiropïtoss 112
falaise γκρεμός *m* grèmoss 85
falloir πρέπει prèpi 95, 140
famille οικογένεια *f* ikoyèria 93, 144
fantaisie εμπριμέ èmprimè 112
farci γεμιστός/-ή/-ό yèmistoss 41
fard à joues ρουζ *nt* rouz 123
farine αλεύρι *nt* alèvri 37
fatigué κουρασμένος/-η/-ο kourasmènos 13
faux λάθος lathoss 14, 135
favoris φαβορίτες *m/pl* favoritèss 31
félicitation συγχαρητήρια sinngghariïria 152
femme *(épouse)* σύζυγος *f* sizigos 93
femme de chambre καμαριέρα *f* kamarièra 27
fenêtre παράθυρο *nt* parathïro 28, 36, 65, 69
fer à repasser σίδερο *nt* sidèro 104
ferme αγρόκτημα *nt* agroktima 85
fermé κλειστός/-ή/-ό klistoss 14, 154
fermer κλείνω klino 11, 82, 121, 132
fermeture éclair φερμουάρ *nt* fèrmouar 116
ferry φέρυ-μποτ *nt* fèri bot 73

feu *(clignotant)* φανάρι *nt* fanari 76
feu φωτιά *f* fotia 95, 155
feuille de maladie ασφαλιστική αίτηση *f* asfalistiki èïissi 144
feutre τσόχα ftsokha 113
février Φεβρουάριος *m* fèvrouarioss 150
fiançailles *(bague)* δαχτυλίδι αρραβώνων *nt* dakhtilidi aravononn 106
ficelle σπάγγος *m* spannghoss 119
fiche (d'enregistrement) έντυπο (εγγραφής) *nt* èndipo (ènngghrafiss) 25, 26
fiche *(électrique)* πρίζα *f* priza 29, 104
fièvre πυρετός *m* pirètoss 140
fil κλωστή *f* klosti 27
fille κόρη *f* kori 93
fille(tte) κορίτσι *nt* koritsi 111, 128
film-disque δισκέτα *f* diskèta 127
fils γιος *m* yioss 93
filtre φίλτρο *nt* filtro 108
fin τέλος *nt* tèloss 150
fin de semaine *(week-end)* Σαββατοκύριακο *nt* savatokiriako 20
fines herbes βότανα *nt/pl* votana 51
Finlande Φινλανδία *f* finlandia 146
fixatif αφρο-λακ *m* afro-lak 30
flanelle φανέλλα *f* fanèla 113
flash φλας *nt* flass 126
fleur λουλούδι *nt* loulouɗi 85
fleuriste ανθοπωλείο *nt* anthopolio 98
foie συκώτι *nt* ssikoti 138
foire πανηγύρι *nt* paniyiri 81
fois φορά *f* fora 95, 142, 143
fois, une μια φορά mia fora 149
foncé σκούρος/-α/-ο skouross 101, 111, 112
fond de teint βάση *f* vassi 123
fond, à βαθιά vathia 142
fontaine πηγή *f* pigi 81
football ποδόσφαιρο *nt* poɗosfèro 89
forêt δάσος *nt* ɗassoss 85
forme σχήμα *nt* skhima 103
formidable φοβερός/-ή/-ό fovèrèss 84; υπέροχος/-η/-ο ipèrokhoss 95
formulaire *(fiche)* έντυπο *nt* èndipo 25, 26, 133, 144
fort δυνατός/-ή/-ό dinatoss 135
fort(e) *(cigarette)* βαρύ vari 108
forteresse φρούριο *nt* frourio 81
foulé στραμπουληγμένος/-η/-ο strabouligmènoss 140
fourchette πηρούνι *nt* pirouni 36, 61, 107
frais φρέσκος-ια/-ο frèskoss 53, 61
fraise φράουλα *f* fraoula 53

framboise κόκκινο βατόμουρο *nt* kokino vatomouro 53

franc φράγκο *nt* frango 18, 130

français γάλλος, γαλλίδα, γαλλικός galoss 18

français *(langue)* Γαλλικά *nt/pl* galika 11

Français Γάλλος *m* galoss 92

Française Γαλλίδα *f* galida 92

France Γαλλία *f* galia 134, 146

frange αφέλειες *mpl* afèlièss 30

frein φρένο *nt* frèno 78

frère αδελφός *m* aδèlfoss 93

frisson με ρίγη *mè* riyi 140

frites *(pommes)* τσιπς *m/pl* tsipss 39, 63

froid κρύος/-α/-ο krioss 14, 25, 39, 61, 94, 154

fromage τυρί *nt* tiri 52, 64

fruit φρούτο *nt* frouto 53 63

fruits de mer θαλασσινά *nt/pl* θalassina 44

fumé καπνιστός/-ή/-ό kapnistoss 45

fume-cigarette πίπα για τσιγάρα *f* pipa yia tsigara 108

fumer καπνίζω kapnizo 95

fumeurs καπνίζοντες kapnizonndèss 69

furoncle σπυρί *nt* spiri 139

G

gaine λαστέξ *nt* lastèks 115

gaine-culotte ζώνη *f* zoni 115

galerie de peinture/d'art γκαλερί τέχνης *f* galèri tèkhniss 81, 99

gant γάντι *nt* ganndi 115

garage γκαράζ *nt* gharaz 26, 78

garçon αγόρι *nt* agori 111, 128; *(serveur)* σερβιτόρος *m* sèrvitoross 36

garde d'enfants μπέιμπυ σίτερ bèïbi ssitèr 27

garder κρατώ krato 62

gardien de plage ναυαγοσώστης *m* navagossostiss 90

gare σιδηροδρομικός σταθμός *m* siδiroδromikoss staθmoss 19, 21, 66, 69

garer παρκάρω parkaro 26, 77

gargarisme υγρό για την πλύση του στόματος *nt* igro yia tinn plissi tou stomatoss 122

gastrite γαστρίτιδα *f* gastritiδa 142

gâteau κέικ *nt* kèïk 37, 54, 64

gauche αριστερά aristèra 21, 68, 77

gaz αέριο *nt* aèrio 155

gaz à briquet αέριο για αναπτήρες aèrio yia anaptirèss 108

gaz butane υγραέριο *nt* igraèrio 32, 109

gaze *(pansement)* αντισηπτική γάζα *f* anndissiptiki gaza 122

gazeux αεριούχο aèrioukho 60

gel ζελέ για τα μαλλιά *nt* zèlè yia ta malia 30, 124

gelée παγετός *m* pagètoss 94

gencive ούλο *nt* oulo 145

général γενικός/-ή/-ό yènikoss 27, 100, 137

généraliste *(médecin)* παθολόγος *m* paθologoss 137

genou γόνατο *nt* gonato 138

genre, dans ce σαν sann 111

géologie γεωλογία *f* yèologia 83

gibier κυνήγι *nt* kiniyi 48

gilet γιλέκο *nt* yilèko 115

gilet de sauvetage σωσίβιο *nt* sossivio 73

gin τζιν *nt* tzinn 59

gin-tonic τζιν με τόνικ *nt* tzinn mè tonik 60

glace πάγος *m* pagoss 94; *(dessert)* παγωτό *nt* pagoto 54

glacière φορητό ψυγείο *nt* forito psiyio 109

glaçon παγάκι *nt* pagaki 27

glande αδένας *m* aδènass 138

golf γκολφ *nt* gholf 89

golf, terrain de γήπεδο γκολφ *nt* yipèδo gholf 89

gomme γομολάστιχα *f* gomolastikha 119

gorge λαιμός *m* lèmoss 138, 141

gorge, mal à la πονόλαιμος *m* ponolèmoss 141

gourmette αλυσίδα χεριού *f* alissiδa khèriou 106

goutte σταγόνα *f* stagona 122

gouttes pour le nez σταγόνες για τη μύτη *m/pl* stagonèss yia ti miti 122

gouttes pour les oreilles σταγόνες για τ' αυτιά *m/pl* stagonèss yia taftia 122

gouttes pour les yeux σταγόνες για τα μάτια *m/pl* stagonèss yia ta matia 122

graisse λίπος *nt* liposs 37

grammaire γραμματική *f* gramatiki 157

grammaire, livre de βιβλίο γραμματικής *nt* vivlio gramatikiss 119

gramme γραμμάριο *nt* gramario 110

grand μεγάλος/-η/-ο mègaloss 14, 101

LEXIQUE

grand lit διπλό κρεβάτι *nt* **di**plo krè**vat**i 23

grand magasin πολυκατάστημα *nt* polika**tas**tima 99

grand-angulaire ευρυγώνιος φακός *m* èvri**gon**ioss fa**koss** 126

grand μεγάλος/-η/-ο **mè**galoss 14, 20, 101

grande tasse κούπα *f* **koup**a 105

Grande-Bretagne Μεγάλη Βρετανία *f* **mè**gali vrè**tani**a 146

gras λιπαρός/-ή/-ό li**pa**ross 30, 124

gratuit ελεύθερος/-η/-ο e**lèf**thèros 154

grec Ελληνικός/-ή/-ό elli**ni**kos 33

grec *(langue)* Ελληνικά *nt/pl* el**lini**ka 11

Grèce Ελλάδα *f* e**la**da 146

grillé ψητός/-ή/-ό psi**toss** 45, 47

griller *(ampoule)* καίγομαι **kè**gri**pi** 28

grippe γρίπη *f* **grip**i 142

gris γκρι **gghri** 112

gros μεγάλος/-η/-ο **mè**galoss 130

groseille à maquereau φραγκοστάφυλο *nt* frangho**sta**filo 53

grotte σπήλαιο *nt* **spilè**o 81

groupe γκρουπ *nt* **gghroup** 82

guichet γκισέ *nt* **gghiss**è 133; *(billets)* εκδοτήριο εισιτηρίων *nt* è**kdo**tirio issi**tir**ionn 66

guide ξεναγός *m* ksèna**goss** 80

guide (de voyage) *(touristικός)* οδηγός *m* (touristi**koss**) o**di**goss 82, 118; ταξιδιωτικός οδηγός *m* taksidioti**koss** o**di**goss 119

guide des hôtels οδηγός ξενοδοχείων *m* o**di**goss ksèno**do**khionn 19

gynécologue γυναικολόγος *m/f* yinèko**lo**goss 137, 141

H

habillement ένδυμα *nt* **èn**dima 111

habituellement συνήθως ssi**ni**thoss 94, 143

hamac σχοινένια κούνια *f* skhi**nèni**a **kouni**a 109

handicapé ανάπηρος/-η/-ο a**na**piross 82

hareng ρέγγα **frèn**ngha 44

haricot φασόλι *nt* fa**ssol**i 50

haricot vert πράσινο φασολάκι *nt* **pra**ssino fasso**laki** 50

haut στην κορυφή stinn ko**rifi** 30, 145

haut, en πάνω **pa**no 13

haut-parleur μεγάφωνο *nt* **mè**gafono 104

haute saison τουριστική σαιζόν *f* touristi**ki** **sè**zonn 150

hélicoptère ελικόπτερο *nt* èli**kop**tèro 74

heure ώρα *f* **or**a 80, 143, 153

heure, à l' στην ώρα του stinn **or**a tou 68

heures de visite ώρες επισκέψεων *m/pl* **or**ess èpi**skèps**èonn 144

heureux ευτυχισμένος/-η/-ο èftikhiz**mèn**oss 152

hier χθες kh**thèss** 151

histoire ιστορία *f* isto**ria** 83

histoire naturelle φυσική ιστορία *f* fisi**ki** isto**ria** 83

hiver χειμώνας *m* khi**mon**ass 150

homme άνδρας *m* an**drass** 98

honoraires αμοιβή *f* ami**vi** 144

hôpital νοσοκομείο *nt* nosso**komi**o 99, 142, 144

horaire (έντυπο με) τα δρομολόγια (**èn**dipo mè) ta dromo**lo**yia 68

horloge ρολόι *nt* ro**loï** 153

horlogerie ωρολογοποιείο *nt* orolo-gopi**io** 99, 106

hors-d'œuvre ορεκτικά *nt/pl* orèk**ti**ka 41

hôtel ξενοδοχείο *nt* ksèno**do**khio 19, 21, 22, 26, 80, 96, 102

hôtel de ville δημαρχείο *nt* dimar**khio** 81

houppette πομπόν *nt* ponn**ponn** 123

huile λάδι *nt* **la**di 40, 75, 111

huile solaire λάδι για τον ήλιο *nt* **la**di yia tonn **ili**o 123

huit οχτώ o**khto** 147

huitième όγδοος/-η/-ο og**dooss** 149

huître στρείδι *nt* **stri**di 44

hydroglisseur ιπτάμενο δελφίνι *nt* ip**ta**mèno dèl**fin**i 73

hypothèque υποθήκη *f* ipo**thi**ki 131

I

ici εδώ è**do** 14

il αυτός af**toss** 158

il y a πριν από prinn a**po** 149, 151

imperméable αδιάβροχο *nt* a**dia**vrokho 115

important σημαντικός/-ή/-ό ssimann**dik**oss 13

importé εισαγόμενος/-η/-ο issa**go**mè-noss 113

impressionnant εντυπωσιακός/-ή/-ό èndi**possiak**oss 84

Inde Ινδία *f* in**dia** 146

indicatif *(téléphonique)* τηλεφωνικός κώδικας *m* tilèfoni**koss** **ko**dikass 134

indigestion στομαχική ανωμαλία *f* stomakhi**ki** anoma**lia** 121;

Λεξικό

βαρυστομαχιά f varistoma**khia** 140
indiquer δείχνω **di**khno 13
infecté μολυσμένος/-η/-ο moli**zmèn**oss 140
infection μόλυνση f mo**linsi** 141
infection vaginale κολπική μόλυνση f kolpiki mo**linsi** 141
inférieur στ κάτω μέρος το kato **mèr**oss 69, 61
infirmière νοσοκόμα f nosso**koma** 144
inflammation φλεγμονή f flè**gmoni** 142
inflation πληθωρισμός m plitho**rizm**oss 131
infroissable δεν τσαλακώνει dènn tsala**koni** 113
insolation ηλίαση f i**liassi** 140
instant στιγμή f **stigmi** 12
institut de beauté ινστιτούτο ομορφιάς nt insti**tou**to omor**fiass** 30, 99
intéressant ενδιαφέρων/-ουσα/-ον èn**diafèr**onn 84
intéresser, s' ενδιαφέρομαι èn**diafèr**omè 83, 96
intérêt (banque) τόκος m to**koss** 131
international διεθνής/-ής/-ές dièth**niss** 133, 134
interne (tél.) εσωτερική γραμμή f èso**ter**iki **grammi** 135
interprète διερμηνέας m dièrmi**nèass** 135
interrupteur διακόπτης m dia**kop**tiss 29
intestins έντερο nt **ènn**dèro 138
intoxication (empoisonnement) δηλητηρίαση f dilitir**iassi** 142
intoxication alimentaire τροφική δηλητηρίαση ftrofiki dilitir**iassi** 142
investissement επένδυση f è**pèn**dissi 131
invitation πρόσκληση f **pros**klissi 94
inviter καλώ ka**lo** 94
iode, teinture d' ιώδιο nt io**di**o 122
Irelande Ιρλανδία f ir**lan**δia 146
Israël Ισραήλ nt is**raïl** 146
Italie Ιταλία f i**talia** 146
ivoire ελεφαντόδοντο nt è**lèfann**doonndo 107

J

jade νεφρίτης m nè**fritiss** 107
jamais ποτέ po**tè** 15
jambe πόδι nt **po**δi 138
jambon ζαμπόν nt **zamb**onn 40, 64
janvier Ιανουάριος m ianou**ar**ioss 150
Japon Ιαπωνία f ia**ponia** 146
jardin κήπος m **ki**poss 81

jardin botanique βοτανικός κήπος m botani**koss ki**poss 81
jardin public κήπος m **ki**poss 85
jaune κίτρινος/-η/-ο **kitr**inoss 112
jaunisse ίκτερος m **ikt**èross 142
jazz τζαζ tzaz 128
je εγώ è**go** 158
jeans μπλου-τζην blou tzinn 115
jeu d'échecs σκάκι **ska**ki 128
jeu de constructions μικροκατασκευές (με τουβλάκια) m/pl mikrokataskè**vèss** (mè tou**vla**kia) 128
jeudi Πέμπτη f **pèm**bti 151
jeune νέος/-α nèoss 14
joli όμορφος/-η/-ο o**morf**oss 84
jouer παίζω **pèz**o 86, 88, 89, 93
jouet παιχνίδι nt pè**khni**δi 128
jour de congé ρεπό nt, άδεια f a**δia** 151
jour férié δημόσια αργία f δi**mo**ssia ar**gia** 152
jour ouvrable εργάσιμη μέρα f èr**gas**simi **mèra** 151
jour μέρα f **mèra** 20, 24, 32, 80, 94, 151
journal εφημερίδα f èfimè**ri**δa 118, 119
journée μέρα f **mèra** 150
joyeux καλός/-η/-ο ka**loss** 152
juillet Ιούλιος m iou**li**oss 150
juin Ιούνιος m iou**ni**oss 150
jumelles κυάλια nt/pl **ki**alia 120
jupe φούστα f **fous**ta 115
jus χυμός m khi**moss** 37, 40, 60
jus d'orange χυμός πορτοκαλιού m khi**moss** portoka**liou** 40, 60
jus de fruit χυμός φρούτων m khi**moss** **frou**tou 40, 60
jus de pamplemousse χυμός γκρέιπφρουτ m khi**moss** ghrè**ï**pfrout 40, 60
jus de tomate χυμός ντομάτας m khi**moss** do**mat**ass 60
jusqu'à μέχρι mè**khri** 15

K

kilo(gramme) κιλό nt **kilo** 110
kilométrage απόσταση σε χιλιόμετρα f a**pos**tassi sè khilio**mèt**ra 20
kilomètre χιλιόμετρο nt khilio**mèt**ro 20, 78
kiosque à journaux περίπτερο nt pè**ript**èro 19, 67, 99, 118

L

là εκεί è**ki** 13
la prochaine fois την επόμενη φορά tin

èpomèni fora 95

lac λίμνη f limni 81, 85, 90

lacet κορδόνι παπουτσιού nt kordòni papoutsiou 117

laid άσχημος/-η/-ο askhimoss 14, 84

laine μάλλινος/-η/-ο malinoss 113

laisser ξεχνώ ksèkhno

lait γάλα nt gala 40, 60, 64

laitue μαρούλι nt marouli 49

lame de rasoir ξυραφάκια για το ξύρισμα nt/pl ksirafakia yia to ksirisma 123

lampe λάμπα f lamba 29, 104

lampe de poche φακός m fakoss 109

langue γλώσσα f glossa 138

lanterne φανάρι nt fanari 109

laque (cheveux) λακ lak 30, 124

large φαρδύς/-ειά/-ύ farðiss 117

lavable πλένεται plènètè 114

lavable à la machine πλένεται στο πλυντήριο plènètè sto plinndirio 114

lavable à la main πλένεται στο χέρι plènètè stо khèri 114

lavabo νιπτήρας m niptirass 28

laver πλένω plèno 29, 114

le ο ο 156

leçon μάθημα nt maθima 91

leçons de ski μαθήματα σκι nt/pl maθ θimata ski 91

lecteur de CD ψηφιακό πικάπ psifiako pikap 104

léger ελαφρύς/-ιά/-ύ èlafriss 28, 79, 108, 124

légume λαχανικό nt lakhaniko 49

lent αργός argoss 14

lentement αργά arga 21, 135

lentille (légume) φακές mpl fakèss 50

lentille de contact φακός επαφής m fakoss èpafiss 123

lessive σκόνη πλυσίματος f skoni plissimatoss 105

lettre γράμμα nt grama 132

lettre de crédit πιστωτική επιστολή f pistotiki èpistoli 130

leur τους touss 158

lever, se σηκώνομαι ssikonomè 144

levier d'avancement γύρισμα του φιλμ yirisma tou film 124

lèvre χείλος nt khiloss 138

librairie βιβλιοπωλείο nt vivliopolio 99, 118

libre ελεύθερος/-η/-ο elèθèros 14, 69, 80, 95

lieu τόπος m toposs 25, 76

lieu de naissance τόπος γέννησης m toposs yènississ 25

lièvre λαγός m lagoss 48

lime λίμα f lima 123

lime à ongles λίμα νυχιών f lima nikhionn 123

limonade λεμονάδα f lèmonaða 60

lin λινό lino 113

liqueur λικέρ nt likèr 59

liquide υγρό nt igro 123

liquide de frein λάδι φρένων nt laði frènonn 75

liquide-vaisselle υγρό πιάτων nt igro piatonn 105

lire διαβάζω ðiavazo 39

lit κρεβάτι nt krèvati 23, 28, 142, 144

lit d'enfant παιδικό κρεβάτι nt pèðiko krevati 23

lit de camp κρεβάτι εκστρατείας nt krèvati èkstratias 109

lits jumeaux δύο κρεββάτια ðio krèvatia 23

litre λίτρο nt litro 75, 120

livraison παράδοση f paradossi 102

livre βιβλίο nt vivlio 12

livre de poche βιβλίο τσέπης nt vivlio tsèpiss 119

livrer παραδίδω paradido 102

location ενοικίαση fènikiassi 20

location de voiture ενοικίαση αυτοκινήτου fènikiassi aftokinitou 20

logement διαμονή fðiammoni 22

loger μένω mèno 93

loin μακρυά makria 14, 100

long μακρύς/-ιά/-ύ makriss 114

lotion λοσιόν f lossionn 123

lotion après-rasage λοσιόν για μετά το ξύρισμα f lossionn yia mèta to ksirisma 123

lotion capillaire γαλάκτωμα για μαλλιά nt galaktoma yia ta malia 124

louer νοικιάζω nikiazo 19, 20, 74, 90, 91, 119, 154

lourd βαρύς, -ιά, -ύ variss 14, 101, 139

lumière ελαφρύς/-ιά/-ύ èlafriss 14, 58, 101

lumière artificielle τεχνητό φως nt tèkhnito foss 125

lumière naturelle το φως της μέρας to foss tiss imèrass 125

lundi Δευτέρα fðèftèra 151

lune φεγγάρι nt fènnghari 94

lunettes γυαλιά nt/pl yialia 120

lunettes de soleil γυαλιά ηλίου nt/pl yialia iliou 120

M

mon μου mou 158
machine à écrire γραφομηχανή f grafomikhani 27
mâchoire σαγόνι nt sagoni 138
Madame κυρία kiria 10
Mademoiselle δεσποινίδα ðespiniða 10
mademoiselle (serveuse) σερβιτόρα f sèrvitora 36
magasin μαγαζί nt magazi 98
magasin d'appareils électro-ménagers κατάστημα ηλεκτρικών ειδών nt katastima ilèktrikon idonn 99
magasin d'articles de sport κατάστημα αθλητικών ειδών nt katastima aθlitikonn iðonn 99
magasin de chaussures κατάστημα παπουτσιών nt katastima papoutsionn 99
magasin de diététique κατάστημα υγιεινής διατροφής nt katastima iyiiniss diatrofiss 99
magasin de jouets κατάστημα παιχνιδιών nt katastima pèkhniðionn 99
magasin de photos φωτογραφείο nt fotografio 98
magasin de souvenirs κατάστημα σουβενίρ nt katastima souvenir 99
magasin hors-taxe κατάστημα αφορολόγητων ειδών nt katastima aforoloyitonn iðonn 19
magasin libre service κατάστημα σελφ σέρβις nt katastima sèlf sèrviss 32
magazine περιοδικό nt pèrioðiko 119
magnétophone μαγνητόφωνο nt magnitofono 104
magnétophone à cassettes κασετόφωνο nt kassètofono 104
magnétoscope βίντεο nt vidèo 104
magnifique μεγαλοπρεπής/-ής-ές mègaloprèpiss 84
mai Μάιος m maïoss 150
maillet ξύλινο σφυρί nt ksilino sfiri 109
maillot de bain μαγιό nt mayio 115
maillot de bain (hommes) ανδρικό μαγιό nt anðriko mayio 115
maillot de corps φανέλλα (εσώρουχο) f fanèla (èsoroukho) 115
main χέρι nt khèri 138
maintenant τώρα tora 15
mais αλλά ala 15
maïs καλαμπόκι nt kalaboki 49
maison σπίτι nt spiti 83, 85
maître d'hôtel αρχισερβιτόρος m arkhissèrvitoross 61

mal à l'oreille πόνος στο αυτί m ponoss sto afti 141
mal au dos πόνος στην πλάτη m ponoss stinn plati 141
mal aux dents πονόδοντος m ponoðonndoss 145
mal de tête πονοκέφαλος m ponokèfaloss 141
mal du voyage ναυτία f naftia 121
mal, avoir πονώ pono 140, 141, 145
mal, se faire χτυπώ khtipo 139
malade άρρωστος/-η/-ο arostoss 140
maladie αρρώστια f arostia 140
maladie vénérienne αφροδισιακό νόσημα nt afrodisiako nossima 142
manche μανίκι nt maniki 116, 142
mandarine μανταρίνι nt mandarini 53
mandat (postal) ταχυδρομική επιταγή f takhiðromiki èpitayi 133
manger τρώω troo 36, 37, 144
manquer μου λείπει mou lipi 18
manteau παλτό nt palto 115
manteau de pluie, imperméable αδιάβροχο nt aðiavrokho 115
manucure μανικιούρ nt manikiour 30
maquereau σκουμπρί nt skoubri 44
marchand de fruits et légumes μανάβικο nt manaviko 99
marchand de vin οινοπωλείο nt inopolio 99
marché αγορά f agora 81, 99
marché aux puces λαϊκή αγορά f laïki agora 81
marcher περπατώ pèrpato 74, 85
marcher (fonctionner) λειτουργώ litourgo 28
mardi Τρίτη f triti 151
marée basse άμπωτη f ammboti 91
marée haute παλίρροια f palirria 91
mari σύζυγος m sizigos 10, 93
marié(e) παντρεμένος/-η panndrèmènoss 93
mariné μαρινάτα marinata 45
marmelade μαρμελάδα πορτοκάλι f marmèlaða portokali 40
marron καφέ kafè 112
mars Μάρτιος m martioss 150
masque de beauté μάσκα για το πρόσωπο f maska yia to prossopo 30
mat ματ mat 126
match αγώνας m agonass 89
matelas en mousse ελαστικό στρώμα èlastiko stroma 109
matelas pneumatique στρώμα αέρα nt stroma aèra 109
matériel de plongée sous-marine εξοπλισμός για υποβρύχιο ψάρεμα m

èksoplizmoss για ipovrikhio psarèma 91, 109

matière ύφασμα *nt* ifazma 113

matin το πρωί to proï 143, 151, 153

matinée *(spectacle)* απογευματινή παράσταση *f* apoγèvmatini parastassi 87

mauvais κακός/-ή/-ό kakoss 14, 95

mécanicien μηχανικός αυτοκινήτου *m* mikhanikoss aftokinitonn 78

mèche φυτίλι *nt* fitili 108

mécontent δυσαρεστημένος/-η/-ο dissarestimènoss 103

médicament φάρμακο *nt* farmako 143

médecin γιατρός *m* γiatross 79, 137, 155

médecine ιατρική *f* iatriki 83

melon πεπόνι *nt* pèponi 53

même ίδιος/-α/-ο iδioss 117

menthe δυόσμος *m* δiozmoss 50

mentholé μεντόλ *nt* mènntol 108

menu μενού *nt* mènou 36, 39

menu (à prix fixe) έτοιμο μενού *nt* ètimo mènou 36

mer θάλασσα *f* θalassa 85

merci ευχαριστώ efkharisto 10

mercredi Τετάρτη *f* tètarti 151

mère μητέρα *f* mitèra 93

merveilleux θαυμάσιος/-α/-ο θavmassioss 96

message μήνυμα *nt* minima 28, 136

messe λειτουργία *f* litouryia 84

messieurs *(toilettes)* Ανδρών anndronn 154

mesures, prendre les πέρνω μέτρα pèrno mètra 111

mètre μέτρο *nt* mètro 111

métro Ηλεκτρικός *m* ilektrikoss 72

metteur en scène σκηνοθέτης *m* skino-θètiss 86

mettre βάζω vazo 23

midi μεσημέρι *nt* mèssimèri 31, 153

miel μέλι *nt* mèli 40

mieux καλύτερος/-η/-ο kalitèross 14, 25, 101

milieu μέση *f* mèssi 69, 150

milk-shake μίλκσεϊκ *nt* milksèïk 60

mille χίλια khilia 148

milliard δισεκατομμύριο *nt* dissèkatomirio 148

million εκατομμύριο *nt* èkatomirio 148

mince λεπτός/-ή/-ό lèptoss 113

minuit μεσάνυχτα *nt/pl* mèssanikhta 153

minute λεπτό *nt* lèpto 21, 68, 153

miroir καθρέπτης *m* kaθrèptiss 114, 120

mise en plis μιζ-αν-πλι *nt* mizannpli 30

mobilier έπιπλα *nt/pl* èpipla 83

mocassin μοκασίνι *nt* mokassini 117

moi-même μόνος/-η μου monoss mou/moni mou 110

moins λιγότερο liγotèro 12

moins, au τουλάχιστον toulakhistonn 24

mois μήνας *m* minass 16, 150

moitié μισός/-η/-ο missoss 149

moment στιγμή fstiγmi 136

monastère μοναστήρι *nt* monastiri 81

monnaie ψιλά *nt/pl* psila 77, 130; νόμισμα *nt* nomizma 83

Monsieur κύριος *m* kirioss 10, 154

montagne βουνό *nt* vouno 85

montant ποσό *nt* poso 62, 131

montant de la caution εγγύηση *f* ènngghiissi 20

montant de tente κοντάρι *nt* konndari 109

montre ρολόι χειρός *nt* roloï khiross 106, 107

montre de gousset ρολόι τσέπης *nt* roloï tsèpiss 107

montre-bracelet ρολόι χειρός *nt* roloï khiross 107

montrer δείχνω δikhno 12, 100, 101, 103, 124

monture *(lunettes)* σκελετός *m* skèlètoss 120

monument μνημείο *nt* mnimio 81

morceau κομμάτι *nt* komati 18, 110

mosquée τζαμί *nt* tzami 84

mot λέξη *f* lèksi 12, 15, 133

motel μοτέλ *nt* motèl 22

moteur μηχανή *f* mikhani 78

moto μοτοσυκλέτα *f* motossiklèta 74

mouchoir μαντήλι *nt* manndili 115

mouchoir en papier χαρτομάντηλο *nt* khartomanndilo 123

moule μύδι *nt* miδi 44

mousseux *(vin)* αφρώδες κρασί *nt* afroδèss krassi 59

moustache μουστάκι *nt* moustaki 31

moustiquaire κουνουπιέρα *f* kounoupièra 109

moutarde μουστάρδα *f* moustarδa 51, 64

moyen μέσος/-η/-ο messoss 91

moyen *(taille)* μεσαίου μεγέθους *m* mèssèou mèyèθous 20

moyens μέσα *nt/pl* mèssa 74

mur τοίχος *m* tikhoss 85

muscle μυς *m* miss 138

musée μουσείο *nt* mousio 81

musique μουσική *f* moussiki 83, 128

musique de chambre μουσική

δωματίου *f* moussiki ðomatiou 128
musique folklorique λαϊκή μουσική *f*
laïki moussiki 128
musique pop μουσική ποπ *f* moussiki
pop 128
myope μύωπας *m/f* miopass 120
myrtille μύρτιλλο *nt* mirtilo 53

N

naissance γέννηση *f* yènissi 25
natation κολύμπι *f* kolimbi 89,
nationalité εθνικότητα *f* èthnikotita 25,
92
nausée ναυτία *f* naftia 140
navet γογγύλι *nt* gonnghili 49
ne ... pas δεν δenn 15, 163
négatif αρνητικός/-ή/-ό arnitikoss 125,
126
neige χιόνι *nt* khioni 94
neiger χιονίζω khionizo 94
nerf νεύρο *nt* nèvro 138
nettoie-pipe καθαριστήρας πίπας *m*
kaθaristirass pipass 108
nettoyer καθαρίζω kaθarizo 29, 76
neuf εννιά ènia 147
neuvième ένατος/-η/-ο ènatoss 149
neveu ανιψιός *m* anipsioss 93
nez μύτη *f* miti 138
nièce ανιψιά *f* anipsia 93
Noël Χριστούγεννα *nt/pl* khristouyèna
152
nœud papillon παπιγιόν *nt* papiyionn
115
noir μαύρος/-η/-ο mavross 112
noir et blanc *(photo)* ασπρόμαυρο
aspromavro 125, 126
noisette φουντούκι *nt* foundouki 53
noix καρύδι *nt* kariði 53
noix de coco καρύδα *f* kariða 53
nom επώνυμο *nt* èponimo 25; όνομα *f*
onoma 79
nombre αριθμός *m* ariθmoss 147
non όχι okhi 10
non-fumeurs μη καπνιστής mi
kapnistiss 35, 70
nord βόρεια voria 76
normal κανονικός/-ή/-ό kanonikoss 30
Norvège Νορβηγία *f* norviyia 146
notre μας mass 158
nouille χυλόπιτα *f* khilopita 43
nourriture φαγητό *nt* fayito 61
nous εμείς èmiss 158
nouveau καινούργιος/-α/-ο kènouryioss
14
Nouvel An Πρωτοχρονιά *f*
protokhronia 152

Nouvelle-Zélande Νέα Ζηλανδία *f* nèa
zilanðia 146
novembre Νοέμβριος *m* noèmvrioss
150
nuage σύννεφο *nt* sinnèfo 94
nuancier δειγματολόγιο χρωμάτων *nt*
ðigmatoloyio khromatonn 30
nuit νύχτα *f* nikhta 10, 151
nombre αριθμός *m* ariθmoss 26, 65,
135
numéro de chambre αριθμός δωματίου
m ariθmoss ðomatiou 25
numéro de téléphone αριθμός
τηλεφώνου *m* ariθmoss tilèfonou
135, 136, 155

O

objectif *(photo)* φακός *m* fakoss 126
objets trouvés, bureau des γραφείο
απωλεσθέντων αντικειμένων *nt* grafio
apolèsθènndonn andikimènonn 66,
156
obtenir πέρνω pèrno 121, 134
obturateur διάφραγμα *nt* ðiafragma
126
occupé κατειλημμένος/-η/-ο
katilimènoss 14, 155; πιασμένος/-η/-ο
piazmènoss 69
octobre Οκτώβριος *m* oktovrioss 150
oculiste οφθαλμίατρος *m/f*
ofθalmiatross 137
œil μάτι *nt* mati 138, 139
œuf αυγό *nt* avgo 40, 64
œuf à la coque βραστό αυγό *nt* vrasto
avgo 40
œuf sur le plat τηγανητό αυγό *nt* tiga-
nito avgo 40
œufs au bacon αυγά με μπέικον avga
mè bèïkonn 40
œufs au jambon αυγά με ζαμπόν avga
mè zambonn 40
œufs brouillés χτυπητά αυγά *nt/pl*
khtipita avga 40
office du tourisme γραφείο τουρισμού
nt grafio tourizmou 19, 22, 80
oie χήνα *f* khina 48
oignon κρεμμύδι *nt* kremidi 49
oiseau πουλί *nt* pouli 85
olive ελιά *f* èlia 41
ombre à paupières σκιά για τα μάτια *f*
skia yia ta matia 123
oncle θείος *m* θioss 93
ongle νύχι *nt* nikhi 123
onyx όνυχας *m* onikhass 107
onze έντεκα ènnðèka 147
opéra όπερα *f* opèra 81, 88

opérateur χειριστής *m* khiristiss 134
opération εγχείρηση *f* ènnghirissi 144
opérette οπερέτα *f* opèrèta 88
opticien οπτικός *m/f* optikoss 99, 120
or χρυσάφι *nt* khrissafi 106, 107
orage θύελλα *f* θièla 94
orange πορτοκάλι *nt* portokali 53, 64;
  (couleur) πορτοκαλί portokali 112
orangeade πορτοκαλάδα *f* portokalaδa
  60
orchestre ορχήστρα *f* orkhistra 88
ordonnance ιατρική συνταγή *f* iatriki
  sindayi 121, 143
oreille αυτί *nt* afti 138
oreiller μαξιλάρι *nt* maksilari 27
organes génitaux γεννητικά όργανα
  nt/pl yènitika organa 138
origan ρίγανη *f* rigani 51
ornithologie ορνιθολογία *f* orniθoloyia
  83
orteil δάχτυλο ποδιού *nt* δakhtilo
  poδiou 138
orthodoxe ορθόδοξος/-η/-ο
  orθoδoksoss 84
os κόκκαλο *nt* kokalo 138
ou ή 15
où πού που 11
oublier ξεχνώ ksèkhno 61
ouest δυτικά δitika 76
oui ναι nè 10
ours en peluche αρκουδάκι *nt* arkouδ
  δaki 128
outil εργαλεία *nt/pl* ergalia 105
ouvert ανοιχτός/-ή/-ό anikhtoss 14, 82,
  155
ouvre-boîtes ανοιχτήρι για κονσέρβες
  nt anikhtiri yia konsèrvèss 105
ouvre-bouteilles ανοιχτήρι για
  μπουκάλια *nt* anikhtiri yia boukalia
  105
ouvrir ανοίγω anigo 11, 17, 82, 121,
  131, 132, 142
ovale οβάλ oval 101

P

paiement πληρωμή *f* pliromi 102, 131
pain ψωμί *nt* psomi 36, 36, 64
paire ζευγάρι *nt* zevgari 117, 150
palais παλάτι *nt* palati 81
palais de justice δικαστήριο *nt*
  δikastirio 81
palpitations ταχυπαλμία *f* takhipalmia
  141
pamplemousse γκρέιπφρουτ *nt*
  ghrèïpfrout 53
panier de pique-nique καλάθι για πικ

νικ *nt* kalaθi yia pik nik 109
panne *(voiture)* βλάβη *f* vlavi 78
panneau σήμα *nt* sima 79, 154
panneau routier σήμα τροχαίας *nt* sima
  trokhèass 79
pansement τσιρότο *nt* tsiroto 122
pantalon παντελόνι *nt* panndèloni 115
pantoufle παντόφλα *f* panndofla 117
papeterie χαρτοπωλείο *nt* khartopolio
  99, 118
papier χαρτί (κόλλες) *nt* kharti (kolèss)
  119
papier à dessin χαρτί σχεδίου *nt* kharti
  skhèδiou 119
papier à lettres χαρτί αλληλογραφίας *nt*
  kharti alilografiass 27, 119
papier carbone καρμπόν *nt* karbonn
  119
papier hygiénique χαρτί υγείας *nt*
  kharti iyiass 124
papier machine χαρτί γραφομηχανής *nt*
  kharti grafomikhaniss 119
Pâques Πάσχα *nt* paskha 152
paquet δέμα *nt* δèma 132, 133;
  (cigarettes) πακέτο *nt* pakèto 108
par exprès εξπρές **èkspèss** 133
par heure την ώρα tinn ora 77, 90
par jour την ημέρα tinn imèra 24
par jour ανά ημέρα ana imèra 20, 32, 90
par personne το άτομο to atomo 32
par semaine την εβδομάδα tinn
  èvδomaδa 20, 24
parapluie ομπρέλα *f* ommbrèla 115
parasol ομπρέλα για τον ήλιο *f*
  ommbrèla yia ton ilio 91
parc πάρκο *nt* parko 81
parcomètre παρκόμετρο *nt*
  parkomètro 77
pare-brise παρ-μπρίζ *nt* parbriz 75
parents γονείς *m/pl* goniss 93
parfum άρωμα *nt* aroma 124
parking πάρκινγκ *nt* parkinng 77
parking χώρος στάθμευσης *m* khoross
  staθmèfsiss 79
parlement κτίριο της Βουλής *nt* ktirio
  tiss vouliss 81
parler μιλώ milo 12, 16, 84, 135
parterre *(théâtre)* πλατεία *f* platia 87
partie μέρος *nt* mèross 138
partir φεύγω **fèv**go 31, 67, 68, 95
pas encore ακόμα akoma 15, 16, 24
passage à niveau σιδηροδρομική
  διάσταυρωση *f* ssiδiroδromiki
  δiastavrossi 79
passeport διαβατήριο *nt* δiavatirio 16,
  17, 25, 155
passer περνάω pèrnao 69

pastèque καρπούζι *nt* **karpouzi** 53

pasteur προτεστάντης κληρικός *m* protè**stanndiss klirikoss** 84

pastille pour la gorge παστίλλια για το λαιμό *f* pa**stilia yia to lèmo** 122

pastilles contre la toux παστίλλια για το βήχα *f* pa**stilia yia to vikha** 122

pâtes ζυμαρικά *nt/pl* **zimarika** 39

patient(e) άρρωστος ο/η **arostoss** 144

patin παγοπέδιλο *nt* **pagopèdilo** 91

patin à roulettes πατίνι *nt* **patinni** 128

patinoire πίστα πατινάζ *f* **pista patinaz** 91

pâtisserie γλύκό *nt* **glikisma** 53; *(magasin)* ζαχαροπλαστείο *nt* **zakharoplastionn** 99

payer πληρώνω pli**rono** 17, 31, 62, 102, 136

pays χώρα *f* **khora** 93, 146

Pays-Bas Ολλανδία *f* o**lanðia** 146

paysage τοπίο *nt* **topio** 93

péage διόδια *nt/pl* **diodia** 79

peau δέρμα *nt* **dèrma** 138

pêche ροδάκινο *nt* po**dakino** 53

pédiatre παιδίατρος *m/f* **pèdiatross** 137

peigne χτένα *f* **khtèna** 124

peigné μάλλινο υφαντό *nt* **malino ifanndo** 113

peignoir ρόμπα *f* **rommba** 115

peignoir de bain μπουρνούζι *nt* **bournouzi** 115

peindre ζωγραφίζω zogra**fizo** 83

peintre ζωγράφος *m* **zografoss** 83

peinture πίνακας *m* **pinakass** 83

pelle φτυάρακι *nt* **ftiaraki** 128

pellicule ταινία *f* **tènia** 124, 125

pendant κατά τη διάρκεια **kata tinn ðiarkia** 15, 150, 151

pendentif *(bijou)* μενταγιόν *nt* **mèdayionn** 107

pendule ρολόι *nt* **roloï** 106

pénicilline πενικιλίνη *f* **pènikilini** 143

pension (de famille) πανσιόν *f* **pansionn** 19, 22

pension complète (διαμονή) με πλήρη διατροφή *f* (dia**moni) mè pliri diatrofi** 24

pension, demi- (διαμονή) με ημιδιατροφή (dia**moni) mè imidia-trofi** 24

perche πέρκα *f* **pèrka** 44

perdre χάνω **khano** 120, 155

perdrix πέρδικα *f* **pèrðika** 48

père πατέρας *m* pa**tèrass** 93

perle μαργαριτάρι *nt* **margaritari** 107

permanente περμανάντ *f* **pèrmanannd** 30

permis άδεια **aðia** 90

permis de conduire άδεια οδήγησης *f* **aðia oðiyississ** 20, 79

perruque περούκα *f* **pèrouka** 124

persil μαϊντανός *m* **maïdanoss** 51

personne άτομο *nt* **atomo** 32

personnel προσωπικός/-ή/-ό **prossopikoss** 17

personnel υπάλληλοι *m/pl* **ipalili** 26

perte απώλεια *f* a**polia** 131

petit μικρός/-ή/-ό **mikross** 14, 20, 25, 101, 118, 130

petit déjeuner πρωινό *nt* pro**ïno** 24, 27, 34, 38

petit pain ψωμάκι *nt* **psomaki** 40, 64

petit pois μπιζέλι *nt* **bizèli** 49

pétrole φωτιστικό πετρέλαιο *nt* foti**stiko pètrèlèo** 109

peu (de) λίγοι-ες/-α **ligi** 14

peu, un λίγο **ligo** 14

peut-être ίσως **issoss** 15

pharmacie φαρμακείο *nt* **farmakio** 121

photo φωτογραφία *f* **fotografia** 82, 124, 125

photo d'identité φωτογραφία διαβατηρίου *f* **fotografia ðiavatiriou** 125

photocopie φωτοτυπία *f* **fototipia** 131

photographe φωτογράφος *m* **fotografoss** 99

photographie φωτογραφική τέχνη *f* **fotografiki tèkhni** 125

photographier φωτογραφίζω foto**grafizo** 82

phrase πρόταση *f* **protassi** 12

pic κορυφή *f* **korifi** 85

pièce *(théâtre)* θεατρικό έργο *nt* **θèatriko èrgo** 86

pied πόδι *nt* **podi** 138

pied, à με τα πόδια **mè ta podia** 76

pierre précieuse πολύτιμος λίθος *m* **politimoss liθoss** 107

piéton πεζός *m* **pèzoss** 79, 155

pile μπαταρία *f* **bataria** 104, 126

pilule χάπι *nt* **khapi** 141, 143

pince à cheveux τσιμπιδάκι *nt* **tsibiðaki** 124

pince à cravate κλιπ γραβάτας *nt* **klip gravatass** 107

pince à épiler τσιμπιδάκι για τα φρύδια *nt* **tsibiðaki yia ta friðia** 124

pince à linge μανταλάκι *nt* **manndalaki** 105

pintade φραγκόκοτα *f* **frannghokota** 48

pipe πίπα *f* **pipa** 108

pique-nique πικ νικ *nt* **pik nik** 63

piquer κεντρίζω **kènndrizo** 139

piquet de tente πάσσαλος *m* **passaloss** 109

piqûre ένεση *f* **ènèssi** 142, 143, 144

piqûre d'insecte τσίμπημα από έντομο *nt* **tsibima apo èndomo** 121, 139

pire χειρότερα **khirotèra** 14

piscine πισίνα *f* **pissina** 32, 90

place μέρος *nt* **mèross** 32; θέση *f* **thèssi** 69, 87

place (ville) πλατεία *f* **platia** 81

place, à la αντί για **anndi yia** 37

plage παραλία *f* **paralia** 90

plaire, se μου αρέσει **mou arèssi** 24, 92, 102

plan de ville χάρτες της πόλης *m* **khartiss tiss poliss** 19, 105

planche de surf σανίδα σερφ *f* **saniða sèrf** 91

planétarium αστεροσκοπείο *nt* **astèroskopio** 81

plaque de chocolat μια σοκολάτα **mia sokolata** 64

plaqué or επίχρυσος/-η/-ο **èpikhrissoss** 107

plastique πλαστικός/-ή/-ό **plastikoss** 105

plat (mets) πιάτο *nt* **piato** 36

plat ίσιος/-α/-ο **issioss** 117

platine πικάπ *nt* **pikap** 104

platine (métal) πλατίνα *f* **platina** 107

plâtre γύψος *m* **yipsoss** 140

plein γεμάτος/-η/-ο **yèmatoss** 14, 155

pleuvoir βρέχω **vrèkho** 94

plomb, sans αμόλυβδη **amolivði** 75

plombage σφράγισμα *nt* **sfrayizma** 145

plongée sous-marine υποβρύχιο ψάρεμα *nt* **ipovrikhio psarèma** 91

pluie βροχή *f* **vrokhi** 94

plus περισσότερα **pèrissotèra** 12, 15

plus tard αργότερα **argotèra** 135

pneu λάστιχο *nt* **lastikho** 75, 78

pneu plat σκασμένο λάστιχο *nt* **skazmèno lastikho** 75, 78

pneumonie πνευμονία *f* **pnèvmonia** 142

poche τσέπη *f* **tsèpi** 116

poché ποσέ *nt* **possè** 45

poêle à frire τηγάνι *nt* **tigani** 105

poil de chameau καμηλό *nt* **kamilo** 113

point, à (viande) μέτρια ψημένο **mètria psimèno** 47

pointure μέγεθος *nt* **mègèthoss** 117

poire αχλάδι *nt* **akhlaði** 53

poireau πράσο *nt* **prasso** 49

pois, à πουά **poua** 112

poison δηλητήριο *nt* **ðilitirio** 155

poisson ψάρι *nt* **psari** 43

poissonnerie ιχθυοπωλείο *nt* **ikhthiopolio** 99

poitrine στήθος *nt* **stithoss** 138, 141

poivre πιπέρι *nt* **pipèri** 37, 36, 51, 64

police αστυνομία *f* **astinomia** 78, 155

pomme μήλο *nt* **milo** 53, 64, 119

pomme de terre πατάτα *f* **patata** 49

pompe αντλία *f* **anndlia** 109

pont γέφυρα *f* **yèfira** 85

pont (bateau) κατάστρωμα *nt* **katastroma** 73

popeline ποπλίνα *f* **poplina** 113

porc (viande) χοιρινό *nt* **khirino** 46

port λιμάνι *nt* **limani** 73, 81

portatif φορητός/-ή/-ό **foritoss** 104

portemine μολύβι σχεδίου *nt* **molivi skhèðiou** 107, 119

portefeuille πορτοφόλι *nt* **portofoli** 155

porter μεταφέρω **mètafèro** 21

porteur αχθοφόρος *m* **akhthofoross** 18, 70

portion μερίδα *f* **mèriða** 37, 54, 61

Portugal Πορτογαλία *f* **portogalia** 146

pose (photos) στάση *f* **stassi** 125

possible, dès que όσο το δυνατόν συντομότερα **osso to ðinatonn sinndomotèra** 137

poste restante ποστ ρεστάντ **post rèstante** 133

poste, bureau de ταχυδρομείο *nt* **takhiðromio** 28

poster ταχυδρομώ **takhiðromo** 28

pot βάζο *nt* **vazo** 110

pot d'échappement εξάτμιση *f* **èksatmissi** 78

potage σούπα *f* **soupa** 43

poterie αγγειοπλαστική *f* **anghioplastiki** 83, 127

pouce αντίχειρας *m* **anndikhirass** 138

poudre πούδρα *f* **pouðra** 124

poudrier πουδριέρα *f* **pouðrièra** 107

poulet κοτόπουλο *nt* **kotopoulo** 48, 63

poulet blanc στήθος κοτόπουλο *nt* **stithoss kotopoulo** 48

poulpe χταπόδι *nt* **khtapoði** 44

poumon πνεύμονας *m* **pnèvmonass** 138

poupée κούκλα *f* **koukla** 128

pour για **yia** 14

pourcent τοις εκατό **tiss èkato** 149

pourcentage ποσοστό *nt* **possosto** 131

pourquoi γιατί **yiati** 11

pouvoir μπορώ **boro** 11

prairie λιβάδι *nt* **livaði** 85

prélèvement (méd.) δείγμα *nt* **ðigma** 142

premier πρώτος/-η/-ο pro**t**oss 68, 73, 77, 149

première classe πρώτη θέση f pro**t**i θèssi 68

premiers secours, trousse de κουτί πρώτων βοηθειών nt kouti pro**t**onn voiθionn 122

prendre παίρνω **pèrno** 18, 102

prénom μικρό όνομα nt mikro onoma 25

préparer (lit) στρώνω **strono** 70

près κοντά **konnda** 14, 15

près d' ici εδώ κοντά **èdo konnda** 32, 77

presbyte πρεσβύωπας près**v**iopass 120

prescrire γράφω **grafo** 143

présentation σύσταση f sistassi 92

pressé, être βιάζομαι via**z**omè 21

pression πίεση f **p**ièssi 75, 141

prêt έτοιμος/-η/-ο **è**timoss 29, 117, 123, 125, 145

prêtre παπάς m pa**p**ass 84

prévenir ειδοποιώ i**d**opio 144

prévision πρόβλεψη f pro**v**lèpsi 94

prévisions météo δελτίο καιρού nt **d**èltio kèrou 94

principal κύριος/-α/-ο **kiri**oss 80

printemps άνοιξη f aniksi 150

pris (occupé) απασχολημένος/-η/-ο apaskholi**m**ènoss 96

prise πρίζα f **p**riza 27

privé ιδιωτικός/-ή/-ό i**d**iotikoss 23, 80, 91, 155

prochain επόμενος/-η/-ο è**p**omènoss 14, 65, 67, 72, 73, 76, 149, 151

proche, le plus κοντινότερος/-η/-ο konn**d**inotèross 75, 78, 98

procurer βρίσκω **v**risko 137

profession επάγγελμα nt è**p**annghelma 25

programme πρόγραμμα nt **p**rogramma 87

prononcer προφέρω pro**f**èro 12

prononciation προφορά f pro**f**ora 6

protestant διαμαρτυρόμενος **d**iamartiro**m**ènoss 84

provisoire προσωρινός/-ή/-ό prossori**n**oss 145

prune δαμάσκηνο nt **d**amaskino 53

pruneau ξερό δαμάσκηνο nt ksèro **d**amaskino 53

puis μετά **m**èta 15

pull(over) πουλόβερ nt poulo**v**èr 116

punaises πινέζες m/pl pi**n**èzèss 119

pur αγνός/-ή/-ό/καθαρός/-ή/-ό a**g**noss/ kaθaross 113

pyjama πυτζάμες m/pl pitza**m**èss 116

Q

quai αποβάθρα f apo**v**aθra 67, 68, 69

qualité ποιότητα f **p**iotita 103, 113

quand πότε **p**otè 11

quantité ποσότητα f **p**ossotita 14, 103

quarante σαράντα sa**r**annda 147

quart d'heure τέταρτο (της ώρας) nt **t**ètarto (tiss orass) 153

quartier περιοχή f **p**èriokhi 81, 149

quartier commerçant εμπορική περιοχή f èmbori**k**i **p**èriokhi 82, 100

quartier des affaires εμπορικό κέντρο nt èmmboriko **k**ènndro 81

quartz κουάρτζ kouartz 107

quatorze δεκατέσσερα **d**èka**t**èssèra 147

quatre τέσσερα **t**èssèra 147

quatre-vingt-dix ενενήντα ènè**n**innda 148

quatre-vingts ογδόντα o**gd**onnda 148

quatrième τέταρτος/-η/-ο **t**ètartoss 149

que (comparaison) από **a**po 14

quel ποιος, ποια, ποιο **p**ioss 11

quelqu'un κανείς ka**n**iss 11, 16

quelque μερικοί -ές-ά mè**r**iki 15; λίγος/-η/-ο **l**igoss 24

quelque chose κάτι **k**ati 24, 29, 101, 108, 112, 125, 139; τίποτε **t**ipotè 17

quelque part πουθενά pou**θ**èna 89

question ερώτηση f è**r**otissi 11; ανάγκη f a**n**annghi 27

qui ποιος/ ποια **p**ioss 11

quincaillerie χρωματοπωλείο nt khromato**p**olio 99

quinze δεκαπέντε **d**èka**p**èndè 147

quinze jours δεκαπενθήμερο nt **d**èka**p**ènθimèro 151

quoi τι **t**i 11

R

rabbin ραββίνος m ra**v**inoss 84

raccommoder διορθώνω **d**ior**θ**ono 29

radiateur (voiture) ψυγείο nt psi**g**io 78

radio ραδιόφωνο nt ra**d**iofono 23, 28, 104

radio(graphie) ακτινογραφία f aktino**g**rafia 140

radio-réveil ξυπνητήρι με ραδιόφωνο nt ksipnitiri mè ra**d**iofono 104

radis ραδίκι nt ra**d**iki 53

ragoût σιγοβρασμένο sigovraz**m**èno 47

raisin σταφύλι nt sta**f**ili 53, 64

raisin sec σταφίδα f sta**f**i**d**a 53

rallentir αργά/κόψετε ταχύτητα arga/ kop**s**tè takhitita 79

rallonge *(électrique)* μπαλαντέζα *f*
balaдèza 104

rappeler ξανατηλεφωνώ ksanatilèfono
136

raquette ρακέτα *f* rakèta 90

raquette *(tennis)* ρακέτα του τένις *f*
rakèta tou tèniss 90

raser ξυρίζω ksirizo 31

rasoir *(électrique)* ξυριστική μηχανή *f*
ksiristiki mihani 27, 104, 124

rayon τμήμα *nt* tmima 100

rayures, à ριγέ ριγè 112

réception ρεσεψιόν *f* rèsèpsionn 22;
πάρτυ *nt* parti 95

réceptionniste ρεσεψιονίστ
rèssèpsionist 26

recharge ανταλλακτικό για στυλό *nt*
anndalaktiko yia stilo 119

réclamation παράπονο *nt* parapono 61

recommandé *(courrier)* συστημένο
ssistimèno 133

recommander συνιστώ ssinisto 35, 88,
137, 145

recoudre ράβω pavo 29, 118

rectangulaire μακρόστενος/-η/-ο
makrostènoss 101

réduction έκπτωση *f* èkptossi 24, 82

regarder κοιτάζω kitazo 100, 139

régime δίαιτα *f* дièta 37

règle χάρακας *m* kharakas 119

règles περίοδος *f* pèrioдoss 141

règles douloureuses πόνοι περιόδου
m/pl poni pèrioдou 141

religion θρησκεία *f* θriskia 83

remboursement επιστροφή χρημάτων *f*
èpistrofi khrimatonn 103

remercier ευχαριστώ èfkharisto

remise *(prix)* έκπτωση *f* èkptossi 131

remontée mécanique *(tire-fesse)*
αναβατήρας του σκι *m* anavatirass
tou ski 91

remplir συμπληρώνω simblirono 26,
144

rendez-vous ραντεβού *nt* randèvou
131, 137, 145

rendre επιστρέφω èpistrèfo 103

rendre, se φέρνω ferno 16, 24, 25, 142

renseignement πληροφορίες *m/pl*
pliroforièss 66, 67, 154

réparer φτιάχνω ftiakhno 75

réparation επισκευή *f* èpiskèvi 126

réparer επιδιορθώνω èpidiorθono 106,
107; φτιάχνω ftiakno 75, 126

repas γεύμα *nt* yèvma 24, 34, 62, 143

repas léger snack *nt* snak 63

repasser σιδερώνω sidèrono 29

répéter επαναλαμβάνω èpanalamvano

réponse απάντηση *f* apanndisi 136

repriser μπαλώνω balono 29

réservation κράτηση *f* kratisi 19, 65

réservation d'hôtel κράτηση
ξενοδοχείου *f* kratisi ksènoдokhiou
19

réservations, guichet des γραφείο
κρατήσεων *nt* grafio kratissèonn 19,
66

réservé κρατημένο kratimèno 154;
ρεζερβέ rèzèrvè 154

réserver κάνω κράτηση kano kratissi
19, 22, 35, 87

respirer αναπνέω anapnèo 141, 142

restaurant εστιατόριο *nt* èstiatorio 19,
32, 33, 35, 67

reste υπόλοιπα ipolipa 130

rester μένω mèno 16, 24, 25, 142

retard καθυστέρηση *f* kaθistèrissi 68

retirer σηκώνω sikono 130

retour, être de επιστρέφω èpistrèfo 80,
136

retraité συνταξιούχος *m/f*
sinndaksioukhoss 82

rétrécir μαζεύω mazèvo 114

retrouver, se συναντώ sinanndo 96

réveil ξυπνητήρι *nt* ksipnitiri 107

réveiller ξυπνώ ksipno 27, 70

revenir επιστρέφω èpistrèfo 21

rhum ρούμι *nt* roumi 59

rhumatisme ρευματισμοί *m/pl*
rèvmatismi 141

rhume κρύωμα *nt* krioma 121, 141

rhume des foins αλλεργικό συνάχι *nt*
alèryiko sinakhi 121, 141

rideau κουρτίνα *f* kourtina 28

rien τίποτα tipota 15, 16

rire γελάω yèlao 95

rivière ποταμός *m* potamoss 85, 90

riz ρύζι *nt* rizi 49

robe φόρεμα *nt* forèma 116

robe du soir βραδινό φόρεμα *nt*
vradino forèma 116

robinet βρύση *f* vrissi 28

romarin δεντρολίβανο *nt*
дènndrolivano 51

rond στρογγυλός/-ή/-ό stronnghiloss
101

rose *(couleur)* ροζ roz 112

rosé *(vin)* ροζέ rozè 58

rôti ψητός/-ή/-ό psitoss 47

roue τροχός *m* trokhoss 78

roue de secours ρεζέρβα frèzèrva 75

rouge κόκκινος/-η/-ο kokinoss 58, 112,
119

rouge à lèvres κραγιόν *nt* krayionn 124

rougeole ιλαρά f **ilara** 142
route δρόμος m **ðromoss** 76, 77, 85
route touristique γραφική διαδρομή f
grafikí ðiaðromí 85
royal βασιλικός/-ή/-ό vassili**koss** 81
ruban adhésif σελοτέιπ f **sèlotèïp** 119
ruban de machine à écrire
μελανοταινία γραφομηχανής
mèlanotènia grafomikhaniss 119
rubis ρουμπίνι nt **roubini** 107
rue οδός f **oðoss** 25, 77
ruine ερείπια è**ri**pia 81
Russie Ρωσία f **ro**ssia 146

S
s'amuser περνάω καλά per**nao** kala 96
s'asseoir κάθομαι **ka**θomè 95
s'il vous plaît παρακαλώ parakalo 10
sable άμμος f **a**moss 90
sac τσάντα f **tsannda** 18, 103
sac à dos σακκίδιο nt sa**ki**ðio 109
sac à main τσάντα χειρός f **tsannda** 155
sac de couchage υπνόσακκος m
ip**no**sakoss 109
sac de voyage σακ βουαγιάζ nt sak
vouayiaz 18
sac plastique πλαστική σακούλα
plastikí sakoula 105
safran σαφράνη f **ssafra**ni 51
saignant σενιάλ sè**nial** 47
saignement de nez αιμορραγία στη
μύτη fèmora**yia** sti **mi**ti 141
saigner αιμορραγώ è**mora**go 139, 145
saison εποχή f è**po**khi 150
salade σαλάτα f **sala**ta 42
salade de fruits φρουτοσαλάτα f
froutosa**la**ta 53
salade verte σαλάτα μαρούλι f **sala**ta
marouli 42
salé αλμυρός/-ή/-ό almi**ross** 61
salle αίθουσα f **è**θoussa 81, 88
salle à manger τραπεζαρία f trapè**za**ria
28
salle d'attente αίθουσα αναμονής f
èθoussa anamo**nniss** 67
salle de bains μπάνιο nt **ba**nio 23, 25,
27
salle de conférence αίθουσα συνεδρίων
f**è**θoussa sinè**ðri**onn 23
salopette φόρμα f **fo**rma 116
salutation χαιρετισμός m
khèrè**ti**zmoss 10
samedi Σάββατο nt **sa**vato 151
sandale σανδάλι nt sa**nnða**li 117
sandwich σάντουιτς nt **sa**nndouïts 63
sang αίμα nt **è**ma 142

sanglier αγριογούρουνο nt agrio**gou**-
rouno 48
sans χωρίς kho**riss** 15
sans manches χωρίς μανίκια kho**riss**
ma**ni**kia 116
santé! στην υγειά σας! stin iyia sas 56
saphir ζαφείρι nt za**fi**ri 107
sardine σαρδέλλα f sar**ðè**la 44
satin σατέν sa**tèn** 113
sauce σάλτσα f **sa**ltsa 51
saucisse λουκάνικο nt lou**ka**niko 46, 64
sauge φασκομηλιά f**ffa**skomilia 51
sauvetage, canot de σωσίβια λέμβος f
sossivia **lè**mvoss 73
savoir ξέρω **ksè**ro 16, 24
savon σαπούνι nt sa**pou**ni 27
Schweppes® τόνικ nt **to**nik 60
scooter βέσπα f **vè**spa 74
sculpteur γλύπτης m **gli**ptiss 83
sculpture γλυπτική f **gli**ptiki 83
seau κουβάς m kou**vass** 105, 128
sec ξηρός/-ή/-ό ksi**ross** 30, 58, 111
sèche-cheveux σεσουάρ nt ssèss**ou**ar
104
seconde δευτερόλεπτο ðè**ftè**ro**lè**pto
153
secours, au βοήθεια! voï**θia** 155
secrétaire γραμματέας grama**tè**as 27,
131
section τμήμα nt **tmi**ma 83
sein στήθος nt **sti**θoss 138
seize δεκαέξι ðèka**è**ksi 147
sel αλάτι nt a**la**ti 37, 36, 64
selles (méd.) κόπρανα nt/pl **ko**prana
142
sels de bain άλατα μπάνιου nt/pl **a**lata
baniou 124
semaine εβδομάδα f è**vðo**maða 16, 20,
24, 80, 92, 151
semelle σόλα f **so**la 117
sens unique μονόδρομος m
mo**no**ðromoss 77, 79
sentier μονοπάτι nt **mo**nopati 85
sentir, se αισθάνομαι è**sθa**nomè 140,
142
séparément χωριστά kho**ri**sta 62
sept επτά è**pta** 147
septembre Σεπτέμβριος m
sep**tè**mvrioss 150
septième έβδομος/-η/-ο è**vðo**moss 149
sérieusement σοβαρά ssova**ra** 150
serveur σερβιτόρος m sèrvi**to**ross 26
service σέρβις nt **sè**rviss 24;
εξυπηρέτηση fèsipi**rè**tisi 98, 100
service des chambres σέρβις δωματίου
nt sèrviss ðoma**ti**ou 23
service religieux θρησκευτική

λειτουργία fθrisskèftiki litouryia 84
serviette πετσέτα f **pètsèta** 36
serviette de bain πετσέτα μπάνιου f
pètsèta **baniou** 27
serviette en papier χαρτοπετσέτα f
khartopètsèta 105, 119
serviette hygiénique σερβιέτα υγείας f
sèrvièta **iyiass** 122
servir, se εξυπηρετούμαι
eksipirètoumè 110
seulement μόνο **mono** 15, 24, 108
shampooing σαμπουάν nt
ssampouann 30, 124
shampooing colorant ρενσάζ **rènsaz**
30
shampooing colorant χρωμοσαμπουάν
nt khromossampouann 30
shampooing et mise en plis σαμπουάν
και μιζ/-αν-πλι nt ssampouan kè
mizanpli 30
shampooing sec σαμπουάν για ξηρά
μαλλιά nt ssampouann yia ksira
malia 124
short σορτς nt sorts 116
si av ann 143
siècle αιώνας m **èonass** 149
signature υπογραφή f ipografi 25
signer υπογράφω **ipografo** 26, 131
simple απλός/-ή/-ό **aploss** 88
sinistre σκοτεινός/-ή/-ό skoti**noss** 84
six έξι **èksi** 147
sixième έκτος/-η/-ο **èktos** 149
ski σκι nt ski 89, 91
ski nautique θαλάσσια σκι nt/pl
θalassio ski 91
slip κυλότα f **kilota** 116
snack bar σνακ μπαρ nt snak bar 33, 67
sœur αδελφή f a**dèlfi** 93
soie μετάξι nt m**ètaksi** 113
soif, avoir διψάω **dipsao** 13, 35
soir, ce απόψε **apopsè** 29, 86, 87, 96
soir, le το βράδυ το **vradi** 151, 153
soixante εξήντα **èksinnda** 148
soixante-dix εβδομήντα **èvdominnda**
148
soldes εκπτώσεις m/pl **èkptosiss** 100
soleil ήλιος m **ilioss** 94
solide ανθεκτικός/-ή/-ό anθè**ktikoss** 101
soliste σολίστας m **solistass** 88
sombre σκοτεινός/-ή/-ό skoti**noss** 25
somme (montant) ποσό nt **posso** 131
somnifère υπνωτικό χάπι nt **ipnotiko
khapi** 122, 143
son, sa του, της tou, tiss 158
sonnette κουδούνι nt kou**douni** 144
sortie έξοδος f **èksodoss** 66, 99, 155
sortie de secours έξοδος κινδύνου f

èκσοδοss κinδinou 28, 99
sortir βγαίνω έξω **vyèno** ekso 96
soucoupe πιατάκι nt piataki 105
soupe σούπα f **soupa** 43
souple μαλακός/-ή/-ό malakoss 120
source πηγή f **piyi** 85
soutien-gorge σουτιέν nt soutiènn 116
souvenir σουβενίρ nt ssouvenir,
ενθύμιο nt **ennθimio** 127
sparadrap λευκοπλάστ nt lèf**koplast**
122
spécial ειδικός/-ή/-ό i**δikoss** 20, 37
spécialiste ειδικός m/fi**δikoss** 142
spécialité σπεσιαλιτέ f spèsia**lité** 40, 59
spectacle παράσταση f pa**rastassi** 87
spectacle de cabaret επιθεώρηση
πίστας f èpiθèorissi **pistass** 88
sport αθλητισμός m aθli**timoss** 90
sport d'hiver χειμερινά σπορ nt/pl
khimèrina spor 91
stade στάδιο nt **stadio** 81
standardiste τηλεφωνητής m
τηλεφωνήτρια ftilèfo**nitiss**/
tilèfo**nitria** 26
station σταθμός m sta**θmoss** 72
station-service πρατήριο βενζίνης nt
pratirio vènziniss 75
stationnement στάθμευση f sta**θmèfsi**
77, 79
statue άγαλμα nt **agalma** 81
stick-lèvres κρέμα για τα χείλη f **krèma**
yia ta khili 124
store ρολό nt **rolo** 29
stupéfiant καταπληκτικός/-ή/-ό
kataplik**tikoss** 84
stylo στυλό nt **stilo** 119
stylo à bille στυλό διαρκείας nt stilo
diarkiass 119
stylo à encre πένα f **pèna** 119
stylo-feutre μαρκαδόρος m
markadoross 119
sucette (tétine) πιπίλα f pipila 124
sucre ζάχαρη f **zakhari** 37, 64
sucré γλυκός/-ειά/-ό glikoss 55, 59, 61
sud νότια **notia** 76
Suède Σουηδία f souidia 146
Suisse/-sse Ελβετός m **èlvètoss**,
Ελβετίδα f **èlvètida** 92
Suisse (pays) Ελβετία f **èlvètia** 146
super σούπερ **ssoupèr** 75
superbe θαυμάσιος/-α/-ο θavmassioss
84
supérieur στο επάνω μέρος sto **èpano
mèross** 69
supermarché σουπερμάρκετ nt
soupèr**markèt** 99
supplément επιπλέον **èpiplèonn** 39

supplémentaire ένα ακόμη ένα akomi 27
suppositoire υπόθετο nt ipothèto 122
sur πάνω pano 15
survêtement φόρμα f forma 116
synagogue συναγωγή f sinagoyi 84
synthétique συνθετικός/-ή/-ό sinthètikoss 113

T
tabac καπνός m kapnoss 108
tabac à chiquer καπνός για μάσημα m kapnoss yia massima 108
tabac à priser ταμπάκο nt tabako 108
tabac pour pipe καπνός για πίπα m kapnoss yia pipa 108
table τραπέζι nt trapèzi 35, 109
table pliante πτυσσόμενο τραπέζι nt ptisomèno trapèzi 109
tableau πίνακας m pinakass 83
tache λεκές m lèkess 29
taille μέγεθος nt mèyèthoss 111, 125
taille-crayons ξύστρα f ksistra 119
tailleur ραφείο nt rafio 99; (costume) ταγιέρ nt tayièr 116
talc ταλκ nt talk 124
talon τακούνι nt takouni 117
tampon hygiénique ταμπόν nt tammponn 122
tante θεία f thia 93
tapis de sol χαλί εδάφους nt khali èdafouss 109
tard αργά arga 14
tarif τιμή f timi 20
tarif spécial ειδική τιμή f idiki timi 20
tasse φλυτζάνι nt flitzani 36, 60, 105
taux (change) τιμή συναλλάγματος f timi sinnalagmatoss 18, 130
taux d'inflation πληθωρισμός m plithorizmoss 131
taxe de séjour τουριστικός φόρος m touristikoss foross 32
taxe sur la valeur ajoutée (T.V.A.) φόρος προστιθέμενης αξίας m (Φ.Π.Α.) foross prostithèmèniss aksiass 24, 102, 154
taxi ταξί nt taksi 19, 21, 31, 66
taxi, station de σταθμός των ταξί m stathmoss tonn taksi 21
tee-shirt τι σερτ nt ti sèrt 116
teinté φιμέ fimè 120
teinture βαφή f vafi 30, 124
teinturerie στεγνοκαθαριστήριο nt stègnokatharistirio 29, 99
téléfax φαξ nt faks 133
télégramme τηλεγράφημα nt tilègra-fima 133
télémètre αποστασιόμετρο nt apostassiomètro 126
téléobjectif τηλεφακός m tilèfakoss 126
téléphérique τελεφερίκ nt tèlèfèrik 74
téléphone τηλέφωνο nt tilèfono 28, 79, 134
téléphoner τηλεφωνώ tilèfono 134
télévision τηλεόραση f tilèorassi 23, 28, 104
télex τέλεξ nt tèlèks 133
température θερμοκρασία f thèrmokrassia 90, 142
temps ώρα f ora 153; (météo) καιρός m kèross 94
tendon τένοντας m tènonndass 138
tennis τένις nt tèniss 89; (chaussures) αθλητικά παπούτσι nt athlitiko papoutsi 117
tension (méd.) πίεση f pièssi 141, 142
tente σκηνή f skini 32, 109
tenue de soirée βραδινό ένδυμα nt vradino èndima 88
terme έκφραση f ekfrassi 131
terrasse αυλή f avli 35
terrifiant τρομαχτικός/-ή/-ό tromakhtikoss 84
tétanos τέτανος m tètanoss 140
tête κεφάλι nt kèfali 138, 139
thé τσάι nt tsaï 40, 60, 61
théâtre θέατρο nt thèatro 82, 86
thermomètre θερμόμετρο nt thèrmomètro 122
thermos θερμός nt thèrmoss 105
thon τόννος m tonoss 44
thym θυμάρι nt thimari 51
ticket de caisse απόδειξη f apodiksi 103, 144
tiers τρίτο trito 149
timbre(-poste) γραμματόσημο nt gramatosimo 28, 108, 132, 133
tirer έλκω èlko 154
tissu ύφασμα nt ifazma 113
tissu éponge πετσετέ pètsètè 113
toile ύφασμα nt ifazma 117
toilettes τουαλέτες m/pl toualètèss 23, 28, 32, 37, 67
tomate ντομάτα f domata 49
tombe τάφος m tafoss 82
tomber (faire une chute) πέφτω pèfto 139
ton του sou 158
tonnerre βροντή f vronndi 94
torticolis πόνος στον αυχένα m ponoss stonn afkhèna 141
tôt νωρίς noriss 14, 31

tour *(édifice)* πύργος *m* **pir**goss 82
tourisme, office de γραφείο τουρισμού *nt* grafio tourizmou 19, 22, 80
tourner στρίβω **stri**vo 21, 76
tournevis κατσαβίδι *nt* katsa**vi**δi 105
tousser βήχω **vi**kho 142
tout τα πάντα ta **pann**da 31, 62
tout de suite αμέσως a**mèss**oss 31
tout droit *(direction)* ίσια **i**ssia 21, 77
toux βήχας *m* **vi**khass 121, 141
traduire μεταφράζω mèta**fra**zo 12
train τραίνο *nt* **trè**no 66, 68, 69
traitement θεραπεία **f**θèra**pi**a 143
trajet *(voyage)* ταξίδι *nt* ta**ksi**δi 71
tram τραμ *nt* tram 72
tranche φέτα **f fè**ta 110
tranquillisant ηρεμιστικό *nt* irè**mi**stiko 122, 143
transfert μεταβίβαση **f** mèta**vi**vassi 131
transformateur μετασχηματιστής *m* mètaskhima**ti**stiss 104
transfusion sanguine μετάγγιση αίματος **f** mè**tann**ghisi **è** matoss 144
transport μέσα μεταφοράς *nt/pl* **mèss**a mèta**fo**rass 74
travaux έργα επί της οδού **èr**ga **è**pi tiss o**δou** 79
traversée ταξίδι *nt* ta**ksi**δi 73
treize δεκατρία δèka**tri**a 147
trente τριάντα tri**ann**da 147
très πολύ po**li** 15
très bien καλά ka**la** 92
tricot πλεκτή ζακέτα **f** plè**khti** za**kè**ta 116
trois τρία **tri**a 147
troisième τρίτος/-η/-ο **tri**toss 149
trombone συνδετήρας *m* sinδè**ti**rass 119
trop πάρα πολύ **para** po**li** 14
trop cuit παραψημένο parapsi**mè**no 61
trou τρύπα **f tri**pa 29
trouver βρίσκω **vri**sko 11, 12, 19, 32, 84, 100
truite πέστροφα **f** pè**stro**fa 45
tu εσύ è**ssi** 158
tuba αναπνευστήρας *m* anap**nèf**stirass 130
tube σωληνάριο *nt* soli**na**rio 100
Turquie Τουρκία **f** tour**ki**a 146
turquoise τυρκουάζ tir**kouaz** 107, 112
TVA ΦΠΑ fi-pi-a 154
type είδος *nt* **i**δoss 85, 140

U
Ukraine Ουκρανία **f** oukra**ni**a 146
un, une ένας/μία/ένα **è**nass/**mi**a/**è**na

uni μονόχρωμος/-η/-ο mo**no**khromoss 112
université Πανεπιστήμιο *nt* panèpi**sti**mio 82
urgence έκτακτη ανάγκη **f è**ktakti a**nann**ghi 159
urgent επείγων/-ουσα/-ον è**pi**gonn 13, 145
urine ούρα *nt/pl* **ou**ra 142
usage χρήση **f khri**ssi 17, 108
utile χρήσιμος/-η/-ο **khri**ssimoss 15

V
vacances διακοπές *m/pl* δia**ko**pèss 16, 151
vacciner εμβολιάζω èmvoli**a**zo 140
vague κύμα *nt* **ki**ma 91
vaisselle σερβίτσιο *nt* sèr**vi**tsio 105
valeur αξία **f a**ksia 131
valise βαλίτσα **f** va**li**tsa 98
vallée κοιλάδα **f** ki**la**δa 85
vanille βανίλλια **f** va**ni**lia 94
veau *(viande)* μοσχάρι *nt* mo**skha**ri 46
végétarien/-ne χορτοφάγος *m/f* khorto**fa**goss 37
veine φλέβα **f flè**va 138
vélomoteur μοτοποδήλατο *nt* moto**po**δilato 74
velours βελούδο *nt* vè**lou**δo 113
velours côtelé βελούδο κοτλέ *nt* vè**lou**δo ko**tlè** 113
velours de coton βαμβακερό βελούδο *nt* vamva**kè**ro vè**lou**δo 113
venaison *(cuisine)* ελάφι *nt* è**la**fi 48
vendredi Παρασκευή **f** paras**kè**vi 151
venir έρχομαι **è**rkho**mè** 35, 92, 137, 146
vent άνεμος *m* a**nè**mos 91
vente πώληση **f** po**li**ssi 131
véritable αληθινός/-ή/-ό ali**θi**noss 106; γνήσιος/-α/-ο g**ni**ssioss 117
vermouth βερμούτ *nt* vèr**mout** 59
vernis à ongles βερνίκι νυχιών *nt* vèr**ni**ki nikhionn 124
verre ποτήρι *nt* po**ti**ri 36, 59, 61, 105, 143
vers προς pross 15
verser καταθέτω **f** kata**θè**to 130
vert πράσινος/-η/-ο **pra**sinoss 112
vertige ζαλάδα **f** za**la**δa 140
vessie ουροδόχος κύστη **f** ouro**δo**khoss **ki**sti 138
veste ζακέτα **f** za**kè**ta 116
vestiaire γκαρνταρόμπα **f** ghardaro**ba** 87
vêtements ρούχα *nt/pl* **rou**kha 29, 115

vétérinaire κτηνίατρος *m* ktiniatross 99

viande κρέας *nt* krèass 37, 46, 47, 61

vide άδειος/-α/-ο a**d**ioss 14

vidéocassette βιντεοκασέτα *f* vidèokas**s**èta 104, 125, 108

vieille ville παλιά πόλη *f* palia poli 82

vieux παλιός-ά/-ό/ γέρος pal**i**oss 14; γριά **y**èross 14

vigne αμπέλι *nt* amb**è**li 85

village χωριό *nt* khorio 76, 85

ville πόλη *f* poli 19, 76, 82, 88

vin κρασί *nt* krassi 57, 58, 61

vinaigre ξύδι *nt* ks**i**ði 36

vingt είκοσι **i**kossi 147

violet βυσσινί vissini 112

virage στροφή *f* strofi 79

visage πρόσωπο *nt* pross**o**po 138

visites touristique αξιοθέατα *nt/pl* aksio**θ**èata 80

vitamines βιταμίνη *f* vitamini 122

vite γρήγορος(/-α) **g**rigoross 137, 156

vitesse ταχύτητα *f* takh**i**tita 79

vitrine βιτρίνα *f* vitrina 101, 111

vivre ζω zo 83

vodka βότκα *f* **v**otka 59

vœu ευχή *f* efkhi 152

voilier βάρκα με πανί *f* **v**arka mè pani 91

voir βλέπω **vl**èpo 25, 26, 89, 96, 121

voiture αυτοκίνητο *nt* afto**k**inito 19, 20, 32, 75

vol πτήση *f* p**t**issi 65; κλοπή *f* klopi 156

volaille πουλερικά *nt/pl* poul**è**rika 48

voler *(dérober)* κλέβω k**l**èvo 156

volet παντζούρι *nt* pantzouri 29

voleur κλέφτης *m* k**l**èftiss 156

volley-ball βόλεϋ *nt* volè**ï** 89

voltage πόσα βολτ **p**ossa volt 27, 104

vomir κάνω εμετό **k**ano è**m**èto 140

votre σας sass 158

vouloir θέλω **θ**èlo 13, 64, 101, 102

vouloir dire *(signifier)* σημαίνω si**m**èno 11, 25

vous εσείς è**ss**iss 158

voyage d'affaires επαγγελματικό ταξίδι *nt* èpannghèlmatiko taks**i**ði 93

voyage ταξίδι *nt* taks**i**ði 71, 93, 152

voyager ταξιδεύω taksiðè**v**o 93

vue όραση *f* **o**rassi 120

vue *(panorama)* θέα f**θ**èa 23, 25

wagon-lit βαγκόν λι *nt* va**gh**onn li 67, 68, 69

wagon-restaurant βαγόνι τραπεζαρία *nt (va***g***oni)* trapè**z**aria 67, 71

W

whisky ουίσκυ *nt* ouiski 17, 60

X, Y, Z

yaourt γιαούρτι *nt* yia**o**urti 38, 64

zéro μηδέν mi**ð**ènn 147

zoo ζωολογικός κήπος *m* zoolo**g**ikoss kiposs 82

zoologie ζωολογία *f* zoolo**y**ia 83

Ελληνικό ευρετήριον